Recht
Wirtschaft
Finanzen

Deutscher
Sparkassenverlag

Clemens Renker/Franz Rudolph

Aufsteiger Ost

Mit ganzheitlichem Marketing zum Erfolg

Deutscher Sparkassenverlag Stuttgart

Reihe Recht, Wirtschaft, Finanzen
Abteilung Management

Die Deutsche Bibliothek – CIP-Einheitsaufnahme

Renker, Clemens:
Aufsteiger Ost : mit ganzheitlichem Marketing zum Erfolg /
Clemens Renker/Franz Rudolph. – Stuttgart : Dt. Sparkassenverl., 1997
(Recht, Wirtschaft, Finanzen : Management)
ISBN 3-09-305876-7

Lektorat: Dr. Sybille Gößl
Satz: typoscript GmbH, Kirchentellinsfurt
Druck und Binden: Kösel GmbH & Co., Kempten
Visuelles Konzept: A. Hemm, Typografie Stulle, Stuttgart
Papier: aus 100 % chlorfrei gebleichtem Zellstoff
Printed in Germany
I-7/1997 305 874 000
ISBN 3-09-305 876-7

Inhaltsverzeichnis

Abbildungsverzeichnis

Deutschland 1995

O Deutschland, bist nicht
mehr zerrissen
und nicht mit dir allein!
In Kält' und Finsternissen.
Läßt keins das andere sein.
Und hast so schöne Auen
und reger Städte viel;
Tust du dir selbst vertrauen,
Ist alles Kinderspiel.

Friedrich Schorlemmer, in:
Einschärfungen zum Menschsein heute, Freiburg 1996, S. 136,
in Anlehnung an Bertolt Brechts Gedicht »Deutschland 1952«

Vorwort: Krisen sind Chancen

Die vergangenen sechs Jahre haben ostdeutsche Unternehmen als eine turbulente Zeit mit vielen Irrungen und Wirrungen durchlebt. Existenzgründern in den neuen Bundesländern wurde ein überaus hohes Maß an Lernfähigkeit und Stehvermögen abgefordert. Das wird sich auch in den kommenden Jahren nicht ändern.

Dennoch agiert eine Reihe ostdeutscher Unternehmer heute erfolgreich am Markt. Ihre besonderen Stärken, die auch aus ihrer DDR-Vergangenheit herrühren, sind vor allem hohe Lernfähigkeit, Durchhaltekraft, Belastbarkeit, hohe Motivation und Improvisationsgeschick. Zu den Hauptschwächen gehören – abgesehen von den vorwiegend planwirtschaftlich begründeten Defiziten in der Kapitalausstattung und den Finanzierungsverhältnissen sowie dem zu kurzen Zeitraum für praktische Erfahrungen – insbesondere die Defizite auf den Gebieten eines systematischen Marketings und zielorientierten Vertriebes. Eine weitere Schwäche ist die geringere Kompetenz in den Bereichen Präsentation, Recht und Controlling. Schließlich liegen noch Entwicklungspotentiale im unternehmerischen Persönlichkeitsbild brach.

Die meisten ostdeutschen Unternehmer verfolgen mit hoher Motivation das Ziel, den Markterfolg aus eigener Kraft zu schaffen. Die Suche nach Bestimmungsgründen für den unternehmerischen Erfolg ist deshalb von besonderem individuellen und volkswirtschaftlichen Interesse. Obwohl festzuhalten ist, daß es kein allgemeingültiges Patentrezept für den Erfolg gibt, lassen sich doch Faktoren identifizieren, deren kalkuliertes und konsequentes Umsetzen auf unternehmerischen Wegen zum Erfolg führen. Unter Berücksichtigung der unterschiedlichen Sozialisation ost- und westdeutscher Unternehmen gilt das für alle deutschen Betriebe.

Aus der Sicht des Marketings haben sich die drei miteinander verwobenen Kategorien **»marketingorientiertes Konzept«**, **»marketingorientiertes Führen«** und **»marketingorientierte Kundenbetreuung«** als erfolgsbestimmend erwiesen. Derartig handelnde Unternehmen beflügeln volkswirtschaftlich gesehen die Effektivität und Effizienz der unsichtbaren Hand des Marktes und ernähren in erster Linie die sozial sichtbare Hand der Gesellschaft. Flankierend brauchen diese Unternehmen aber eine gravierende Lichtung des demotivierenden, wachstums- und arbeitsplatzverhindernden Dschungels an Gesetzen und Verordnungen in unserem Staate.

Ziel

Diese Publikation richtet sich in erster Linie an mittelständische Unternehmer und Existenzgründer in den neuen Bundesländern. Ferner an Bankvorstände und Firmenkundenbetreuer, die aufgefordert sind, beschäftigungswirksame Investitionen zu finanzieren und dies auf der Grundlage von **Unternehmerpersönlichkeiten** und der Qualität von deren **Unternehmenskonzepten**. Herkömmliche Kreditwürdigkeitsprüfungen anhand von Jahresabschlüssen und Sicherheiten verlieren in Zukunft immer mehr an Bedeutung. Natürlich kann dieses Buch Lesern aus den alten Bundesländern einerseits einen Einblick in die Schwierigkeiten und Leistungen beim Aufbau eines neuen Mittelstandes im Osten Deutschlands geben. Aber andererseits erhalten selbst »alte Füchse« in westdeutschen Unternehmen wertvolle Anregungen für ihre Unternehmenspolitik. Denn niveauverschoben stehen viele vor den gleichen Problemen. Ferner wollen wir die Studentinnen und Studenten an deutschen Hochschulen motivieren, fachlich und persönlich fundiert, zielstrebig und engagiert Verantwortung in Unternehmen zu neuer Wertschöpfung in Wirtschaft und Gesellschaft zu übernehmen.

Die folgenden Ausführungen wollen zwar schmerzlich empfundene Wirklichkeiten nicht verschweigen, aber vor allem auf Grund sorgfältiger Diagnose und Akzeptanz derselben die Chancen aufzeigen, aufmuntern und Mut machen für eine Revitalisierung in allen Bereichen der Wirtschaft, Politik, Kultur und Ökologie. Gerade in den Praxisbeispielen sollen auf unterhaltsame Weise und anschaulich Erfahrungen aus der Praxis an die Leser weitergegeben werden. Und gleichzeitig soll auch der berechtigte Stolz auf ostdeutsche unternehmerische Leistungen bestärkt werden.

Dank

Wenn ein westdeutscher Wissenschaftler mit langjähriger Beratungs- und Führungserfahrung in Bank, Industrie und Handelsbereich und in der Betreuung von ca. 500 Klein- und Mittelbetrieben in den neuen Bundesländern seit der Wende und ein ostdeutscher Wissenschaftler – mit DDR-Vita und seit der Wende in regionaler Wirtschaftspolitik und intensiver Betreuungsarbeit im Transformationsprozeß ostdeutscher Unternehmen von Rostock bis Suhl eingebunden zunächst getrennt recherchieren und dann ihre Ergebnisse gemeinsam diskutieren, so müßte ein Dissenz zu befürchten sein. Dem war aber nicht so. Im Gegenteil, Diagnose und richtungsweisende konzeptionelle Vorgehensweisen stimmten weitgehend überein. Das gemeinsame Credo gipfelt in der Feststellung, daß Deutschland einen **neuen Managertyp** braucht. Einen, der tatsächlich Verantwortung für sein Handeln auch mit Blick auf das Gemeinwesen übernimmt, der tatsächlich führt und aktiv etwas unternimmt. Wir brauchen wieder Unternehmer statt Unterlasser. Menschen, die mit Sachverstand, Fürsorge und Kreativität Visionen aufzeigen und dorthin führen können: damit eine funktionierende Marktwirtschaft im internationalen Wettbewerb bestehen kann und Raum für sozialen Ausgleich schafft.

Und wir brauchen öffentliches Verständnis, den bürokratischen Rahmen, der weniger einengt, sondern Innovation, Kreativität und Leistung zuläßt, Mut macht und junge Menschen motiviert. Kurz: Wir brauchen eine gesellschaftliche Stimmung, die **Selbstvertrauen** und **Vertrauen** fördert, damit die von Eberhard Hamer schon 1984 angemahnte qualitative und quantitative **»volkswirtschaftliche Unternehmerlücke«** überwunden wird.[1]

Wir haben hier in Ostdeutschland sehr viele dieser neuen Unternehmertypen angetroffen. Beispielhaft danken wir den im Buch aufgeführten Unternehmerinnen und Unternehmern dafür, daß sie die Art der Bewältigung ihrer Herausforderungen so offen darstellten. In diesem Zusammenhang gilt unser besonderer Dank Frau Dr. Christina Meinhardt. Sie hat in ihrer Heimatstadt Dresden Abitur gemacht, Journalistik studiert und an der Universität Leipzig promoviert. Sie ist heute in Ostberlin als freie Jour-

[1] Eberhard Hamer, Die Unternehmerlücke, Stuttgart 1984, S. 59 ff.

nalistin tätig u. a. für die Magazine »Impulse« (dort wurde auch über die Fälle WEREC GmbH, b.a.t.e.s. GmbH und Asglawo GmbH berichtet) und »Capital« und für die Süddeutsche Zeitung, außerdem liefert sie Beiträge zum Wissenschaftsmagazin im mdr-Fernsehen und für das Bundesministerium für Bildung, Wissenschaft, Forschung und Technologie. Sie hat nach unserem Leitfaden die Praxisfälle mit viel Hingabe aufbereitet. Im Gegensatz zu unserer Ökonomensprache sucht sie in ihren Schilderungen die erfolgsbestimmenden unternehmerischen Leistungen mit Gefühl und Seele. Dank gilt allen betreuten Unternehmen und Selbständigen seit der Wende, den Gesprächspartnern in Seminaren an der Universität Jena, den Vorständen und Firmenkundenbetreuern ostdeutscher Banken, bis hin zu Verantwortlichen der Messe Leipzig. Individuelle Erlebnisse freudiger, trauriger, deprimierender wie aufmunternder Art würden, aufgeschrieben, heute schon Bibliotheken füllen. Sie haben das persönliche Erfahrungsspektrum erweitert und sehr bereichert. Nicht zuletzt konnte Honig gesogen werden aus Gesprächen mit dem heimischen Gründungsrektor Professor Dr. Peter Dierich und den Kollegen der Wirtschaftsfakultät der Hochschule für Wirtschaft/Technik und Sozialwesen Zittau/Görlitz. Diskussionen, Gespräche, Seminare, Betriebspraktika und Diplomarbeiten mit Studentinnen und Studenten der gleichen Hochschule haben weiterhin zur Abrundung des Bildes beigetragen.

Zittau, Hallerndorf, Berlin Mai 1997

1 Aufsteigen heißt klarer sehen

Clemens Renker

Mit dem Titel »Aufsteiger Ost« wollen wir bewußt positiv provozieren. Mit Aufsteigen meinen wir auch im übertragenen Sinne die Erhebung über die Dinge des Alltags, den mühevollen, aber zielstrebigen Aufstieg auf den Berg, um von dort oben klarer in die Landschaft des Wirtschaftens zu sehen.

Bereits der griechische Philosoph Sokrates (469–399 vor Christus) stellte fest: »Als ich merkte, daß von Menschen mit gleichen Fähigkeiten die einen sehr arm, die anderen aber sehr reich sind, verwunderte ich mich, und es schien mir wert zu untersuchen, wie das wohl kommt: wer nämlich ohne Plan [systematisches Unternehmenskonzept, d. V.] handelt, an dem rächte es sich; wer sich aber mit klarem Verstand und Begeisterung bemühte, der arbeitete schneller, leichter und gewinnbringender.«

Zeit- und unternehmensgemäß individualisiert und umgesetzt, hat diese Erfahrung – verbunden mit den grundlegenden Erkenntnissen aus der qualifizierten Marketing- und Managementliteratur – in den zurückliegenden fünfzehn Jahren regelmäßig zu Unternehmenserfolg geführt. Wir warnen daher vor den sintflutartig propagierten Managementmoden und zyklisch wieder auftauchenden »alten Weinen in neuen Schläuchen«. Davon profitieren meist allein die Patentrezeptverkäufer und weniger der Patient, für den sie gedacht sind.

Und frei nach dem römischen Philosophen Seneca gilt: »Nicht weil der Aufstieg Ost zu schwer ist, sondern weil wir die Aufgabe mit Illusionen, Vorurteilen und zuwenig Realitätssinn anpacken, ist der Aufstieg Ost so schwer.« Denn Schwielen beim Aufbau bekommt man an den Händen und im Denken, bis es weh tut, durch analytisch-systematisches Vorgehen im Unternehmen, organisatorische Abstimmung und Steuerung der psycho-sozialen Prozesse. Und nicht durch flotte Sprüche auf der Zunge.

Ein Blick zurück bringt manchmal etwas mehr Licht in die Dunkelheit der Zukunft. Dazu ein Zitat aus den eigenen Vorlesungsmanuskripten zum Sommersemester 1990/91 an der FH Würzburg, das die Mahnung beinhaltet, bei allen begründeten politischen Visionen die ökonomischen Realitäten bei der Wiedervereinigung nicht zu vernachlässigen.

Aufsteigen und klarer sehen hieß damals:

»1. Die politisch festgelegten monetären Umtauschrelationen von DM und DDR-Mark spiegeln nicht die bekannten realen Austauschverhältnisse wider. Die Gefahren sind eine erhebliche Fehlleitung von knappen wirtschaftlichen und menschlichen Ressourcen, d.h. Fehllallokationen von Kapital, Arbeit, Knowhow etc.

2. Der Sozialisierungsprozeß der Menschen in der DDR und in der Bundesrepublik verlief auf Grund der unterschiedlichen gesellschaftlichen, wirtschaftlichen und politischen Ordnungen in unterschiedlichen Wegen. Im Wiedervereinigungskalkül müssen vor allem die psycho-sozialen Faktoren am stärksten berücksichtigt werden. Das bedeutet, die Menschen der ehemaligen DDR so zu akzeptieren, wie sie sind. Wenn Illusionen und Vorurteile das Denken und Handeln zu Beginn prägen, dann entsteht aus der Vernachlässigung der psycho-sozialen Befindlichkeit die Gefahr einer gegenseitigen Entfremdung.

3. Die Produktivität zentralverwaltungswirtschaftlich gesteuerter Betriebe der DDR erreicht 30%, allenfalls 50% westlicher Produktions- und Absatzstrukturen. Eine Unterschätzung dieser Verhältnisse durch die Tarifpolitik und Investoren bzw. neuen Manager wird zu einem staatlich von West nach Ost umverteilten Strohfeuer führen, aber nicht zu einem begehrten Investitionsstandort. Darin liegt die Gefahr eines unbeabsichtigten Niederhaltens des Ostens.

4. Die Eigentumsfragen könnten in der historischen Stunde gemäß den sozialen Anforderungen, den vermögenspolitischen Notwendigkeiten und den rechtlichen Möglichkeiten strategisch und operativ durchgeführt werden. Nach dem Prinzip ›judex non calculat‹ (weder wirtschaftlich noch sozial) durchgeführte Vorgehensweisen beinhalten die Gefahr, daß beschäftigungsschaffende Investitionen (Wachstumsimpuls) behindert werden. Ferner

wird ein Vermögensverteilungsdefizit zementiert, mit erheblichen umverteilungspolitischen Aufwendungen für die gesamte deutsche Volkswirtschaft.

Aus den Punkten 1 bis 4 folgt, daß nur über externe Impulse (Finanz- und Wissenstransfers) endogene Kräfte in Ostdeutschland über 1 bis 2 Generationen hinweg eine selbsttragende wirtschaftliche Basis entwickeln können. Dazu muß mit Hingabe und Sachverstand auf allen gesellschaftlichen Ebenen realistisch gehandelt werden. Dann könnte ein Deutschland mit einer international noch leistungsfähigeren und mitmenschlicheren sozialen Marktwirtschaft belebt werden.»

Diese in realistischer Fürsorge geäußerten Thesen wurden damals heftig diskutiert. Leider ist aus heutiger Sicht vieles davon eingetreten.

Die Ostexperten des Kieler Institutes der Weltwirtschaft (IFW) sehen heute bei der Mehrzahl der Betriebe in den neuen Ländern, daß sie weder die westliche Qualität oder Lieferzeiten noch die westlichen Stückzahlen erreichen. Die Produktivität im Osten, gemessen als Leistung je Arbeitsstunde, verharre auf etwa 55 % des Westniveaus.

Es werden noch lange West-Ost-Transfers in Milliardenhöhe nötig sein. Und doch wird der Anschluß zum Westen noch lange dauern. Dies räumen inzwischen auch führende Politiker ein. Oft durch staatliche Finanzpolitik fehlgeleitete, hypermoderne Werkbänke drohen einfach brach zu liegen. Mit 13 000 DM pro Kopf und Jahr liegen transfergestützte Ausgaben für Maschinen und Werkshallen um 50 % über Westniveau und sind damit so hoch wie in keinem Land der Welt. Investitionsruinen sind teils auch Denkmale für Steuergeldfehlleitungen. Die Arbeitslosigkeit stagniert auf hohem Niveau. Und nach Angaben der Firmenauskunftei Creditreform wird von 1996 auf 1997 ein Ansteigen der Unternehmensinsolvenzen in Ostdeutschland von 6000 auf 10 000 erwartet. Die aktuelle Liste ließe sich fortführen, ist aber durch die Medien hinreichend bekannt. Doch zusammen mit den niveauverschobenen strukturellen, konjunkturellen, sozialen und gesellschaftlichen Problemen und Wertvorstellungen des Westens von Deutschland ergibt sich für Gesamtdeutschland derzeit kein zufriedenstellendes Bild. In internationalen Rankings ist Deutschland von Platz zwei auf Platz neun zurückgestuft worden. Insofern legt der renommierte Münchener Wirtschaftsprofessor Sinn bezüglich der DM-Schwäche zum Jahresbeginn 1997 die Finger in die Wunde, wenn er darin den Ausdruck »des mangelnden Vertrauens ausländischer Anleger in den Aufbau Ost« sieht. Konjunktur und Arbeitslosigkeit werden weiter den Bundeshaushalt mit geringeren Einnahmen, als erwartet, und steigenden Krediten belasten. Insofern könnte der Beitritt Deutschlands zur Europäischen Währungsunion neuen Entscheidungsbedarf auslösen. Auch wenn ein unmittelbarer Analogieschluß von der Wiedervereinigung auf die Europäische Währungsunion unzulässig ist, so könnte doch diese deutsche Situation zum Guten am Schlechten werden. Denn der politische Wille der gewählten Organe scheint die Zusammenhänge von monetären und realwirtschaftlichen Verhältnissen in europäischen Staaten als nicht so bedeutsam einzustufen. Damit könnten mit der derzeit vorgesehenen europäischen Einigung vergleichbare Fehler in anderem Gewande mit mindestens den gleichen finanziellen und menschlichen Belastungen wie bei der Wiedervereinigung auf die deutschen Bürger zukommen. Die europäische Integration dürfte nicht scheitern, wenn man zwei Schritte zurückgeht – nicht um rückwärts zu gehen, sondern, um Anlauf für einen hohen Sprung zu nehmen. Im derzeitigen Stadium, so äußern viele mittelständische Unternehmen, dürften die Deutschen zuviel Heu auf die Gabel nehmen.

Wir wollen jedoch – auch wenn es fünf vor zwölf sein mag – hier nicht »Nachkarten« und nach Schuldigen suchen, jammern und klagen oder uns ohnmächtig anpassen, sondern gemäß einer fernöstlichen Weisheit weiterhin »ein Licht anzünden«. Das heißt die Probleme der Realität annehmen, so schmerzlich, anstrengend und herausfordernd sie sein mögen, und zu Aktivität und Tatkraft auffordern:

- daß neue Unternehmen entstehen; daß sie mit einem systematisch entwickelten und konsequent umgesetzten marktorientierten Unternehmensfahrplan zum individuellen und gesamtwirtschaftlichen Wohl beitragen,
- daß die Praxisfälle als aufmunternd, mutmachend und motivierend zur Nachahmung aufgenommen werden,

- daß die Verantwortlichen auf der Bankenseite, ob Vorstände, Direktoren oder Firmenkundenbetreuer, Gründer und Unternehmen jenseits von Bilanzen und Sicherheiten beurteilen. Damit über zukunftsträchtige und kapitaldienstfähige Investitionen Arbeitsplätze und Wertschöpfung für Menschen (Löhne), Gesellschaft (Steuern) und Unternehmen (Gewinn) geschaffen werden,
- daß die gravierende Unternehmerlücke und Führungs-(= Manager-)Lücke behoben wird
- und daß die noch eher pessimistischen, ambitionslosen und passiv sich anpassenden, sicherheits- und verwaltungslastigen Deutschen in die Minderheitenrolle gerückt werden,
- daß eine große und qualifizierte Zahl von Existenzgründern Lust verspürt, sich einzusetzen, zur volkswirtschaftlichen Wertschöpfung beizutragen, damit rentable Unternehmen, Beschäftigung und Kraft für öffentliche Aufgaben entstehen. Heute sind etwa über 99% der ca. 2,7 Mio. Unternehmen und Selbständigen Klein- und Mittelbetriebe. Die geringe Zahl der Großunternehmen/Konzerne, deren Wurzeln meist in Erfindungen und Produktionsabläufen des vorigen Jahrhunderts oder der Jahrhundertwende ruhen, finden heute weltweit neue Rahmenbedingungen vor. In den überwiegenden Fällen sind von ihnen in ihrer heutigen Fassung nicht hinreichend umfangreiche Lösungsbeiträge für die deutsche Situation zu erwarten. Mittelständische Strukturen mit ihrer hohen Flexibilität und Geschwindigkeit in der Behandlung anstehender Probleme sind geeignet, den nötigen Wandel in Deutschland zu bewerkstelligen. »Dinosaurier haben in der Geschichte nie überlebt – es waren immer die Insekten des Mittelstandes«, so Lothar Späth (Jena, Thüringen).

Damit der Aufschwung Ost wieder und weiter ins Rollen kommt, sind folgende Maßnahmen in folgender Priorität nötig:

1. Es sind Unternehmer und Unternehmen nötig, die ihr Geschäft auch beherrschen. Dazu sollen der allgemeine Leitfaden in diesem Buch und auch die Beispiele der »Aufsteiger Ost« beitragen. Denn schlecht geführte Unternehmen sind auch mit Förderung auf Dauer nicht zu halten.
   Neue ostdeutsche Unternehmen sind es, die ein endogenes Wachstum generieren und dafür sorgen, daß das Arbeits-, Fähigkeits- und Kapitalpotential ausgelastet wird. Einheimische Un-

ternehmen bringen auf Dauer einen nachhaltigen Multiplikator- und Akzeleratorprozeß in Gang, der Wachstum und Wohlstand zur Folge hat. Darin wird der langfristige Weg, aber auch der nachhaltige Aufschwung Ost begründet liegen. Wenn dann noch, wie jeder Praktiker weiß, durch persönliche Kontakte oder auch Zufall wünschenswerte Ansiedlungen von Großunternehmen mit ihren regionalen Ausstrahlungseffekten erfolgen, so ist es um so erfreulicher. Doch die passive Hoffnung darauf kann schnell zu einer trügerischen Hoffnung werden. So bleibt der Aufbau heimischer Potentiale der Königsweg.

2. Die Arbeitslosigkeit in den neuen Bundesländern entsteht auch aus zu hohen Lohnstückkosten, die die nationale und internationale Wettbewerbsfähigkeit beeinträchtigen, und insbesondere aus der Aufdeckung der vor der Wende verdeckten Arbeitslosigkeit am Arbeitsplatz. Arbeitslosigkeit ist also weniger eine Folge der marktwirtschaftlichen Umgestaltung. Deswegen hilft eine flexible, zurückhaltende und an die Produktivität angelehnte Lohnpolitik. Bisher hat sich die Tarifautonomie in den neuen Bundesländern als zu wenig beschäftigungswirksam gezeigt. Neben der Lohnpolitik ist aber auch eine Entflechtung bürokratischer Investitions- und Beschäftigungshemmnisse nötig, ferner mehr Verständnis der Politik und Öffentlichkeit für wirtschaftliche Zusammenhänge.
   Transfers von West nach Ost in Form von Wohlstandsübertragung im Konsum- und Sozialbereich wie in der Renten-, Vermögens- und Tarifpolitik führen langfristig zu unberechenbaren Konflikten.
3. Aus dem Wechsel der Wirtschafts- und Rechtsordnungen resultiert im wesentlichen ein Mangel an Eigenkapital und Haftungssubstanz bei vielen Unternehmen. Daraus ergeben sich auch Engpässe in den Liquiditäts- und Finanzierungsverhältnissen. Somit wird auf Jahre hinaus noch eine aktive beschäftigungs- und innovationsfördernde Wirtschaftspolitik nötig sein, die Investitions- und Eigenkapitalhilfen zur Verfügung stellt.
4. Schließlich ist ein neuer Typ von Banker nötig, der nicht allein auf den Shareholder-Value-Gedanken setzt, sondern mehr volkswirtschaftliche Verantwortung wahrnimmt. Schließlich sind Banken am stärksten in den wirtschaftlichen Prozeß eingebunden, und ihr Wohlergehen hängt von dem der Menschen im glei-

chen Lande ab. Dies gilt vor allem für Sparkassen mit ihrer regionalen Bindung. Kreditinstitute dürfen sich daher in den neuen Bundesländern nicht vorwiegend auf die Fristen- und Losgrößentransformation der über private Haushalte und Staat geleisteten Einzahlungen bzw. Transfers über Fisci und Parafisci wie Sozialversicherung etc. zurückziehen. Vordringliche Aufgabe ist es, eine begründete Risikotransformation durchzuführen, d.h. nicht zuallererst die Mittel in Eigenanlagen, sondern in Kundenforderungen anzulegen. Nach der übereifrigen, illusionären Kreditvergabe kurz nach der Wende ist nun statt Zaghaftigkeit und Mißtrauen eine vertrauensbegründete, mutige Zeit für beschäftigungswirksame Investitionen und deren Finanzierung gekommen. Dazu müssen natürlich zweierlei Voraussetzungen schnell zur Verfügung stehen: einerseits die oben im Punkt 1 genannten Existenzgründer und Unternehmer, die qualifiziert genug sind, ihre Ideen mit realistischen und schlüssig begründeten Konzepten den Banken darstellen zu können, damit diese Unternehmen auch ihre Kredit-(= Vertrauens)würdigkeit belegen können. Und auf der anderen Seite ist ein Typ von Banker, Firmenkundenbetreuer gefordert, der sich nicht allein mit der Jahresabschlußanalyse und den Expost-Bonitätsgesichtspunkten befaßt und sich auf statische Sicherheitsbewertungen zurückzieht. Vielmehr sind Banker gefordert, die Potentiale eines Unternehmers und Unternehmens mit seinen vielfältigen Entwicklungschancen sowohl für das Aktiv-, Passiv- und Dienstleistungsgeschäft der eigenen Bank als auch für ihre Region und die Menschen, für die die Bank tätig ist, ausloten.

Bei aller Anerkennung dafür, was die deutsche Kreditwirtschaft in den neuen Bundesländern an Aufbauleistungen erbracht hat, daß viele Finanzierungswünsche unbegründet und damit unerfüllbar sind, daß Banken etwa 95% ihrer Gelder als »Treuhänder« für ihre Einleger verwalten, um damit funktions- und existenzfähig sein zu können, und daß Banken Anlagen auf der Aktivseite ihrer Bilanz nach Risiko- und Ertragsgesichtspunkten behandeln müssen – trotz aller dieser Einschränkungen müssen die vielfältigen Erwartungen, Bedürfnisse und Probleme der ostdeutschen mittelständischen Unternehmen sehr ernst genommen werden.

Sie erwarten

- in erster Linie Firmenkundenbetreuer, die vertrauensvoll, offen, zuverlässig und einfühlsam (empathisch) ihre Finanzierungswünsche betreuen. Damit steht die Akzeptanz der Beraterpersönlichkeit an erster Stelle der Wünsche bezüglich der Zusammenarbeit mit Banken.
- Erst an zweiter Stelle kommt der Wunsch nach Qualität in der Beratung, d. h. nach Kompetenz, Fachwissen und fachlicher Erfahrung.
- Aktiveres, schnelleres, flexibleres und entscheidungsfreudigeres Zugehen auf die unternehmerischen Wünsche sind weitere Anforderungen an die Banken. Dazu gehört auch bessere Information und offenere Kommunikation.
- Erst an vierter Stelle kommt in der Regel das Thema Zinsen und sonstige Bankkonditionen. Grundsätzlich erwarten Unternehmen ein gutes Preis-/Leistungsverhältnis und eine transparente und marktgerechte Zinsgestaltung der Bankleistungen. Die von den Banken begründete höhere Risikoprämie bei unzureichenden Sicherheiten wird erwartungsgemäß bemängelt. Stärker bemängelt werden allerdings die zu langen Bearbeitungszeiten, Mehrfach-Besicherungen oder zu niedrig eingeschätzte Sicherheiten.

2 Macht ohne Mittel – unternehmerische Erfolgsfaktoren

Clemens Renker

2.1 Ohnmacht infolge einer sich öffnenden Welt

Wie wir alle aus der Bibel schon wissen, sagte Adam zu Eva: »Liebes, wir erleben eine Zeit des weltweiten Umbruches und Überganges.«

In Gang gesetzt durch die russischen Begriffe von Glasnost und Perestroika, ist in vielen Teilen der Welt ein Prozeß von »geschlossenen« zu über Karl Poppers Definition hinausreichenden **»offenen« Gesellschaften** in einem nicht dagewesenen Umfang ausgelöst worden. In Deutschland bestimmen die Folgen der Wiedervereinigung, der Auflösung des Comecon bei gleichzeitigem Anstreben der Europäischen Union die Tagesdebatten. Wir erleben einen rasanten sektoralen und regionalen Strukturwandel der Wirtschaft. Gleichzeitig setzen die sog. fünf Tigerstaaten neue Bench-Marks, und Entwicklungsländern gelingt in ihrer Wettbewerbsfähigkeit immer mehr der Anschluß an die Industrienationen. Wertewandel und Angst um den Erhalt des Wohlstands treffen im Inland mit einem Umkippen der Alterspyramide zusammen. Die Konsequenzen daraus sind die neuen Fragen um die Sicherung der Altersvorsorge und einen systembeeinflußten Generationskonflikt. In Ostdeutschland bilden sich allmählich wieder mittelständische Strukturen, während gleichzeitig in Westdeutschland in den nächsten Jahren etwa 700 000 Betriebe vor der Nachfolgefrage stehen: mit allen Konsequenzen für die weitere Existenz in Folge erbschaftsteuerlicher Belastungen, fehlender Verantwortung wahrnehmender Führungskräfte bzw. mit den Konsequenzen aus der Unternehmerlücke schlechthin. Neue Herausforderungen entstehen ebenso aus dem Ökologie- wie dem Demokratieverständnis. Demokratie wird teils als Demokratur erfahren bzw. als Annäherung an eine Talk-Show-Demokratie. Immer mehr Menschen suchen ihren individuell-egozentrischen Weg; Bürgerinitiativen sind neue außerparlamentarische Plattformen. Die Liste der wirtschaftliches Handeln erschwerenden Einflüsse ließe sich fortführen. Aber pointiert läßt sich festhalten, daß die drei hervorstechenden Merkmale einer sich öffnenden, aber gleichzeitig zu einem Dorf zusammenwachsenden Welt **»Komplexität, Dynamisierung und Individualisierung«** sind. Diese drei Megatrends bilden in einer vollkommen neuen Weise die Rahmendaten heutigen unternehmerischen Denkens und Handelns. Sie betreffen verunsichernd, ängstigend oder fordernd alle – ob als Hersteller, Handel, Konsument, Mitarbeiter oder Politik, Gesellschaft und Sozialsysteme.

Sie alle erleben sich mehr oder weniger in einer Krise; Krise im Sinne von (Neu-)Entscheidungen. Wir müssen entscheiden, ob wir Krise als Gefahr oder Chance (»there are no problems, but only opportunities«) sehen wollen. Das beinhaltet, zu akzeptieren, daß Wechsel und Veränderungen ein Wesenszug der Welt sind, daß es keine absolute Sicherheit gibt, aber »viel Angst, sie zu verlieren«.

Komplexität

Komplexität ist heute ein maßgeblicher Aspekt der unternehmerischen Wirklichkeit und erschwert – wie das verwandte Wort kompliziert bereits sagt – in einem noch nie dagewesenen Maße die jeweiligen Entscheidungen. »Unsere Welt ist ein System von interagierenden Teilsystemen geworden« (Dietrich Doerner).[1] Die große Zahl, Vielschichtigkeit, horizontale, vertikale und laterale Vernetztheit der inner- und außerbetrieblichen Einflußfaktoren und -ebenen kann für viele kaum mehr in ihren Ursache-/Wirkungszusammenhängen verständlich erklärt und dargestellt werden. Die komplexen Strukturen menschlichen Zusammenwirkens lassen sich nur unzureichend mit mechanischen, formalmathematischen oder nomothetischen Theorien erfassen.

In einer Welt von **interagierenden Teilsystemen** muß global, ganzheitlich, d. h. integrativ gedacht und gehandelt werden, wenn man als Unternehmer noch Erfolg haben will. Die Vernetzt-

[1] Dietrich Doerner, Die Logik des Mißlingens. Strategisches Denken in komplexen Situationen, Hamburg 1993, S. 12

heit von miteinander weltweit in Wechselbeziehung stehenden Teilsystemen

- von Wirtschaft, Politik, Gesellschaft, Märkten in und zwischen Staaten sowie
- der innerbetrieblichen psycho-sozialen, technisch-organisatorischen und sachlich-inhaltlichen Ebenen mit ihren Außenbeziehungen

bedeutet auch, daß Handlungen in diesen Teilsystemen nicht nur direkte Wirkungen (monokausal), sondern auch Fern-, Neben- und Rückwirkungen (multikausal und interdependent) haben. Folgt man den neuen Erklärungsansätzen der Bifurkations- und Chaostheorie, so sind wir im Umbruch bzw. Sprung komplexer Systeme, deren Entwicklung mit herkömmlichen Methoden nicht mehr vorhersehbar ist.

Konnte unseren Großeltern noch egal sein, ob Teile des Regenwaldes brennen oder arabische Staaten miteinander Krieg führen, so trifft es heute Menschen unmittelbar. Die Entscheidung für die Verpackung eines Liters Milch löst nicht nur Design-, Schutz- und Transportfragen aus, sondern beinhaltet neue Rechts- und Entsorgungsprobleme. Kommunalpolitiker, die ihre Innenstadt zu beruhigen versuchen, haben bald eine Zersiedelung am Stadtrand, Umsatzrückgänge in den Zentren und sogar Verödung der Innenstadt als Folgeentwicklung. Komplexität heißt für den Unternehmer: eine Vielzahl von Informationen zu sammeln, zu analysieren, zu gewichten und in die Planung und Durchführung von Maßnahmen zu integrieren. Komplexität erfordert also ein Denken in Systemen und Konzeptionen. Es besteht die Notwendigkeit, über die Situation des Tages hinaus zu denken, alternative Szenarien mit ihren vielseitigen Ausstrahlungen zu entwickeln und entscheidungsrelevant zu bewerten.

Komplexität erschwert auch zunehmend die Prognosen. Nicht einmal die Wachstumsraten für ein Jahr lassen sich halbwegs genau vorhersagen. Der früher mehr lustig gemeinte Satz: Prognosen sind deshalb so schwierig, weil sie die Zukunft betreffen, bewahrheitet sich immer mehr. Die Zukunft folgt nämlich nicht eindimensionalen Ursache-/Wirkungsbeziehungen. Chaotische Elemente im Sinne von »Zufälligkeiten« oder scheinbar »Unvorhergesehenem« bei oft nur mit hohem intellektuellem Abstand erkennbaren Gesetzmäßigkeiten sind Teile der Komplexität. **Chaos** meint hier nicht das umgangssprachlich verstandene »Durcheinander«, sondern Komplexität sehr hohen Grades. Wir müssen erkennen, daß wir mit den derzeitigen Instrumenten der Wissenschaft das ein Unternehmen betreffende Chaos nur unzureichend befriedigend erklären können. Unternehmerisches Wirken wird daher immer ein Suchprozeß, kein endgültiges Finden, im Verlauf einer sich laufend verändernden Ganzheitlichkeit bleiben. Von daher können wir lediglich mit der Komplexität unvollkommen umgehen und lernen, sie zu managen im Sinne von mehr »Licht ins Dunkle bringen«, ohne sie endgültig klar zu erkennen, geschweige denn zu beherrschen. Mag es auch eine objektive Wahrheit geben, wir können aber nicht davon ausgehen, daß wir sie für die alltäglichen Entscheidungen erkannt haben. Alles, was ein Unternehmer daher tun kann, ist:

- das laufende Entdecken und Erkennen der »richtigen« Problemstellungen und Bedürfnisse (Effektivität) in seinen Märkten durch »kritisches Raten« (Karl Popper), Analysieren, Phantasieren und kreatives bzw. intuitives Vorgehen,
- die laufende Suche nach (besseren) wirkungsvollen Lösungen (Effizienz) der Probleme und die Bildung neuer, besserer Theorien
- sowie die laufende kritische Hinterfragung bestehender Lösungen (Falsifikation) und Theorien verbunden mit der Elimination der erkannten Irrtümer. Es handelt sich hierbei darum, über einen Weg des Risikos, Versuchs und Irrtums durch Falsifizierung von Hypothesen zu höherwertigen Erkenntnissen und Verfahren zur Lösung der anstehenden betrieblichen Fragen zu kommen. Das Loslassen/-lösen von ach so lieb gewordenen Gewohnheiten ist in der Praxis bei den Menschen meist mit Schmerz und Trauer oder auch Wut verbunden. Persönliche, wirtschaftliche oder gesellschaftliche Entwicklungen (Wachstum) verlaufen aber selten ohne »necessary losses« (Judith Viorst).[1] Damit neue Chancen, die das Leben sinnvoll machen, reifen können, ist Mut zur Trennung von überlebten Lösungen nötig.

[1] Judith Viorst, Mut zur Trennung. Menschliche Verluste, die das Leben sinnvoll machen, Hamburg 1988, S. 17

Dynamisierung
Die systemimmanenten Kräfte offener Gesellschaften halten »alle Dinge in Bewegung« (Heraklit) und bringen durch »schöpferische Zerstörung« (Schumpeter) ständig Neues hervor. Kennzeichen unserer Zeit aber ist nicht die Dynamik als Kraft zur Veränderung allein, sondern die Dynamisierung als Kraft zur steigenden bzw. **sich beschleunigenden Geschwindigkeit der Veränderung**. Bestehende Problemlösungen in Technik, Wirtschaft, Politik, Wissenschaft und Kultur werden, bedingt durch den globalen Wettbewerb, laufend und in kürzer werdenden Zeitabständen in Frage gestellt und durch neue Antworten ersetzt. Die in den vergangenen zehn Jahren sich beschleunigenden und radikalen Veränderungen im politischen, nationalen, wirtschaftlichen und altersstrukturellen Bereich sind oben schon genannt worden. Aber genauso evident sind die Turbulenzen aus der radikalen Umorientierung (Business-Reengeneering) in vielen Unternehmen.

Dynamisierung hat enorme Auswirkungen auf die Nachfrage-, Produkt- und Technologie-Lebenszyklen. Konnte z. B. das Bedürfnis nach Festhalten und Speichern von Daten und Informationen über Jahrhunderte zunächst mit der Handschrift, dann der Buchdruckerkunst gelöst werden, so war der Lösungsbeitrag der Schreibmaschine auch bei schnell verbesserten Typen und somit sich verkürzenden Produkt-Lebenszyklen doch nur eine Frage von Jahrzehnten. Seit der elektronischen Datenverarbeitung hat sich aber ein Technologiesprung ergeben, der alles bisher dagewesene an Problemlösungen in kürzester Zeit überrollt hat. Und dies mit allen Konsequenzen für die zugehörigen Produktionsstätten, -standorte, Preise und Auswirkungen in der Anwendung.

Dynamisierung betrifft auch das Wissen als zentralen Produktionsfaktor. Die Halbwertzeit des Wissens nimmt rapide ab und erreicht in vielen Bereichen nicht mal einen Zeitraum von fünf Jahren. Es scheint so, als ob die Beschleunigung der Veränderungen erst dann zum Stillstand kommt, wenn auch der Schnellste nicht mehr mit ihr Schritt halten kann.

Zentrale Auswirkungen der Dynamisierung auf die Anforderungen an marktorientierte Unternehmensführung sind:

- Marketingkonzepte mit eingebauter Flexibilität (built in flexibility),
- hohe Anpassungsflexibilität in allen Unternehmensbereichen als Teil der Unternehmenskultur,
- permanenter Kontakt zum Markt mit hoher Lern- und Reaktionsfähigkeit.

Individualisierung

Der Begriff Individualisierung ist nicht neu. Antike Philosophen setzten sich bereits mit individueller Lebensweise auseinander. Natürlich finden sich auch in Zeiten wie der Renaissance individualisierte Lebensstile. Dies gilt ebenso für die höfische Kultur des Mittelalters wie für die innerweltliche Askese des Protestantismus (Max Weber), für die Befreiung der Bauern aus der feudalen Abhängigkeit (Karl Marx) oder auch für die Flucht der Menschen vom Land in die Stadt Anfang des 20. Jahrhunderts.

Heute ist aber »Individualisierung« zu einem zentralen Begriff geworden für den **generellen Wandel im Verhältnis von Individuum und Gesellschaft.**[1] Die analytischen und kritischen Fähigkeiten der Individuen werden gerade in einer offenen Gesellschaftsordnung noch stärker in Freiheit gesetzt als in einer geschlossenen, kollektivistischen Gesellschaft. Subjektives Denken, Fühlen und Handeln des einzelnen Menschen treten in den Mittelpunkt. Auf die Wirtschaft bezogen heißt dies: freie Äußerung der individuellen Bedürfnisse und Wünsche. Deren Befriedigung findet durch eine Vielzahl frei entscheidender Anbieter auf vielerlei Art und Weise unter den Einschränkungen der relativen Knappheit der zur Bedürfnisbefriedigung verfügbaren und geeigneten Waren, Dienstleistungen und Ressourcen sowie der individuell verfügbaren Einkommen statt. Individualisierung hat sich in den letzten Jahren sowohl im privaten als auch im gesellschaftlichen Bereich dauerhaft ausgebreitet und gilt für viele als der Megatrend schlechthin im Marketing (insbesondere Hermann Diller[2]). Demzufolge streben die Menschen weg von selbst- und fremdbestimmten Zwängen hin zur individuellen Selbstentfaltung und mehr Teilhabe und Mitbestimmung in

[1] Vgl. dazu Ulrich Beck, Risikogesellschaft, Frankfurt a. M. 1986, S. 205 ff.

[2] Hermann Diller, Marketing – Quo Vadis? Vortrag in Nürnberg 1994

Gesellschaft und Politik. Individualisierung bietet die Chance günstiger Entwicklungsmöglichkeiten für den einzelnen und die Menschheit insgesamt. Konflikte können offen ausgetragen werden und zu besseren Ergebnissen führen. Dafür sind aber Konfliktfähigkeit und Mechanismen für offene Konfliktlösungen stärker gefordert. Ansonsten droht eine Überbetonung des Individuums. Dessen Hang zu Egozentrik und Durchsetzung der eigenen Interessen ohne Rücksicht auf die Belange anderer droht überhandzunehmen. Daher erfordert überlebensfähige Individualisierung auch die Übernahme von Verantwortung des einzelnen für seine Entscheidungen, sein Handeln, Denken und Fühlen und deren Folgen für das Umfeld. Zur persönlichen Entscheidungsfreiheit gehören in einer sozialen Marktwirtschaft auch die Fähigkeit und der Mut zur redlichen Mitmenschlichkeit.

Ulrich Beck hat bereits 1986 in seinen Ausführungen zur »Risikogesellschaft« drei Formen der Individualisierung ausgemacht. Diese Analyse gilt treffend auch für die Lage ostdeutscher Menschen:

- Auch dort fand ab 1989 eine Freisetzung und Herauslösung aus historisch erfahrenen Sozialformen und Sozialbindungen im Sinne überlieferter Herrschafts- und Versorgungszusammenhänge statt.
- Viele Menschen empfinden einen Stabilitätsverlust im Sinne des Verlustes von traditionellen Sicherheiten im Hinblick auf die leitenden Normen und Handlungsweisen der DDR-Zeit.
- Die ostdeutschen Bürger hatten schnell eine neue Art von sozialer Einbindung zu bewältigen, d. h., die Menschen haben sich rasch in wieder neuen Kontrollformen zu bewegen.

Die Konsequenzen für die marktorientierte Unternehmensführung aus der Individualisierung müssen sein:

- die Menschen, ob als Bürger, Kunden, Absatzmittler oder Mitarbeiter, dort abholen, wo sie stehen,
- integrative Kundennähe, d. h. individuelles und authentisches Vitalisieren der sachlichen und psycho-sozialen Interaktionen im Marketing,
- Beziehungsmarketing auf Echtheit, Vertrauen, Partnerschaft, Kompetenz und Empathie gründen.

Mit Macht gegen Ohnmacht

Komplexität, Dynamisierung und Individualisierung erzeugen vielfach Angst, Unsicherheit und vor allem Ohnmacht.

Im Kontext der Ursache- / Wirkungszusammenhänge des Phänomens Ohnmacht liegen in erster Linie erschüttertes Selbstvertrauen und Selbstwertprobleme. Des weiteren sind symptomatisch: hilflos-depressive, hoffnungslos-verzweifelte Verhaltensweisen genauso wie arrogant-aggressives Verhalten mit gespielter Überheblichkeit. Ohnmacht steht im Zusammenhang mit Mißtrauen gegenüber anderen, Selbstzweifeln bezüglich der eigenen Fähigkeiten und damit Problemen am Arbeitsplatz, mit Partnern, der Familie und mit Kontakten zu anderen Menschen überhaupt. Ohnmacht ist ein lebens- und glücksfeindlicher Zustand; er ist Nährboden für sozial und wirtschaftlich destruktive Ersatzgefühle und Ersatzhandlungen. Verbitterung und Rachegefühle aber sind der Nährboden für Gewalt. Es dürfte ein genereller Wesenszug der Menschen sein, daß sie sich meist mehr auf der Ohnmachts- als auf der Machtseite fühlen. Und die drei genannten zentralen Herausforderungen haben das Ohnmachtsgefühl in Deutschland allgemein erhöht – im Osten mehr als im Westen.

Mächtige Menschen sind aber in diesen Zeiten der besonderen Krisen im Sinne von Neuentscheidungen und Neuausrichtungen nötiger denn je, um erfolgreiche Wege zu finden und zu beschreiben. Interessanterweise empfinden aber zahlreiche Menschen – selbst Mächtige – das Phänomen Macht als negativ und tabuisieren es. Bei den Ohnmächtigen erzeugt »Macht« Widerstand, weil sie sich durch sie bedroht fühlen. Und die vermeintlich Mächtigen streiten ihre sichtbare Macht ab, weil sie nicht für unterdrükkend oder manipulativ gehalten werden möchten. Wir lehnen Macht ab und streben sie an, wir fürchten und bewundern sie. Das liegt daran, daß Macht zwei Seiten hat. Auf der einen, sichtbaren und äußerlich greifbaren Seite wird Macht allgemein einseitig als »Macht über andere« verstanden und erlebt: die Fähigkeit nämlich, die anderen im eigenen Sinne zu kontrollieren, Kontrolle auch gegen deren Widerstand auszuüben und deren Handeln in die eigene gewünschte Richtung zu lenken (nach Max Weber). In der Praxis speist sich dieser **ohnmachtserzeu-**

gende und Gewalt beinhaltende Aspekt der Macht aus vier Quellen (»4M«):

- Macht durch **Militär** als lebens- und freiheitsbedrohende bzw. raubende Kontrolle anderer,
- Macht durch finanzielle **Mittel** als durch große Summen von Geld, Besitz und materielle Attribute belegte Autorität und Kontrolle anderer,
- Macht durch allein extern verliehene **Meriten** in Form von Titel und Status (Minister, Direktor, Vorstand, Lehrer etc.) als »geliehenes« Kontroll-Potential zur Belohnung und Bestrafung anderer,
- Macht durch **Masse** etwa in Form massiv veröffentlichter Meinungen oder von Menschenmengen als umtriebiges Identifikationspotential zur einseitigen Druckausübung auf andere.

Diese 4 Quellen der Macht und ihre Ausübung zum eigenen Vorteil haben sich in der Geschichte der Menschheit als eine voluminöse und laut tönende Form der Ohnmacht mit kurzlebigen, Unzufriedenheit stiftenden Erfolgen erwiesen. Ob zwischen oder innerhalb von Staaten, in Kommunen oder in Betrieben bläst sie sich wie ein Luftballon auf, füllt den Raum, verdrängt zwar die klare und weite Sicht, platzt aber meistens schnell und laut, wenn sie auch nur den kleinsten Kaktus streift. Wie wenig diese vier »M« der Macht wie »Militär, Mittel, Meriten und Masse« als vermeintliche Macht gegen die **andere Seite und Sichtweise der Macht** ausrichten konnten, zeigen die Verhaltensweisen ehemaliger DDR-Bürger aus und um die Leipziger Bürgerkirche Nikolai in den Jahren vor und zu Beginn des Herbstes 1989. Wer eben wirklich Macht hat, braucht keine Gewalt. Jesus, Gandhi, Martin Luther King oder Karl Marx hatten im Ursprung keine der vier Machtquellen zur Verfügung, und doch haben sie die Menschheit maßgeblich beeinflußt und die Welt verändert.

Was wir heute in Unternehmen, Politik und Gesellschaft und auch im persönlichen Bereich brauchen, sind eben die anderen Quellen der Macht, ohne die vier Ms. Eine Macht, jenseits von Unterdrückung und Gewalt, eine Macht, die andere nicht klein macht, sondern deren Fähigkeiten und Potentiale achtet und entwickeln hilft. Eine Macht, bei der die Menschen auch Nutzen für andere anstreben und ganzheitlich im erfolgreichen Sinne handeln. Eine Macht, die vielleicht besser mit den Begriffen Power, Kompetenz, Einfluß und Wirksamkeit in Richtung zufriedenstellender Ergebnisse beschrieben wird. In diesem Sinne ist Macht für einen Unternehmer die Fähigkeit, Bedürfnisse und Probleme seiner Kunden zu erkennen und besser als der Wettbewerber zu lösen. Diese Macht speist sich aus anderen Quellen als denen der vier Ms. Zu ihnen hat jeder Mensch realistischen Zugang. Claude Steiner äußert sich demgemäß zur anderen, nachhaltig wirksamen Seite der Macht: »Ich spreche für Selbstbehauptung und Selbsterfüllung, für Stärke, für Macht – aber eben für die andere Seite dieser Macht, für ein Vermögen, über das wir selbst und unmittelbar verfügen: unser Vermögen zu lieben, zu kommunizieren und zu kooperieren und die Kraft unserer Intuition – Vermögensformen, die ich für grundlegend, greifbar, einsetzbar und wahrhaft halte. Mit diesem Vermögen können wir gut leben und arbeiten und wirklich glücklich werden.«[1]

Macht in diesem Sinne ist die Wurzel des Erfolgs im Unternehmen, im persönlichen Bereich, aber genauso in Politik und Gesellschaft. Und Erfolg ist das Ergebnis geglückter menschlicher Zusammenarbeit. Menschen brauchen aber Erfolgserlebnisse, um mit Selbstvertrauen in ihre eigenen Fähigkeiten und Vertrauen in andere ihr Leben zu meistern. Daher werden im folgenden

- Schlüsselbegriffe für den Erfolg am Markt praxisorientiert dargestellt,
- Kriterien des Erfolges definiert,
- Erfolgsfaktoren als Bestimmungsgründe zum Erfolg im Unternehmen dargestellt und schließlich im letzten Abschnitt dieses Kapitels
- Quellen zur Entwicklung persönlicher und unternehmerischer Macht aufgezeigt, die es ermöglichen, sich in einer rasch verändernden, komplexen Welt zu behaupten.

[1] Claude Steiner, The other side of power, New York 1981, S. 11

2.2 Schlüsselbegriffe des Markterfolges verstehen

»Jeder Mensch hat das Bedürfnis, von irgendeinem anderen Menschen als wichtig betrachtet zu werden und irgend etwas zu tun, das einen Nutzen hat.«

John A. Schindler

Um diesen zentralen Herausforderungen der Vernetztheit der wirtschaftlichen Zusammenhänge mit der ihr innewohnenden, schneller werdenden Veränderungsgeschwindigkeit und Individualisierung der menschlichen Vorstellungen gerecht werden zu können, ist ein **ganzheitliches (integratives) Verständnis des Marketings** notwendig. Abbildung 1 zeigt die Schlüsselbegriffe integrativen Marketings auf, deren praktische Umsetzung für den mittelständischen Unternehmer heute eine Überlebensnotwendigkeit ist. Integration-Marketing heißt Herstellen/Erneuern der Teile eines Leistungsprozesses zu einem befriedigenden Ganzen.

Der mittelständische Unternehmer muß seinen Betrieb als ein von der Marketingphilosophie durchdrungenes System verstehen, bei dem er, ausgehend von den zentralen Problemen seiner Abnehmer, die Wechselbeziehungen (**Interaktionen**) zwischen den direkt aufeinander ansprechenden Partnern unter Berücksichtigung der jeweiligen Märkte mit den dazugehörigen Wettbewerbern und den Einflüssen gesellschaftlicher Gruppierungen (Stake-holder-Ansatz) zu einem die jeweiligen Bedürfnisse befriedigenden Ganzen steuert. In allen Teilen des Lebens wird Erfolg nämlich dann erreicht,

- wenn auf ein zentrales Problem/Bedürfnis
- eine relativ bessere Antwort (Angebotspolitik) gefunden und
- an den jeweiligen Adressaten (Vertriebspolitik)
- mit unterstützender Information/Darstellung (Kommunikationspolitik)

wirtschaftlicher gebracht wird, als es der Wettbewerb zu leisten vermag. Dieser aus individuellen menschlichen Bedürfnissen verursachte wechselseitige Austausch von Fragen und Antworten im weitesten Sinne sowohl innerhalb einer Person (intrapersonal) als auch zwischen zwei oder mehreren Personen (interpersonell) oder Institutionen wird nach Paul Watzlawick Interaktion genannt. Die Interaktionen im Zusammenhang mit dem Austausch von Waren, Diensten, Rechten, Meinungen, Stimmungen, Ideologien, Religionen, Trends oder politischen Programmen etc. bestehen stets aus miteinander vernetzten ökonomischen und psycho-sozialen Transaktionen.

Die **ökonomischen Transaktionen** betreffen die sachlichen Austauschprozesse (Abb. 1 Schlüsselbegriffe integrativen Marketings, Stake-holder-Ansatz) der Angebots-, Vertriebs- und Kommunikationspolitik (= **generisches Marketing**). Sie lösen also funktionelle und rechtliche Fragen beim Kauf einer Leistung mit oder ohne Gegenleistung, wie Produktbeschaffenheit, Zahlungsart, Informationen, Personal und Verträge. Bei Künstlerfarben betrifft dies z. B. auf der funktionellen Seite die Qualität der Vermalbarkeit, Lichtechtheit, Leuchtkraft und Verpackungsgröße, ästhetische Fragen der Produktgestaltung, Inhalte von Prospekten, Anzeigen sowie die Logistik auf dem Weg über den Handel zum Künstler. Die kaufmännischen und rechtlichen Fragen betreffen die Konditionsgestaltung und schuld- und sachenrechtliche Inhalte.

Die **psycho-sozialen Transaktionen** beinhalten auf der Beziehungsebene jegliches Verhalten nonverbaler und verbaler Art der handelnden Personen **(= Beziehungsmarketing/Relationship-Marketing)**; dies beinhaltet zentrale Erfolgskriterien wie Akzeptanz, Offenheit und Vertrauen, Empathie und vor allem die hier noch darzustellenden wesentlichen Teile der Quellen positiver Macht (vgl. Kap. 2.5).

Entscheidend sind dabei alle Interaktionsvariablen, die, im übertragenen Sinne, die zwischenmenschliche »Chemie« betreffen. Und diese Chemie trägt heute in den meisten Branchen zu mehr als 50 % zum Markterfolg bei. Bei den genannten Künstlerfarben beinhalten diese z. B. alle Arten fachlicher Kompetenz in der Erklärung der Maltechniken, die zwischenmenschliche Beziehungsqualität im Kaufakt zwischen Industrie und Handel und zwischen Handel und Konsumenten. Ferner gehört dazu auch die emotionale Bindung zur Marke der Künstlerfarben, selbstoffenbarende Botschaften darüber, wie der Hersteller gesehen werden will und dessen Appelle im Sinne der Einflußnahme auf den Käu-

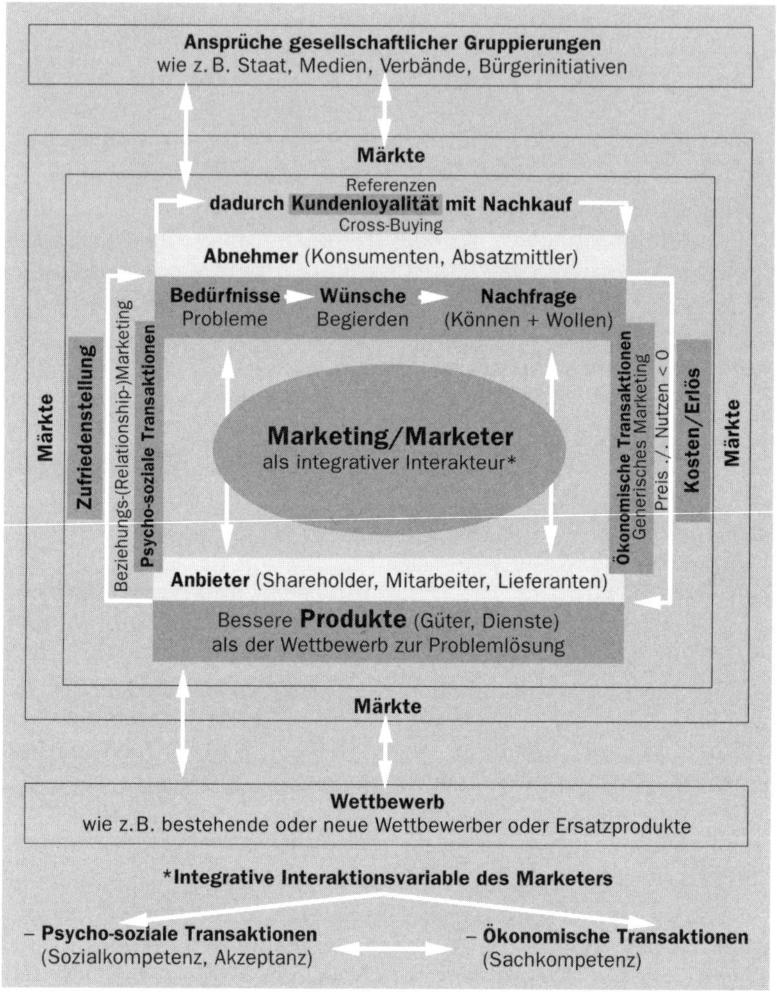

Abbildung 1 Schlüsselbegriffe integrativen Marketings (Stake-holder-Ansatz)

fer durch Werbung, Öffentlichkeitsarbeit etc. Kurz: Verhalten und Kommunikation jeder Art mit allen Implikationen bewußten oder unbewußten zwischenmenschlichen Verständnisses oder Mißverständnisses.

All diese verschiedenen Aktivitäten im Zusammenhang mit den Interaktionen auf den Märkten mit dem jeweiligen Wettbewerb und ihrem Umfeld sind Marketing. Gleiches gilt für Politik und Gesellschaft. Insofern ist auf der Welt in allen Lebensphasen und -bereichen »jenseits des Marketings nichts mehr« (Norbert Bolz)[1]. Somit gehört die Zukunft zu allererst den Marktbesitzern im Sinne des Zugangs zu effizienten Interaktionen zwischen den Marktteilnehmern und weniger dem rechtlichen Produktionsstatus. Denn Produktionsprozesse und -standorte folgen den Anforderungen der Märkte.

Insofern hat dieses Marketingverständnis nichts mit der häufig einseitig praktizierten und oberflächlichen Effekthascherei zu tun. Marketing versteht sich hier als der **Problemlöser** unserer Zeit – in Ost- und Westdeutschland gleichermaßen.

Im folgenden sollen nun die Schlüsselbegriffe integrativen Marketings der Abb. 1 mit zentralen Fragestellungen für das eigene Unternehmen näher erläutert werden:

Bedürfnisse/Probleme als zentrale Erfolgsansätze

Ausgangspunkt für jegliche marktorientierte Unternehmensführung und Fundament jeglichen unternehmerischen Erfolges auf der ganzen Welt ist das Erkennen der **»richtigen« Bedürfnisse/Probleme der Menschen** als Ausdruck empfundenen Mangels an Zufriedenheit bzw. Ausdruck von Störungen im Zusammenarbeiten/-leben. Nach Karl Popper, dem wohl einflußreichsten Philosophen unserer Zeit, ist alles Leben das richtige Erkennen und Lösen von Problemen. Die Suche nach ungesättigten Bedürfnissen/Problemen, auch »wirksamer Mangel« genannt (Weissmann[2]), durch analytisches Denken, Fühlen, Phantasieren oder einfach durch das philosophische ϑαυματσειν (sich wundern) ist der zentrale Erfolgsansatz eines Unternehmens. Denn es gibt demzufolge in aller Regel keine gesättigten Märkte, sondern zu sättigende Bedürfnisse. Die Individualität, Situativität, Wandelbarkeit (im weitesten Sinn Dynamisierung) und Vernetztheit (im weitesten Sinn Komplexität) der Probleme/Bedürfnisse miteinander macht den Suchprozeß zu der unternehmensphilosophischen Herausforderung schlechthin. Unsere in der Praxis bestätigte Antwort lautet also: Erfolgreiche Unterneh-

[1] Norbert Bolz in asw 5/95, S. 24

[2] Arnold Weissmann, a. a. O., S. 13

men sind virtuose – nicht modisch virtuelle – Befriediger und Löser von Bedürfnissen/Problemen, und zwar ihrer Abnehmer in Form von Konsumenten oder Absatzmittlern, ihrer Mitarbeiter und gesellschaftlichen Anspruchsgruppen. Schließlich machen sie dies relativ besser als ihre Wettbewerber. Noch einmal: Als erstes ist die Konzentration auf die richtigen Probleme/Bedürfnisse nötig (Effektivität) und dann die Konzentration auf die wirkungsvolle Lösung bzw. Bedürfnisbefriedigung (Effizienz). Mit Kreativität, Intuition und Phantasie, mit Kalkül und systematischer Analyse und der entsprechenden Power bei der Umsetzung.

Deswegen beantworten Sie bitte folgende grundlegenden Fragen für Ihr Unternehmen:
- Welche zentralen Probleme/Bedürfnisse herrschen in Ihrem Markt vor?
- Welche Probleme/Bedürfnisse sind derzeit am Markt am wenigsten befriedigt?
- Nennen Sie die zentralen Probleme/Bedürfnisse Ihrer Kunden!
- Welche Lösungswege verfolgen Sie, diese »wirksamen« Mängel als Erfolgschance zu nutzen? oder:
  Bieten Sie nur Lösungen/Angebote, die Sie Ihren Kunden mit aggressiven Preisen und Werbung als ein Problem »einhämmern« müssen?

Die Abb. 2 zeigt nach der Bedürfnispyramide von A. Maslow die Konsequenzen für Lösungen in der Sortimentsentscheidung des Handels.

Sichtbar bessere Problemlösungen können Erfolg nicht verhindern

In der Mehrzahl aller deutschen Unternehmen – und in den ostdeutschen wegen der fehlenden Markterfahrung noch stärker – konzentrieren die Menschen in Forschungs- und Entwicklungsabteilung, in Produktion, Verkauf und Finanzabteilung eines Unternehmens ihr Denken und Handeln auf die technischen Möglichkeiten und Grundfunktionen ihrer Produkte und Angebote. Sie denken beschaffungs-/produktions-, produkt- oder allenfalls verkaufsorientiert, aber nicht oder zuwenig marketingorientiert. Sie bieten Lösungen an, ohne das dazugehörige Problem oder

MOTIVKLASSE	ZIELZUSTÄNDE	SORTIMENTS-ENTSCHEIDUNGEN
Selbst-verwirklichung	Entfaltung der eigenen Möglichkeiten und Fähigkeiten	Künstlerische Artikel; Do-it-yourself-Artikel und -Handbücher; Selbsterprobungs-/Vorführgelegenheit; innovative Artikel; Unikate
Wertschätzung	Selbstvertrauen, Selbstachtung, Unabhängigkeit, Stärke, Leistung, Kompetenz, Anerkennung, Prestige, Ruhm, Würde, Status	Ausbau des Zusatzsortiments; Artikel mit hohem Prestigewert; Sortimentsausrichtung nach Lebensstil-/Käuferzielgruppen; üppige Warenvielfalt
soziale Bindung	Liebe, Freundschaft, Kontakt, Zugehörigkeit	Warenbeschreibung und -erklärung; Vorführung; Zugabe; Werbegeschenk; umweltfreundliche Waren
Sicherheit	Daseinssicherung, Zukunftsvorsorge, Geborgenheit, Ordnung, Stabilität, Schutz, Angstfreiheit	Waren mit Gütesiegeln, Prämierungen, guten Warentestergebnissen; Qualitätsgarantien; Umtauschrecht; Haltbarkeits-/Frischegarantie; überschaubares Angebot; Bedarfsbündel (Heimwerker, Freizeit, Sport, Garten, Kind); Bequemlichkeitsverbund
physiologische Bedürfnisse	Essen, Trinken, Wohnen, Schlafen	Führen des Grund-/Kernsortiments

Abbildung 2 Bedürfnishierarchie und Sortimentsentscheidungen
aus: Schenk, Hans-Otto: Handelspsychologie, Göttingen 1995, S. 189

Bedürfnis zu kennen. Sie verstehen Marketing oberflächlich und rein instrumentell. Wenn sie schon die Bedürfnisse ihrer Kundschaft nicht kennen, so müssen sie ihrer Kundschaft die Probleme »einhämmern«, die zu den Angeboten ihres Betriebes passen. Das heißt dann, mit aggressiven Niedrigpreisen, mit Hochdruck-Verkäufern und mit lautschreierischen kommunikativen Mitteln der Werbung, Öffentlichkeitsarbeit und sonstigen Verkaufsförderungsmaßnahmen werden dem Konsumenten die eigenen Lösungsangebote vehement nahegebracht. Mit dem Ergebnis, daß die meist austauschbaren Leistungen auf Dauer zu einem betriebswirtschaftlichen Verlust führen und schließlich zum Ausscheiden des Unternehmens aus dem Markt.

Hersteller, Handel, Dienstleister und Landwirtschaft dürfen also nicht übersehen, daß ihre Abnehmer nicht vordergründig Preise oder Produkte kaufen, sondern

- in aller Regel ihre nie zu sättigenden Bedürfnisse befriedigen wollen, der Anbieter also deren aktuelle und neue Bedürfnisfelder laufend erkennen und schnell abdecken muß,
- Wünsche in unzähligen Varianten aus den Bedürfnissen abgeleitet werden können. **Wünsche** bilden den operativen Ansatz für das Unternehmensmarketing. Das physiologische Bedürfnis »Durst« kann sich im Wunsch nach **Landskron-Bier aus Görlitz** äußern, ebenso kann das soziale Bedürfnis nach Zugehörigkeit und Regionalität den Wunsch nach dem gleichen Bier auslösen.

Wenn der von komplexen Grundbedürfnissen verursachte Wunsch zum Kauf wird, dann entsteht **Nachfrage**. Dazu muß der Unternehmer aber klären,

- ob und inwiefern der Kunde das Produkt des Unternehmens kaufen will (**Nachfragebereitschaft**),
- ob er finanziell fähig ist, d. h. genügend Kaufkraft am Markt vorhanden ist (**Nachfragefähigkeit**), bestimmte Produkte zu erwerben.

Auch wenn viele Menschen das Bedürfnis nach Selbstverwirklichung, Anerkennung oder Hebung des Selbstwertgefühles haben und sich eine wertvolle **Glashütte-Uhr** wünschen, so reicht die Kenntnis dieses Bedürfnisses und Wunsches für den Glashütte-Marketer noch nicht aus. Nun wird er durch Marktanalyse feststellen, wie viele Menschen tatsächlich in der Lage sind, diesen Wunsch auch zu realisieren. Darauf wird er seine Marketingmaßnahmen abstellen. Der Kunde wird wiederum den **Nutzen als Art und Grad von Bedürfnisbefriedigung** dem Kaufpreis gegenüberstellen. Der Nachfrager wird nur dann kaufen, wenn der Netto-Nutzen (Nutzen ./. Preis) für ihn positiv ist. Produkte und die Art ihrer Erstellung bzw. Vermarktung inklusive deren Nutzung sind schließlich die Bedürfnisbefriediger bzw. Problemlöser. Profilieren wird sich heute aber ein Unternehmer nicht allein durch den **Kernnutzen** (primär) eines Produktes, sondern durch die Befriedigung weiterer Bedürfnisse durch die Schaffung von **Zusatz-** (sekundär) oder weiteren Extra-**Nutzenvorteilen** (tertiär) wie Service.

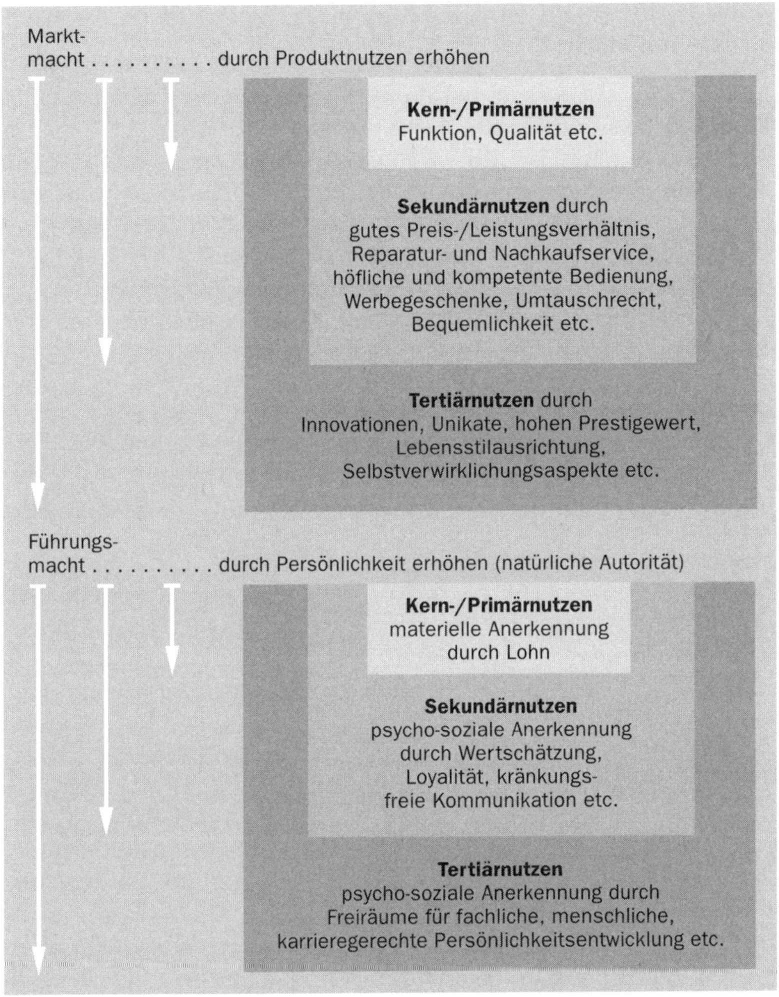

Abbildung 3 Mit integrativer Nutzenstiftung zu mehr Markt- und Führungsmacht (nach Evelyn Kroschel)

Abbildung 3 zeigt ein Handlungsschema, um den Nutzen eines Angebotes zur Bedürfnisbefriedigung der Zielgruppen als Hersteller, Händler oder analog als Führungskraft seinen Mitarbeitern gegenüber zu erhöhen: ein Weg zu Marktmacht und Führungsmacht[1]. Dabei ist immer mehr der Tertiärnutzen das kaufauslösende Motiv.

An folgenden Beispielen wird die Problematik weiter deutlich:
- Kauft ein Handwerker die Bohrmaschine oder das Loch?
- Werden beim Bäcker nur Mehl, Hefe und Wasser, zu Brötchen verdichtet, gekauft, um physiologische Bedürfnisse zu befriedigen, oder spielen soziale Bedürfnisse wie Freundlichkeit und Anerkennung durch die Verkäuferin eine Rolle?
- Kauft sich eine Frau Paraffin, Glycerin, Benzylalkohol in zu Creme vermischter und verpackter Form, wenn sie eine bestimmte Kosmetikmarke erwirbt, oder Zuwendung beim Auftragen der Creme und Anerkennung von außen über höhere Attraktivität?

Die Argumentation über Kundennutzen und nicht über Produkteigenschaften erbringt Vorteile.

Marketer als integrativer Beziehungs-Akteur
Das unternehmerische Marketing wird also darauf achten, daß die Beziehungsgeflechte durch gezielt gestaltete Transaktionen zwischen Anbieter und Nachfrager einerseits wirtschaftlich, d.h. effizient, mit der Folge niedriger Kosten, und andererseits wirkungsvoll, d.h. effektiv, mit der Folge hoher Erträge durch Nutzenstiftung für den Abnehmer mit einhergehender Zufriedenstellung und Kundenbindung gewebt werden. Das Management des integrierten **Kunden-Beziehungsmarketings** (Relationship-Marketing) mit seinen beiden Gestaltungsfeldern der ökonomischen Transaktionen und psycho-sozialen Transaktionen gilt heute als entscheidendes Wettbewerbsargument nicht nur im Verhältnis Anbieter/Nachfrager, sondern gegenüber allen Stakeholdern. Denn die Kaufentscheidungen werden sowohl durch die rationalen ökonomischen Faktoren wie Preise, Produktgestaltung, Sortiment, Referenzen etc. beeinflußt als auch durch die mehr emotionalen Faktoren aus den psycho-sozialen Transaktionen wie Sympathie, Involvement, Vertrauen und Akzeptanz. Dabei gilt bei den meisten heutigen Marktverhältnissen, daß die Bedeutung der psycho-sozialen Transaktionen inzwi-

[1] Vgl. Evelyn Kroschel, Die Weisheit des Erfolges, München 1996, S. 17 ff.

schen die Überhand gewinnt. Die Art und der Grad der persönlichen Interaktion zwischen Kunden und Mitarbeitern trägt heute wesentlich dazu bei, daß durch eine **nachhaltige Kundenzufriedenheit** auch die **Kundenloyalität** stabilisiert werden kann. Und nach Reicheld/Sasser führt eine Senkung der Kundenabwanderungsquote **(Zero-Migration)** um 5% je nach Branche zu einer Gewinnsteigerung zwischen 25% und 85%. Die Verbesserung der Kundenbindung beeinflußt also erheblich die Gewinne.

Denn Stammkunden kaufen mehr, kaufen wieder, empfehlen das Unternehmen weiter, sind preisunempfindlicher und vermindern die Kosten der Akquisition und Betreuung. Ein loyaler Kunde ist heute das Kapital jedes Unternehmens. Beziehungsmanagement heißt aber nicht, wie häufig in der Praxis gelebt, den Kunden mit allen möglichen Instrumenten auf das Unternehmen zu fixieren. Vielmehr ist ein Richtungswechsel angebracht, d.h., sich auf die Bedürfnisse/Probleme des Kunden zu konzentrieren und sich zu ihnen **hinwenden**. Dadurch werden Kundenzufriedenheit, Kundenbindung und somit loyale Partner geschaffen. Andererseits besteht ein Zusammenhang zwischen Kundenzufriedenheit und **Mitarbeiterzufriedenheit**. Kompetente und zufriedene Mitarbeiter im Unternehmen tragen maßgeblich zur Kundenzufriedenheit bei. Insofern hat eine wirkungsvolle Kundenorientierung ihre Wurzeln in einer entsprechenden Mitarbeiterorientierung des Unternehmens. Wesentliche Quellen der Mitarbeiterzufriedenheit sind die Art der Tätigkeit, die Arbeitsplatzgestaltung, die Mitarbeitervergütung, die soziale Anerkennung, die Hilfsmittel zur Bedienung der Kunden, die Personalauswahl und Personalentwicklung in der Linie.

Loyalität als ein Gefühl wechselseitiger Verpflichtung und des Vertrauens im System Anbieter, Kunde, Mitarbeiter und Investor wird künftig noch stärker den Unternehmenserfolg garantieren. Kurzfristige Kostenvorteile, Marktanteile und viele der Managementrezepte treten in den Hintergrund. Loyalität zwischen den Stakeholdern – realistisch und ohne Illusionen, aber kooperativ gepflegt – ist Bedürfnis, Weg, Ziel und Ergebnis ganzheitlichen Marketings. Frederick Reichheld belegt in verschiedenen amerikanischen Branchen, daß Unternehmen mit höchster

Kunden-, Mitarbeiter- und Investorenbindung auch die besten Ergebnisse erzielten[1].

2.3 Ganzheitliche unternehmerische Erfolgskriterien

Allgemein hat im Leben und als Unternehmer Erfolg, wer
- die »richtigen« Ziele und Dinge verfolgt **(Effektivität)** und
- zu deren Erreichung auch die »richtigen« Maßnahmen richtig durchführt (**Effizienz**).

Erfolg ist also insofern kein Zufall, sondern »erfolg(t)« aus der »richtigen« Bewältigung »richtiger« unternehmerischer Aufgaben. Unternehmerischer Erfolg kann in der Art und im Grad der Erreichung gesetzter Ziele oder beabsichtigter Wirkung gemessen werden. Da aber jede Wirkung auf eine Ursache zurückzuführen ist, läßt sich konsequenterweise **unternehmerischer Erfolg verursachen**. Welche Wirkung ein Unternehmer erzielen will, liegt in seiner subjektiven Entscheidung über die anzustrebenden Ziele. Insofern gibt es auch keine absolut gültigen Merkmale des Erfolges. Der heute einseitig geführten Diskussion über den Share-holder-Value als zentralen Erfolgsmaßstab wird hier nicht gefolgt. Unseres Erachtens ist ein Unternehmen dann erfolgreich, wenn es eine optimale Nutzenstiftung im Rahmen seiner Möglichkeiten und gesetzten Prioritäten für alle seine Bezugsgruppen erreicht. Ein erfolgreiches Unternehmen verfolgt in seinem Unternehmensfahrplan die Befriedigung der Bedürfnisse seiner Kunden, Eigentümer, Mitarbeiter, Absatzmittler, der Ansprüche des Staates (Fiskus) und der gesellschaftlichen Anspruchsgruppen im Rahmen seiner Potentiale. Nach unserer Erfahrung rührt nachhaltiger Erfolg aus ganzheitlicher Unternehmenspolitik. Von daher wird im folgenden nach ökonomischen, persönlichen und gesellschaftlichen Erfolgskriterien unterteilt.

Ökonomische Kennzeichen des Erfolges

Grundsätzlich ist ein Unternehmer nur dann erfolgreich, wenn seine Wettbewerbsfähigkeit nachhaltig so stark ist, daß die Existenz gesichert werden kann. Anzeichen dafür sind:

[1] Vgl. Frederik Reichheld, in: The Loyalty Effect, 1996, a. a. O., S. 19 ff., S. 33 ff.

- ein nachhaltig positiver Cash-Flow,
- hinreichende Eigenkapitalausstattung,
- ein effizienter Umgang mit den wirtschaftlichen Ressourcen (Produktivität),
- qualifizierte und motivierte Mitarbeiter,
- ein gutes Image bei seinen Abnehmern (Konsumenten, Absatzmittler).

Persönliche Kennzeichen des Erfolges

Gerade bei mittelständischen Unternehmen und Selbständigen wird der betriebliche Erfolg maßgeblich von der **Unternehmerpersönlichkeit** beeinflußt. Gleiches gilt auch für Führungskräfte und Mitarbeiter in nicht inhabergeführten Betriebsformen. So wie die private Person den betrieblichen Erfolg beeinflußt, braucht auch der Betrieb eine im privaten Bereich ausgeglichene und erfolgreiche Persönlichkeit. Beruflich ein Profi, privat ein Amateur – dies stört das innere Gleichgewicht. Von daher ist das zentrale Erfolgskriterium aus der persönlichen Sicht heraus die Orientierung an einem individuellen Lebensplan, in den der Betrieb als zentraler Bestandteil eingebettet ist. Die zunehmenden Frustrationen im beruflichen und privaten Bereich sind auch das Resultat eines Mangels an persönlichem Gleichgewicht und einer ganzheitlichen Lebenszielplanung.

Wesentliche, auf das Individuum bezogene Erfolgskriterien sind:
- die Übernahme der Verantwortung für das eigene Denken, Handeln und Fühlen,
- aktiv die Probleme angehen und nicht passiv auf Lösungen warten und hoffen,
- Selbstvertrauen und Vertrauen in andere (persönliche Autonomie),
- Realitätsorientiertheit, d. h., die Wirklichkeit sehen, wie sie ist, und nicht, wie sein könnte/sollte,
- Fehler akzeptieren, analysieren und etwas Neues, möglicherweise Besseres daraus machen, also nicht nach Schuldigen suchen,
- Fähigkeit zur redlichen Mitmenschlichkeit,
- kreativ, begeistert und begeisternd sowie positiv und zuversichtlich gestimmt sein.

»Gewinner«	»Verlierer«
1. Selbstvertrauen (Ich bin o. k.); Vertrauen (Du bist o. k.) (Autonomie)	1. Selbstzweifel; Mißtrauen (Abhängigkeit)
2. Realitätsorientiert; analytisch; sachlich; aus seinen Fehlern lernend	2. Illusionen, Vorurteilen nachgehend; urteilend; hoffend; gleiche Fehler machen; prahlen
3. Kreativ; frisch; frei; Initiative ergreifen; fröhlich; zuversichtlich; sich Zuwendung holen	3. Verkrampft; angepaßt; ängstlich; passiv, trotzig; schuldig fühlen; schmollen; zurückziehen
4. Mehr Freude, Zuneigung; fürsorglich, anerkennend; ermutigen, begeistern; auch im »Dunkeln« ein kleines Licht anzünden	4. Griesgram, Neid, Haß, herablassend; kritisierend; demotivierend; grollend, auf die »Finsternis« schimpfend
5. Verantwortung für sein eigenes Handeln, Denken und Fühlen übernehmen	5. Anderen für die eigene Situation Verantwortung zuschieben
6. »Intimität«; redliche Mitmenschlichkeit; Innigkeit	6. Tricks; psychologische »Spiele«; Zeitvertreib, »Hyperaktivität«, Rückzug, Ritual

Abbildung 4 Kennzeichen erfolgreicher Führungspersönlichkeiten (»Gewinner«)

Abbildung 4 zeigt in einer Gegenüberstellung die Merkmale von Menschen, die sich als »Gewinner« oder »Verlierer« im Leben empfinden. Der Gewinner ist vom Sieger zu unterscheiden. Der Gewinner schafft in seinen verschiedenen beruflichen und privaten Partnerschaften und Kontakten auch bei den anderen Gewinner-Situationen. Der Sieger nimmt auf Dauer immer mehr von anderen, als er an Nutzengesamtheit stiftet – ohne selbst Zufriedenheit zu erfahren.

Denn Erfolg ist mehr als ein Sieg.

Der Gewinner weiß, was er tun soll, wenn er verliert; der Verlierer weiß nicht, was er tun soll, wenn er gewinnt.

Gesellschaftliche Kennzeichen des Erfolges

Unternehmer leben nicht im isolierten Raum, sondern sind in einen gesellschaftlichen und sozialen Kontext eingebunden. Wichtige Merkmale des gesellschaftlichen Erfolges sind:

- allgemeine Akzeptanz und Sympathie der Öffentlichkeit gegenüber dem Unternehmen,

- Erhaltung und Schaffung von Arbeitsplätzen als sozialen Beitrag an die Wohlfahrt einer Gesellschaft,
- Nutzenstiftung bzw. Lösungsbeitrag zu weiteren volkswirtschaftlichen und gesellschaftlich relevanten Fragen (materieller wie immaterieller Beitrag zur gesellschaftlichen Wertschöpfung).

2.4 Marketing-Erfolgsfaktoren zur Marktmacht

Die Frage nach den Bestimmungsgründen des Erfolges und des Glücks im Leben ist so alt wie die Menschheit selbst. Es gibt inzwischen eine – teils verwirrende – Vielfalt von Erfolgsmethoden, die alle für sich mehr oder weniger interessante Ansätze beinhalten. Dennoch gibt es kein Patentrezept für den Erfolg. Es gibt sowenig idealtypische Eigenschaften eines erfolgreichen Unternehmens wie den Idealtyp eines erfolgreichen Unternehmers. Dies ist verständlich, wenn man davon ausgeht, daß die zentralen Merkmale der heutigen volkswirtschaftlichen und gesellschaftlichen Verhältnisse mit den Phänomenen Komplexität, Dynamisierung und Individualisierung umrissen sind.

Dennoch gibt es Erfolgsfaktoren, deren im Vergleich zu den Wettbewerbern individuelle und sichtbar bessere Umsetzung sich als verläßliche und schwer kopierbare Stütze auf dem Weg zum Unternehmenserfolg erweist.

Erfolgreiche Unternehmer erkennen die zentralen Bedürfnisse/Probleme ihrer Kunden/des Marktes und finden mit

- ihrem individuellen Unternehmensfahrplan (**Konzept**)
- und dessen Umsetzung (Implementierung) durch die Qualität und Art der Führung (**Kapitän**) und der Kundenbetreuung (**Kunde**)

eine relativ bessere Lösung der Bedürfnisse, Wünsche bzw. Erwartungen ihrer Bezugspersonen, ob es sich dabei um Kunden, Absatzmittler, Mitarbeiter oder Vertreter gesellschaftlicher Ansprüche handelt. Dadurch schaffen sie sich Wettbewerbsvorteile.

Die praktische Erfahrung aus der Betreuung von etwa 2000 Unternehmen in Ost und West über alle Branchen und Unternehmensgrößen hinweg seit 1981 führt zu folgender Faustregel: Zum nachhaltigen Erfolg eines Unternehmens tragen bei:

- zu 40% die Qualität des **Unternehmenskonzeptes** (von der Führung zentral beeinflußt),
- zu 20% die Qualität **marktorientierten Führens** und
- zu 40% die Fähigkeit zu bedürfnis- bzw. problemlösungsgerechter **Kundenbetreuung**.

Erfolg ist somit die Wirkung integrativer Unternehmensführung. Da jede Wirkung auf Ursachen zurückzuführen ist, lassen sich die Erfolgsfaktoren als Verursacher des Erfolges sehen und sind für jedes Unternehmen individuell operationalisierbare Größen (Abb. 5: Erfolgsfaktoren: Ursache/Wirkung). Bei Berücksichtigung der unterschiedlichen ordnungspolitisch bestimmten Ausgangslagen haben wir für Ost und West keine signifikanten Unterschiede in den Erfolgsfaktoren erkennen können.

Die folgenden zehn Erfolgsfaktoren sind einerseits als Prüfungsfragen für das eigene Unternehmen zu werten. Andererseits führt hier das Fehlen klarer Antworten zu Beeinträchtigungen im Unternehmenserfolg. Der Firmenkundenbetreuer einer Bank erhält Entscheidungskriterien für die Kreditvergabe bzw. Hinweise auf die Kapitaldienstfähigkeit des Unternehmens in der Zukunft. Letztlich gibt der Realisierungsgrad der Erfolgsverursacher Auskunft über die künftige **Kreditwürdigkeit jenseits von Bilanzen und schuld- bzw. sachenrechtlichen Sicherheiten**. Für ostdeutsche Unternehmen und Selbständige ist die zu schmale Eigenkapitalbasis oder Haftsubstanz noch weitgehend der Normalfall. Die Gewährung von Venture Capital auf das begründete Vertrauen in die Qualität von Konzepten und deren Umsetzung hin ist die neue vordringliche Aufgabe der Banken. Ein neuer Typus von Firmenkundenbetreuer ist gefordert; einer, der Risiko-, Fristen- und Losgrößentransformation als zentrale Funktionen der Kreditinstitute mit volkswirtschaftlicher Verantwortung zu investitions- und beschäftigungswirksamen Maßnahmen führen kann. Auch für westdeutsche Unternehmen bekommen gleichartige Herausforderungen zunehmend Relevanz.

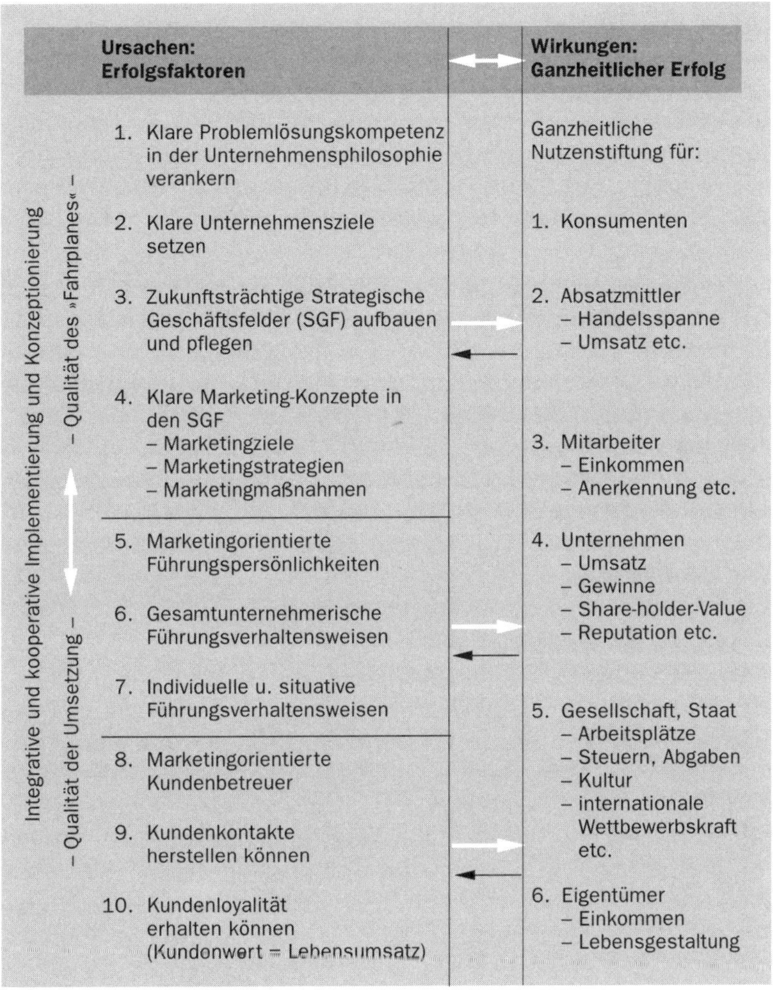

Abbildung 5 Erfolg als Wirkung verursachen (Erfolgsfaktoren)

Individuelles und integratives marktorientiertes Konzept als Unternehmensfahrplan

Erfolgreiche Unternehmer verfolgen ein Konzept als ganzheitlichen, marktorientierten Unternehmensfahrplan mit einer Langzeitperspektive im Sinne von Effektivität (d. h. die richtigen Dinge tun), innerhalb dessen folgende Faktoren zum Erfolg verhelfen:

1. Erfolgsfaktor: Realisierbare Visionen als Leitsterne

Erfolgreiche Unternehmen haben eine klare Unternehmensphilosophie, in deren Zentrum sie ihre Problemlösungskompetenz für relativ unbefriedigte Bedürfnisse, Wünsche und Begierden von bestimmten Menschen (Zielgruppen) ausdrücken. Somit steht bei allen Handlungen des Betriebes der Kunde mit seinen Fragen im Mittelpunkt. Daneben drückt der Unternehmer in seiner Unternehmensphilosophie die grundsätzlichen Wert- und Zielvorstellungen bezüglich seiner selbst und der Stellung in seinem Umfeld aus.

2. Erfolgsfaktor: Klare Ziele setzen

Erfolg ist Art und Grad der Zielerreichung. Insofern kann nur der Unternehmer, der nachvollziehbare Unternehmensziele hat, erfolgreich sein. Die Unternehmensziele als Oberziele werden in sogenannten strategischen Geschäftsfeldern realisiert. Darin sind Marketingziele von den Oberzielen abgeleitete Unterziele. Die Marketingziele müssen allerdings konkret, realistisch sowie von Mitarbeitern miterstellt und akzeptierbar sein. Sie müssen ein System ermöglichen, damit diese Ziele auch methodisch und flexibel zu erreichen sind.

3. Erfolgsfaktor: Wirksame Strategien als Wege zum Ziel wählen

Um ihre Ziele zu erreichen, verfolgen Unternehmen klare Marketingstrategien im Sinne von gedanklichen Wegen bzw. als Handlungsanweisungen im Umgang mit Kunden, mit Wettbewerbern, mit Absatzmittlern und öffentlichen Anspruchsgruppen. Diese »Wege« zielen auf Alleinstellung, Einzigartigkeit und Unverwechselbarkeit (USP = »Unique Selling Proposition«). Im Mittelstand wird dieser USP oft am besten in der Person des Unternehmers selbst verkörpert.

4. Erfolgsfaktor: Ziel- und strategiegerechter Instrumenteneinsatz

Erfolgreiche Unternehmen stimmen ihre Maßnahmen in der Angebots-, Vertriebs- und Kommunikationspolitik optimal zur Erreichung der Ziele ab. Dadurch entsteht ein geschlossenes und ganzheitliches Bild des Unternehmens (Corporate Identity) im Sinne eines sich »selbst verkaufenden Betriebes«.

Individuelles, situatives und integratives Führen am Markt (»Kapitän«)

Erfolgreiche Unternehmer haben ihr Marketingkonzept nicht nur auf dem Papier, sondern setzen es konsequent, flexibel und wirkungsvoll im Sinne von Effizienz (»Die Dinge richtig tun«) um, indem sie die Erfolgsfaktoren marketingorientierter Führung verwirklichen.

5. Erfolgsfaktor: Führung und Vorbild

Erfolgreiche Unternehmen haben Führungskräfte, die den Namen auch verdienen, im weitesten Sinne also »Gewinner«-Führungspersönlichkeiten (s. Abb. 4). Sie können als Leitpersonen mit fachlicher Kompetenz, Phantasie und Fürsorge als Teil einer positiven Macht (Charisma, Autorität) unternehmerische Vorstellungen (Visionen) für das Unternehmen entwickeln und die Umsetzung laufend zielorientiert steuern.

6. Erfolgsfaktor: Motivation durch Identifikation

Erfolgreiche Unternehmen können ihre Mitarbeiter zu kunden- und marktorientiertem Verhalten motivieren (fordern und fördern) und in kooperativen Führungsverhaltensweisen Sinn (Identifikation) für deren Tun vermitteln, das heißt intrinsische Motivation begünstigen.

Finanzielle Anerkennung der Mitarbeiter ist somit ein notwendiger, aber kein hinreichender Beitrag zur extrinsischen Motivation.

7. Erfolgsfaktor: Unternehmensschiff auf Kurs halten
Erfolgreiche Unternehmen wenden ein auf betriebswirtschaftliche Kennzahlen (Kostenrechnung) gestütztes marktorientiertes Steuerungssystem (**Controlling**) an, innerhalb dessen sich besonders die Mitarbeiter fachlich, flexibel und menschlich (Mitarbeiterzufriedenheit) weiterentwickeln können. Ein derart »lernendes Unternehmen« setzt auf die Produktivität des Wissens der Mitarbeiter. Denn Wissen an sich ist wertlos. Erst der kreative und produktive Einsatz von Wissen erbringt neue unternehmenssichernde Lösungen. Führungskräfte schaffen also eine Arbeitssituation, die menschliche Leistung ermöglicht und begünstigt. Außerdem sind Produktivitätssteigerungen in dynamischen Zeiten schneller und leichter durch bessere Zusammenarbeit (Kooperation) im Unternehmen als durch die konzernübliche Arbeitsteilung mit hohen Koordinationskosten und Flexibilitätsverlusten zu erreichen. Allerlei Formen materieller oder bedrohender »Antreiber« in Form negativer Sanktionen, um auf Unternehmenskurs zu bleiben, werden überflüssig, wenn echte Partnerschaft im Betrieb gelebt wird.

Individuelle und integrative Kundenbetreuung (»Kunde«)

Erfolgreiche Unternehmen leben im Sinne der **Effizienz** der Marketingkonzepte ein von den Mitarbeitern getragenes marketingorientiertes Kundenmanagement, d. h., ein Beziehungs- bzw. Relationship-Marketing.

8. Erfolgsfaktor: Wollen und Können der Mitarbeiter
Grundlagen erfolgreicher Kundenbetreuung sind:

Die Mitarbeiter sind für ihre Aufgaben befähigt (Qualifikation). Sie wissen, was ihr Unternehmen warum will (Orientiertsein). Die Mitarbeiter stehen hinter ihrer Kundenbetreuungstätigkeit (intrinsische Motivation). Die Mitarbeiter sind bereit, engagiert Zeit und Nervenkraft (Involvierung) in Kundenbetreuung bzw. Beschwerdebehandlung zu investieren. Insgesamt heißt dies, daß die Mitarbeiter sich mit den Werten, Zielen, Produkten und Aufgaben ihres Unternehmens identifizieren.

9. Erfolgsfaktor: Kundenkontakte herstellen können

Erfolgreiche Unternehmen können durch aktives Vorgehen Beziehungen zu Menschen herstellen (Kontaktmanagement). Dazu erwarten Kunden heute Authentizität, d. h. Echtheit, Zuverlässigkeit und Glaubwürdigkeit. Es reicht auch nicht mehr aus, nur sympathisch im Sinne unverbindlicher Freundlichkeit zu sein, sondern notwendig ist vielmehr heute eine empathische Kundenbetreuung. Dies bedeutet ein Bereit- und Fähigsein, sich in die Bedürfnisse des Kunden einzufühlen.

10. Erfolgsfaktor: Kundenbindung durch Kundenzufriedenheit

Erfolgreiche Unternehmen können die Probleme ihrer Kunden zufriedenstellend lösen bzw. mit deren Beschwerden umgehen (Beschwerdemanagement). Kundenzufriedenheit auf der sachlichen (ökonomische Transaktionen) und beziehungsmäßigen (psycho-soziale Transaktionen) Ebene ist die zentrale Voraussetzung, um Kunden langfristig an das Unternehmen zu binden (Kundenloyalität). Und loyale Kunden sind wie Bankkonten, von denen dauernd Deckungsbeiträge für das Unternehmen fließen.

»The difference in business is people«

Die Erfolgsfaktoren 1. bis 10. zeigen: Menschen gestalten den erfolgsbestimmenden Unterschied im Geschäftsleben.

Auch bei ostdeutschen Herstellern, Händlern und Dienstleistern läßt sich tendenziell feststellen, daß die, im Verhältnis zu den Wettbewerbern, relativ wirksamere Umsetzung dieser Erfolgsfaktoren zu einem überdurchschnittlich hohen Erfolgsbeitrag, gemessen am Cash-Flow und an der Umsatzentwicklung, führt. Allerdings ist die Zeit noch zu kurz, um das Ausmaß der Erfolgsunterschiede klar zu quantifizieren.

In westdeutschen Unternehmen wurden im 5-Jahres-Vergleich eine doppelt so starke Cash-Flow- und Umsatzsteigerung festgestellt bei konzeptionell vorgehenden Unternehmern im Vergleich mit solchen ohne Unternehmensfahrplan.

Insgesamt, und darin liegen die besonderen Chancen der Unternehmer in Ost- und Westdeutschland, läßt sich feststellen, daß letztlich der Mensch im Unternehmen der Erfolgsfaktor ist. Die gängigen Betrachtungsweisen der Wirtschafts-, Natur- und technischen Wissenschaften mit ihrer Betonung mechanistischer Lösungen geben nur einen begrenzten Ausschnitt der Wirklichkeit des wirtschaftlichen und gesellschaftlichen Geschehens wieder.

Menschen sind es, die aus dem Innern eines Unternehmens heraus durch ihr Verhalten, ihr Erscheinen und ihre Art der Kommunikation nach außen über Service, Qualität und persönliche Kundenansprache Zufriedenheit und Loyalität zu Unternehmen schaffen und dadurch Umsatz und Gewinn des Unternehmens sichern helfen.

Und für Menschen sind in Ost und West Unternehmen da.

2.5 Eigene Quellen der Macht erkennen

Nach sieben Jahren Wiedervereinigung sind die unmittelbar nach der Wende entstandenen Pauschalaussagen zum Ost-West-Verhältnis in Deutschland – auch wenn sie von manchen noch gern gepflegt werden – in der Praxis nicht mehr haltbar. Die Lage ist differenzierter. Rückbesinnung auf Regionen in Ostdeutschland, beginnender Generationskonflikt aus unterschiedlichen Sozialisationsprozessen sowie individualisierte Gruppeninteressen in Politik und Gesellschaft sind nur wenige Beispiele. Insofern ist mancher Ost-West-Vergleich der Verhaltensweisen von Menschen genauso aussagefähig wie zwischen Niederbayern und Ostfriesen. Und beiderseits sind die Verhältnisse durch Zerbröselung der lange Jahre vertrauten Wertewelten von innen her gekennzeichnet. Niemand vermag in diesen Übergangszeiten zu sagen, wohin die Reise geht. Zudem befinden sich werte- und sinnstiftende Institutionen selbst in einer Identitätskrise.

Dennoch sind neben den in Punkt 1 genannten generellen Ursachen subjektiv empfundener Ohnmacht im persönlichen Bereich bei ostdeutschen Bürgern signifikant stärkere Machteinschränkungen als im Westen noch offensichtlich. Diese betreffen im wesentlichen:

- alle Formen der getrübten Sichtweise der Realität: teils in Form von **Vorurteilen**, teils im Sinne von **Illusionen**. Die Wirklichkeit wird nicht gesehen, wie sie ist, sondern wie sie sein könnte oder sollte. Manche Ostbürger mußten schnell erkennen, daß »Meister Proper« – wie im Fernsehspot gesehen – doch nicht ohne starken eigenen Einsatz sauber putzt (so Prof. Peter Hedrich)[1].

Häufig wird auch in Form des Ausschlusses von Persönlichkeitsmerkmalen Vitalität eingeschränkt bzw. man fixiert sich zu stark auf einengende Sichtweisen.

- Alle Abweichungen von der Grundlage jeder individuellen Macht: nämlich der gesunden Balance des persönlichen **Selbstvertrauens** mit dem daraus resultierenden **Vertrauen** in andere Menschen und in das Leben überhaupt. Die zentralen Aspekte dieser Abweichung von der positiven Haltung Selbstvertrauen/ Vertrauen liegen im **Mißtrauen** gegenüber anderen und **Selbstzweifel**.
- Alle Formen der **Passivität.** Dies betrifft Menschen, die nicht oder zu wenig eigenständig denken, fühlen und handeln, um ihre Probleme zu lösen (symbiotisches Verhalten), die Problemen aus dem Weg gehen, sich im Leben keine Ziele setzen und nicht aktiv zu deren Erreichung werden.

Der generelle Schlüssel zum Selbstvertrauen/Vertrauen aber liegt im **aktiven** und **eigenverantwortlichen Handeln**.

Macht als Motor der psycho-sozialen Ebene der Unternehmenssteuerung ist heute notwendiger denn je, um erfolgreich führen und im Marketing auch seine Vorstellungen am Markt verwirklichen zu können. In Zeiten der Unsicherheit, Ängste und Ohnmachtsgefühle von einzelnen und der Gemeinschaft ist die Suche nach »Sinnanker« und »Sinnhorizonten«[2] besonders groß. »Etwas Festes muß der Mensch haben, darin er zu Anker liege«, so Matthias Claudius, und gleichzeitig frei sein, auf etwas Neues und Sinnmachendes hin unterwegs, zu neuen Horizonten ohne zwanghaften Ehrgeiz. Sinnanker und Sinnhorizonte vermitteln Macht.

Macht – ob als Marktmacht oder Führungsmacht – entsteht nach unserem Verständnis und etymologisch abgeleitet aus der Fähigkeit, durch **»mögen«** und **»vermögen«** Bedürfnisse der Menschen in einem dynamischen, integrativ gesehenen und interaktiv ge-

[1] Peter Hedrich, Dekan der HTWS Zittau/Görlitz, 3, 1995

[2] Friedrich Schorlemmer, a. a. O., Seite 22

lebten Prozeß zu befriedigen. Dieses Macht-Kontinuum gilt im Verhältnis zu allen Stake-Holdern, ob
- zu Konsumenten (Endabnehmern),
- zu Absatzmittlern (Handel),
- zu Wettbewerbern am Markt,
- zu den Mitarbeitern und Kollegen,
- zu Banken und Lieferanten,
- zu öffentlichen und gesellschaftlichen Gruppierungen wie Gemeinden, Verbänden, Medien, Staat, Bürgerinitiativen etc.

Mächtige Menschen haben Ausstrahlung und Persönlichkeit (**Charisma**). Deren Macht führt zu Leistungen zum Nutzen aller Stake-Holder und dient nicht etwa nur dazu, deren Amt oder Status allein zu festigen. Mächtige Menschen faszinieren und beeindrucken, haben ein unverwechselbares Profil, tun und verantworten, was sie für richtig halten. Sie leben nicht aus den geliehenen Mitteln der Macht. Mächtige Personen können ihrer Umgebung Erlaubnis und Schutz gewähren. Macht kann mit anderen nur teilen, wer auch Stärke und Macht zum Teilen hat. Ohnmacht teilen wollen die wenigsten Menschen. Mächtige Personen verfolgen ihren eigenen Stil, ohne es allen recht machen zu wollen. Sie verstecken sich nicht, ecken auch mal an und versuchen nicht, anderen etwas vorzuspielen. Mächtige Personen kennen ihre Unvollkommenheiten, ihre Grenzen und Schwächen, und sie können diese Schwächen auch zeigen – ohne das Gesicht zu verlieren.

Bei allen untersuchten Unternehmern und Selbständigen in Ostdeutschland – aber gleiches gilt für westdeutsche Unternehmer – finden sich die unten angeführten sieben Quellen der Macht als erfolgsbestimmende Basis für ihr Unternehmen. Die von Claude M. Steiner[1] diskutierten Thesen finden sich damit eindrucksvoll bestätigt. Jeder Unternehmer kann Kontakt mit der Qualität und Vitalität seiner eigenen Quellen aufnehmen. Ein möglicher Zugang ist die Visualisierung: Sie stellen sich den Brunnen im entspannten Zustand als Bild vor und spüren die Kraft jeder einzelnen Quelle bzw. nehmen sie in ihrer Gestalt

[1] Claude M. Steiner, The Seven Sources of Power: An Alternative to Authority, in: Transactional Analysis Journal, Vol. 17, No. 3, July 1987, S. 102–104

wahr. Nehmen Sie einen Schluck aus Ihrer Machtquelle und prüfen Sie die Qualität des Geschmackes.

Dabei sind die folgenden sieben Machtquellen nicht isoliert zu sehen, sondern ergänzen, verstärken oder bedingen einander:

Liebe, Wertschätzung, Anerkennung

»Liebe ist das einzige, was wächst, je mehr du sie verschwendest«

nach Ricarda Huch

Der Hunger der Menschen nach »Strokes« bleibt unstillbar!

Wer Marketing macht, muß die Menschen und die Arbeit an der Lösung von deren Problemen mögen. Zu oft verwenden wir heute den technischen und lieblosen Begriff der »Beziehung« zu Kunden, Mitarbeitern, Einzelhändlern. Beziehung beinhaltet »ziehen« statt »zuwenden«. Diese Denkhaltung legt die Vermutung nahe, daß andere sich nicht zu meiner Position hinwenden oder sich meinen Vorstellungen nicht anschließen wollen. Daher muß ich sie mit Marketinginstrumenten, wie z. B. aggressiven Preisen, aggressiver Werbung, aggressiver Verkaufsförderung oder manipulativen Entlohnungssystemen zu meinen Vorstellungen ziehen. Nur, was passiert, wenn diese Menschen sich nicht ziehen lassen?

Liebe, als die Fähigkeit, mit Anerkennung, Zuwendung und Wertschätzung umgehen zu können, ist die intensivere Machtquelle. Sie überbrückt die Entfernung von A nach B nicht dadurch, daß sie B nach A zieht, sondern sich von A nach B hinbewegt. Anderen und sich selber Zuwendung und Wertschätzung geben können schafft Selbstvertrauen und Vertrauen. Auf den Geschäftspartner zugehen können, ob als Kunde oder Mitarbeiter, und sich in dessen Probleme einfühlen (Empathie) können, führt beide Seiten weiter und führt zu Gewinnersituationen (Win-Win-Position).

Reife Partnerschaften (Relationship) stützen sich auf Dialogfähigkeit, Offenheit, Vertrauen und Akzeptanz. Innere Verbundenheit mit dem anderen bei gleichzeitiger Unabhängigkeit (= Grenzen setzen) und Selbständigkeit gehören ebenso dazu wie Klarheit und Konfliktfähigkeit. Im Geschäftsleben ist oft nicht die Verschiedenartigkeit der Charaktere der Geschäftspartner oder das Problem an sich entscheidend, sondern auf welcher partnerschaftlichen Grundhaltung sie sich verständigen: ob den anderen abwertend, aufbrausend, aggressiv, beleidigend, vorwurfsvoll, oder eben, indem sie aufeinander zugehen.

Prüfen Sie, wie die Beziehungsbilanz im eigenen Unternehmen ausschaut. Wird auf dem Beziehungskonto mehr abgebucht durch Kränkungen, Streit, Enttäuschungen, Verstimmungen und auf Kontrolle zielendes Power Play, oder wird doch mehr eingezahlt durch Anerkennung, gegenseitige Wertschätzung, Aufmunterung und Zuneigung?

Eine alte chinesische Weisheit trifft auch für die Mitarbeiterführung und Kundenbetreuung zu: »Ein anerkennendes Lächeln erwärmt sieben Wintermonate.«

Kommunikations- und Kontaktfähigkeit

»Die fruchtbarste und natürlichste Übung unseres Geistes ist das Gespräch.«

Michel de Montaigne

Liebe, die mächtig genug ist, Menschen ein Leben lang aneinander zu binden, oder die Macht hat, »Berge zu versetzen«, gedeiht jedoch nicht ohne Kommunikations- und Kontaktfähigkeit. Gesprächs- und Kontaktfähigkeit ist die Bedingung, zufriedenstellende Beziehungen zu Mitarbeitern und Kunden zu gestalten. Dialogfähigkeit ist die Bezeichnung für das zwischenmenschliche Miteinander in einem zivilisierten Gespräch. Kommunikations- und Kontaktfähigkeit ist die Macht, im Gespräch zweier oder mehrerer Menschen Gedanken zu entfalten, auseinanderzulegen und einem Partner Sachverhalte oder Problemlösungen mitzuteilen bzw. den Partner am Gespräch teilnehmen zu lassen. Kommunikationsfähigkeit ist das Sprachrohr sozialer Kompetenz. Und soziale Kompetenz überbrückt Managementebenen. Sie ermöglicht erst effiziente Kooperationen, ob intern als Gruppenarbeit oder mit Handel und Lieferanten nach außen.

Unternehmer gewinnen durch diese Fähigkeiten gegenüber allen Stake-Holdern. Sie schaffen es, Beziehungsnetze aufzubauen und zu pflegen: und zwar vorbehaltlos und ohne Statusdenken zu allen sozialen, kulturellen und intellektuellen Schichten. Effiziente Kommunikation im Unternehmen und nach außen ist inzwischen die Software wirtschaftlichen Erfolges geworden. Ohne sie hat auch die betriebliche Sachleistung nur eine begrenzte Zukunft, kann Fach- und Methodenkompetenz nicht vermittelt und wirksam werden. Geglückte Kommunikation steigert die Rentabilität eines Unternehmens unmittelbar. Die Macht der Kommunikationsfähigkeit zeigt sich auch in der Fähigkeit, abgebrochene Beziehungen wieder aufzubauen und in Konfliktgesprächen nicht nach dem Schuldigen, sondern nach der besseren Lösung zu suchen. Offenheit und Klarheit sind dabei wesentliche Bestandteile effizienter und sozialer Kommunikation – nicht nur als gute Manieren, sondern vor allem als Inhalte.

Begeistert sein und begeistern können

»In dir muß brennen, was Du bei anderen entzünden willst.«

Augustinus

Die Qualität der Kommunikation und der Liebe zu einer Aufgabe wird energetisch noch verstärkt, wenn bei Führungskräften Begeisterung spürbar ist und das Mitarbeiter- oder Kundenumfeld auch begeistert wird. Mitarbeiter spüren, wenn ihr Vorgesetzter von seinem Beruf begeistert ist, und lassen sich anstecken. Gerade heute sind in unserer Volkswirtschaft neue Verfahren und Produkte für jedes Unternehmen existenznotwendig. Gerade in der Krise können wir nicht darauf verzichten, in die Zukunft zu investieren. Die beste Marktforschung und die beste Unternehmensvision nützen nichts, wenn die Mitarbeiter über alle Ebenen nicht an die neuen Ideen glauben und sie mit Begeisterung am Markt umsetzen. Durch Begeisterung werden erst selbsterfüllende Prophezeiungen Realität. Und in krisenhaften Zeiten sind besonders diese Machtquellen nötig.

Auch in der Akquisition und in der Kundenbetreuung lassen sich geschäftliche Erfolge leichter ermöglichen. Viele Kunden lassen sich von einem lebendigen, virtuosen Verkäufer mitreißen und zum eigenen aktiven Handeln motivieren. Traurige oder gehemmte Menschen beeinträchtigen auch die Schaffensfreude in ihrer Umgebung.

Vision, Weisheit, Kreativität und Wissen

»Unternehmer ohne klare Visionen bleiben Buchhalter ihrer Vergangenheit.«

Positive Gedanken sind Kräfte, die die Welt verändern und beherrschen können.

Menschen brauchen Visionen, die wie Leitsterne den Weg weisen, ihrem Tun Sinn verleihen und zum zielgerechten Handeln motivieren. Unternehmer, die mit einer fundierten realistischen Unternehmensphilosophie (**Vision**) führen, verfügen über Leitlinien ihres unternehmerischen Handelns für Mitarbeiter und Außenstehende. Offen kommunizierte, mit Hingabe und Begeisterung verfolgte und realistische unternehmerische Visionen beinhalten die Macht, überdurchschnittliche Kräfte im Unternehmen freizusetzen. In Gesellschaft, Politik und bei über 90 Prozent aller Unternehmen und Selbständigen fehlen klare Visionen als konzeptionelle Entwürfe der in Zukunft gewünschten Entwicklungen. Der Sinn und Zweck für ihr Tun ist immer weniger Menschen ersichtlich (Orientierungslosigkeit). Es mangelt an »gesellschaftlichem Kitt«.

Wegen der Komplexität der Unternehmenswelt ist zudem die Fähigkeit erforderlich, intensiv eine Vielzahl von Wirklichkeitsperspektiven zu erfassen. Denn die Unternehmenswelt wird immer nur in Teilen der Wirklichkeit wahrgenommen und erfahren. Insofern ist Weisheit die Fähigkeit zur fortschreitenden Erkenntnis der unterschiedlichen Wirklichkeiten und Wahrheiten.

»Wissen ist Macht. Aber Macht ist noch lange nicht Wissen« (Claude Pinoteau).

Und doch ist Wissen an sich wertlos. Erst der kreative und kombinatorische Einsatz des Wissens, d. h. die **Produktivität des Wissens**, ist eine Machtquelle, um am Markt erfolgreich zu sein. Da Wissen zudem kurzlebiger geworden ist, ist dauerndes Lernen notwendig. *»Lernen ist wie Rudern gegen den Strom, wer damit aufhört, fällt zurück«*, sagt Benjamin Britten.

Informationsforscher wie der Mathematiker Leo Nefiodow gehen davon aus, daß der begonnene und nach dem Russen Nicolai Kondratieff benannte neue (50jährige), langfristige Konjunkturzyklus nicht durch materielle Prozesse geprägt wird, sondern von Geist, Wissen und Information.[1]

»Phantasie ist wichtiger als Wissen«, sagt Albert Einstein. **Unternehmerische Kreativität** ist eine überlebenssichernde unternehmerische Machtquelle, die unternehmerische Defizite in anderen Bereichen kurzfristig ausgleichen hilft. Eng damit verbunden ist die Macht der kaufmännischen Intuition, das Gespür für Geschäftsnischen und -entscheidungen. Die Universität Hannover hat in einer Untersuchung belegt, daß Kreativität bei der Entwicklung von Produkten, der Entlohnung von Mitarbeitern

[1] Leo A. Nefiodow, Der sechste Kondratieff – Wege zur Produktivität und Vollbeschäftigung im Zeitalter der Information, 1996

und der Gestaltung von Arbeitszeiten die Wettbewerbschancen von Unternehmen erheblich verbessert. Die Konsequenzen sind höherer Ertrag, mehr Arbeitsplätze und sogar geringerer Krankenstand.

Unabhängig von der in diesem Buch herrschenden ökonomischen Betrachtung verfolgt die individuelle Stärkung dieser Machtquelle ein tief humanistisches Ziel: die Menschwerdung des Menschen durch umfassende Bildung.

Autonomie, Selbstverantwortung und -steuerung

»Nur wer mit sich selbst zurechtkommt, kommt auch mit anderen Leuten zurecht.«

Operative Hektik und zwanghafte Anstrengungen sind heute untaugliche Führungsinstrumente. Innerer Rhythmus und Gelassenheit sind wirksame Alternativen dazu. Gelassene und entspannte Menschen sind erwiesenermaßen vitaler, kreativer und gedanklich konzentrierter.

Die Macht der Selbststeuerung im Sinn von Abgrenzung, Autonomie und Verantwortung für das eigene Verhalten setzt Selbsterkenntnis voraus. Autonomie heißt, sich seiner Persönlichkeitsstruktur bewußt zu sein und wie eine »Erwachsenenperson« zu handeln, zu entscheiden und mit sich und dem Umfeld in realistischem Kontakt zu sein. Autonome Persönlichkeiten verhalten sich situativ und individuell problemlösungsorientiert. Sie entwickeln und setzen ihre Fähigkeiten ein, um zu analysieren und zu differenzieren, wenn es nötig ist, zu loben und aufzumuntern, wenn es weiterhilft. Und sie lenken die anderen Machtquellen Leidenschaft, Hingabe, Spontaneität, Intuition und Kommunikationsfähigkeit so, daß es in der jeweiligen Situation angemessen und weiterführend ist. Sie besetzen ihre Position des Selbstvertrauens. Von da aus vertreten sie ethische und moralische Standpunkte, sind aufrichtig, glaub- und vertrauenswürdig. In der Verhandlung mit Kunden zeigen sie Einfühlungsvermögen in Verbindung mit Zielstrebigkeit und in der Führung Vorbildverhalten. Autonome Menschen gewinnen im Gespräch durch die Echtheit der eigenen Persönlichkeit. Die Macht der Autonomie ermöglicht, wie der Weise im Tao-Te-King zu sein:

»...in seinen Reden zwar scharf und deutlich, aber er beleidigt niemanden; zeigt Fehler auf, aber ohne zu verletzen; er tut sein Möglichstes, aber nicht auf Kosten der anderen; er glänzt, aber er blendet nicht«.

Grounding, Stehvermögen

»Gott, gib mir die Gelassenheit, die Dinge hinzunehmen, die ich nicht ändern kann, den Mut, die Dinge zu ändern, die ich ändern kann, und die Weisheit, das eine vom anderen zu unterscheiden.«

Christoph Oettinger

Mut, Stehvermögen, Standhaftigkeit (Grounding), bejahte Verwurzelung als Rückbindung zur Lebensgestaltung und starker Wille, selbstverantwortlich und entschieden zu handeln, ist eine weitere zentrale unternehmerische Machtquelle – gerade in Krisenzeiten. Ervin Laszlo schreibt in seinem Report »Wege zum globalen Überleben«: »Menschen, die in Zeiten des Umbruchs den Mut zu neuen Wegen aufbringen, führen ein längeres und gesünderes Leben.«[1] Unternehmer, die sich Herausforderungen stellen und ihren Weg gehen, sind existentieller Bestandteil einer freiheitlichen, sich vorwärts entwickelnden Gesellschaft. Im Einzelfall macht sich das bezahlt in Form des Stehvermögens im Verhandeln mit Kunden oder auch in der Zähigkeit in der Akquisition. Beharrlichkeit und das feste Vertrauen in den eigenen Erfolg haben oft vermeintlich aussichtslose Geschäfte zu befriedigenden Ergebnissen geführt. Ebenso trägt Geduld gegenüber der Entwicklung von Mitarbeitern auf lange Sicht Früchte. Dabei geht es aber nicht darum, standhaft und fest in der Erde zu stehen wie eine Eiche, die stolz im Sturme bricht. Vielmehr ist das Bild der Weide, die fest verwurzelt steht und sich beugt, wenn es nötig ist, und dann wieder aufsteht, geeigneter, dieses Phänomen zu verstehen.

[1] Ervin Laszlo, Wege zum globalen Überleben, München 1992, S. 16

Transzendenz, Glaube, Lebenssinn

»Und da bleibt die offene Frage: Behält Leben einen Wert über mich und meine Zeit hinaus?«

Friedrich Schorlemmer

Transzendenz und Sinn des Lebens bleiben Kernfragen menschlicher Existenz. Weil die meisten Menschen den direkten Weg nicht gleich finden, suchen sie Sinn und Glück im Alltag mit Sinnsurrogaten oder Schein-Glücksbringern aus der konsum- und erlebnisbietenden Wirtschaft. Auch wenn diese Sinnsuche nach dem Modell der Erlebnisrationalität von Gerhard Schulze[1] meist scheitert, wird sie doch die Praxis und damit die Konsumgüterindustrie weiter bestimmen.

Menschen, die im Leben eine tiefere Bedeutung, einen Zweck, einen Sinn erkennen, verfügen über Gelassenheit und Kraft. Die Macht der Transzendenz, unsere mystischen Fähigkeiten bzw. das Zurückbesinnen (Religio) helfen vielen, das Leben leichter zu meistern. Diese Menschen haben Charisma auch dadurch, daß sie stimmig, ruhig und gelassen sind. Sie sehen ihr Leben ganzheitlich: im Vertrauen in die eigene Erfahrung und im Vertrauen in das Gute der Schöpfung und darauf, daß das Leben über die erfahrbare Wirklichkeit hinaus in einem größeren Blickfeld steht und darin aufgehoben ist. Dahinter verbirgt sich die Kunst, aus dem Bewußtsein der eigenen Endlichkeit heraus auf ein letztes Ziel hin zu leben.

Macht aus dem Lot

Damit wird offensichtlich, daß eine starke Unternehmerpersönlichkeit weder Amt noch Titel braucht, um andere für ihre Ziele zu begeistern. Wahre Macht speist sich eben aus den genannten qualitativen Quellen. Aber gerade diese Quellen der Macht haben in der Geschichte auch charismatische Persönlichkeiten dazu verleitet, Millionen von Menschen in Kriegen oder Progromen an Leib und Leben Schaden zuzufügen. Und gleiches gilt auch für den Bereich der Wirtschaft. Macht, die eine Führungsperson

[1] Gerhard Schulze, Die Erlebnisgesellschaft. Kultursoziologie der Gegenwart, Frankfurt a. M. 1993

durch ihr Charisma oder ihren Status hat, kann durch Fehlverhalten mehr schaden als nützen. Die Abbildung 6 zeigt in einer Aufstellung von Bernhard Schibal die möglichen Fehlentwicklungen.

Machtquellen	Überentwickelter Machtquelleneinsatz	Unterentwickelter Machtquelleneinsatz
Zuwendung Liebe Wertschätzung Anerkennung (sich und andere)	fühlt sich getrieben zu exzessiver Selbstaufopferung für andere und Vernachlässigung von sich selbst	lieblos, herzlos sich selbst und anderen gegenüber, kalt, unfähig in bezug auf Strokes
Kommunikation Kontaktfähigkeit	redet endlos und ohne Beziehung zum Zuhörer, verwechselt Rhetorik mit Kommunikation, versucht, mit Reden zu erreichen, was nicht damit zu erreichen ist	sprachlos, unsicher, sich auszudrücken und eine Unterhaltung aufrechtzuerhalten, unterentwickelter Sprach- und Ausdruckschatz
Leidenschaft Begeisterung Neigung	geritten von Leidenschaften bzw. Neigungen, Vernachlässigung anderer Bereiche seines Lebens	gehemmt, langweilig und gelangweilt, uninteressiert
Wissen Weisheit Intuition Vision Kreativität	exzessive Nutzung eines der Felder, bei Vernachlässigung der anderen; Wissensfetischist; Experte oder Guru	unwissend, ungebildet, uninteressiert im weitesten Sinne, d. h. Wissen, Weisheit und Intuition sind wenig ausgebildet
Autonomie Selbst-verantwortung Selbststeuerung	Power Player, Überkontrolle von sich, anderen und der Welt	unkontrolliertes Verhalten, unberechenbar, wenig fähig, seine Emotionen zu artikulieren und damit adäquat auszudrücken
Grounding Stehvermögen Mut Geduld Erdverbundenheit Standhaftigkeit	unbeweglich, stumpfsinnig, steinern, hartnäckig	unstabil, unruhig, leicht herumzuschubsen, unsicher auf den Füßen
Transzendenz Glaube	verliert den Kontakt mit der realen Welt, mit seinen Mitmenschen	unfähig, sich vom Materialistischen zu entfernen, hat Schwierigkeiten, die Grenzen seiner Erfahrung zu überschreiten, auch in der Phantasie

Abbildung 6 Fehlentwicklungen der Machtquellen
Bernhard Schibalski, 1991, 1994 (Seminare Beutelsbach, Sindelfingen, IBM)

3 Aufsteigen mit Konzept und konsequenter Umsetzung

Clemens Renker

3.1 Integrativer Prozeß marketingorientierter Unternehmensführung – im Überblick

Nach unseren Erfahrungen gilt über alle Branchen hinweg, daß weniger als 5% der Unternehmen und Selbständigen ein ganzheitlich entwickeltes marktorientiertes Unternehmenskonzept als Antwort auf die zentralen Herausforderungen »Komplexität, Dynamisierung und Individualisierung« haben. Ganzheitlichkeit meint, die spezifischen Schritte und Prozesse im Unternehmen in integrativer und simultaner (gleichzeitig) Weise zu verstehen und mit Leben zu erfüllen[1], und zwar auf der

- **sachlich-inhaltlichen Ebene** (marktorientiertes Unternehmenskonzept als rationale, strategische Stoßkraft zur problemlösungsgerechten Profilierung),
- **organisatorischen Ebene** (unterstützende Aufbau- und Ablauforganisation zur physischen Profilierung),
- **psycho-sozialen Ebene** (Gestaltung der Unternehmenskultur als strategische Stoßkraft zur verhaltensmäßigen Profilierung).

Die nötige Vernetzung **innerhalb** und **zwischen** diesen drei Ebenen wird in der Unternehmenspraxis meist nur unzulänglich oder gar nicht gesehen – und wenn, dann nicht konsequent genug in der Realisierung beachtet. Es ist nur eine notwendige Voraussetzung, auf der sachlich-inhaltlichen Ebene über Unternehmensstäbe oder externe Berater ein Konzept rational zu entwickeln. Hinreichend wird dieser »Unternehmensfahrplan« aber erst dann sein, wenn er durch eine entsprechend flexible, betriebliche Trägheit überwindende Organisationsstruktur unterstützt wird und von einer schwer kopierbaren Unternehmenskultur als Teil der psycho-sozialen Ebene in der täglichen Arbeit gelebt wird – das Konzept kulturell verankert ist. Wenn überhaupt in

[1] Abb. 7 in Anlehnung an die Gedanken von Fischer, Gerhard/Koetz, Axel G., Strategieentwicklung, in: Kienbaum informiert, Nr. 2, Gummersbach 1986, S. 1–3

ost- und westdeutschen Unternehmen Ansätze eines Unternehmenskonzeptes vorliegen, dann

- meist nicht mit der nötigen analytischen Tiefe für die individuelle Problemstellung. Oberflächliche Effekthascherei findet sich auch in Beraterpapieren. Die hoffnungsvolle Erwartung auf Patentrezepte, die alles von selbst erledigen, zählt zur praktischen Alltagsillusion,
- ist die echte innere Bereitschaft, tatsächlich nötige Veränderungen durchzuführen und »heilige Kühe« anzufassen, unterentwikkelt. »Wasch mir den Pelz, aber mach mich nicht naß«, lautet bisweilen die Devise,
- fehlt die Konfliktbereitschaft, -annahme und -fähigkeit, mit Auseinandersetzungen zur Veränderung umzugehen.

Die Abb. 7 zeigt die Schritte einer **Transformation** (Change-Management/Turnaround/Revitalisierung) eines Unternehmens aus der Niedergangs- wieder in die Wachstumszone.

Dieser integrative Prozeß marktorientierter Unternehmensführung ist idealtypisch in allen Arten von Unternehmen möglich und seit 1983 im Westen vom Autor in zahlreichen Industrie-, Dienstleistungs- und Handelsunternehmen erfolgreich eingeführt worden. Die Vorgehensweise ist auch besonders geeignet, den Transformationsprozeß in ostdeutschen Unternehmen mit nachhaltigem Erfolg zu bewältigen. Eklatante Verstöße gegen diese Einsichten und Erfahrungen sind Ursachen für häufiges Fehlschlagen in der ostdeutschen Transformationspraxis seit 1990.

Unabhängig von der Tatsache, daß die überwiegende Mehrheit der deutschen Unternehmen sich konzeptionslos am Markt durchwurstelt, ist nur ein effizient umgesetztes Konzept auch ein gutes Konzept. Daher reichen die intellektuellen und kreativen Leistungen in der Entwicklung einer Konzeption alleine noch nicht aus. Es gilt auch, die Emotionen, die Verhaltensweisen bzw. im weitesten Sinn die psycho-sozialen Prozesse der betroffenen Menschen zu berücksichtigen. Viele Unternehmen stellen in ihrem Marketing nur die fachliche Kompetenz in den Vordergrund. Die menschliche Komponente wird vernachlässigt. Die praktische Erfahrung unterstützt aber die These, daß die psycho-soziale Ebene mehr als 50% Relevanz für den Erfolg einer

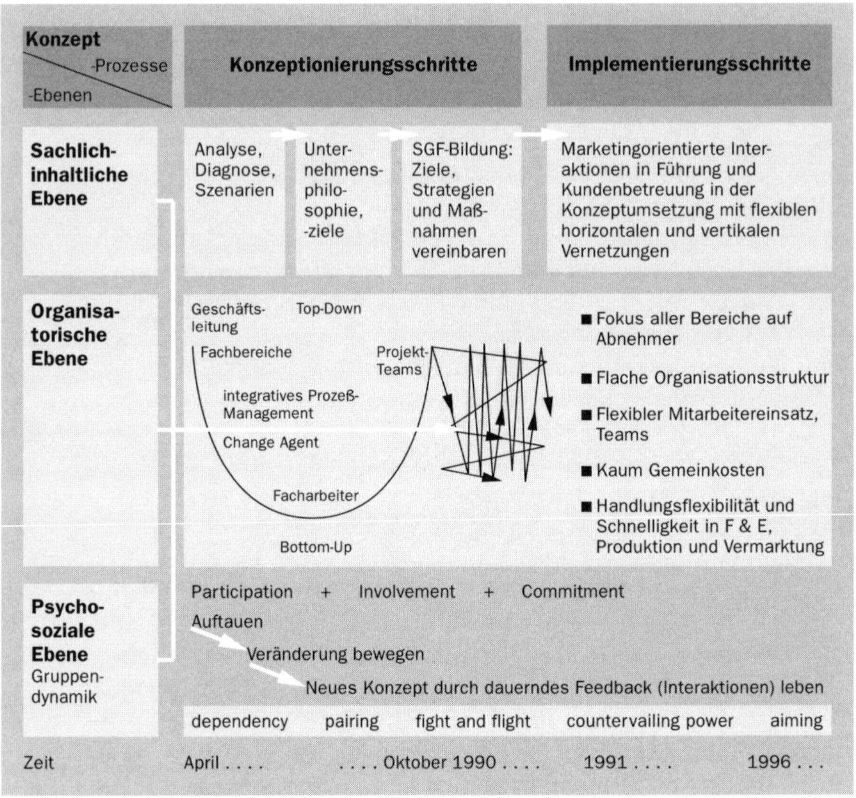

Abbildung 7 Integrierte und kooperative, marktorientierte Unternehmensführung/-kultur (Transformations- oder Changemanagement)

Geschäftspolitik hat. Hochwertige Resultate auf der sachlich-inhaltlichen Ebene sind daher lediglich eine notwendige, aber nicht hinreichende Voraussetzung für eine wirkungsvolle Unternehmensführung. Hinreichend ist es dann, wenn die Betroffenen zu Beteiligten gemacht werden. Das bedeutet, daß bei der Entwicklung und Implementierung neuer geschäftspolitischer Vorstellungen folgende Grundsätze gelten:

Partizipation
Alle für die Umsetzung Verantwortlichen werden bereits in die Analyse und Konzeptentwicklung mit einbezogen. So können sie

den unternehmerischen »Fahrplan« verstehen, Verständnis für die Methodik zeigen und effizienter die Umsetzung gestalten sowie an deren Erfolg teilhaben.

Involvement

Das besondere Interesse, Ich-Beteiligung (Aktivierung), für das Unternehmen wird Involvement genannt. Der Grad des Involvements wird einerseits durch die Wertvorstellungen, Bedürfnisse, Fähigkeiten und Einstellungen der Mitarbeiter und andererseits durch das Führungsverhalten, Betriebsklima und Anerkennungsverhalten beeinflußt. Die durch die Ich-Beteiligung bewirkte emotionale Betroffenheit bei den Mitarbeitern ermöglicht eine Identifizierung mit den konzeptionellen Vorstellungen. Die Mitarbeiter bringen mehr Bereitschaft und Können zur Umsetzung mit.

Commitment

Die am Prozeß beteiligten Mitarbeiter verpflichten sich dadurch selbst zu einer gemeinsamen Umsetzung ihrer Planungen und sind innerlich bereit, Zeit und Nerven dafür zu investieren.

Über diese kooperativen und zeitlich aufeinander abgestimmten Wege der Beteiligung, Identifizierung und Selbstverpflichtung entsteht eine unternehmerische Stoßkraft, die im Wettbewerb erhebliche Vorsprünge ermöglicht.

Somit kommen auch die häufigsten Ursachen für das Scheitern einer Konzept-Implementierung, wie Kommunikations- und Informationsmängel, Motivations- und Identifikationsmängel, gar nicht oder nur wenig zum Tragen.

Im folgenden werden die Entwicklungsschritte auf den integrierten Marktetingebenen im einzelnen als nachvollziehbarer Bauplan dargestellt. Diese Schritte können als geleitete Fragen zur Erarbeitung eines eigenen Unternehmenskonzeptes, als Grundlage für Verhandlungen mit Banken, aber auch genauso als systematische Checkliste für den Firmenkundenbetreuer zur Beurteilung der Unternehmensbonität jenseits von Bilanz und Sicherheiten genützt werden.

3.2 Marketinggerechtes sachlich-inhaltliches Vorgehen – Unternehmenskonzepte entwickeln und umsetzen

Unternehmenskonzepte (Abb. 8, Beispiel C. Kreul Künstler.Farben.Fabrik) müssen geschlossen, d.h., Ziele, Strategien und Maßnahmen logisch und fundiert aufeinander abgestimmt, klar, verbindlich, identifizierbar, der Realität angemessen, individuell und robust sein, um Komplexität, Dynamisierung und Individualisierung zu begegnen. Robustheit heißt aber nicht Starrheit. Vielmehr muß der sachlich-inhaltliche Fahrplan zwar immun gegen Aktionismus sein, aber Flexibilität und Taktik beinhalten.

Auf der sachlich-inhaltlichen Ebene geht es bei den zehn unten aufgeführten Schritten um drei Themenkomplexe:

1. Die Festlegung der (neuen) **gesamtunternehmerischen Stoßrichtung** als Grundlage der davon abzuleitenden einzelnen Marketingkonzepte innerhalb von abgegrenzten strategischen Geschäftsfeldern (SGF).
2. Die Ausarbeitung der **Marketingkonzepte** als Fahrplan für die jeweils bestimmten strategischen Geschäftsfelder. Abbildung 9 zeigt die möglichen Marketing-Stoßrichtungen (1.–5.) aus der Sicht eines Herstellers; ebenso die zu berücksichtigenden Reaktionsalternativen der Wettbewerber und Absatzmittler.
3. Die Umsetzung **(Implementierung)** der einzelnen Konzepte durch interaktives Führen und Steuern der betrieblichen Prozesse sowie der systematische Aufbau von Geschäftsbeziehungen und die besonders vordringliche Gestaltung der Kundenbeziehung zur langfristigen Kundenbindung.

Festlegung der gesamtunternehmerischen Stoßkraft als Basis einzelner Marketingkonzepte

1. Schritt: Klärung der Situation und des Umfeldes des Unternehmens (Unternehmensdiagnose)

Bevor ein Arzt Rezepte und Therapie zur Heilung verschreibt und den Patienten im Gesundwerdungsprozeß begleitet, wird er eine umfangreiche **Diagnose** (Analyse, Prognose möglicher Entwicklungen) vornehmen. Ähnlich sind bei einem Unternehmen zu-

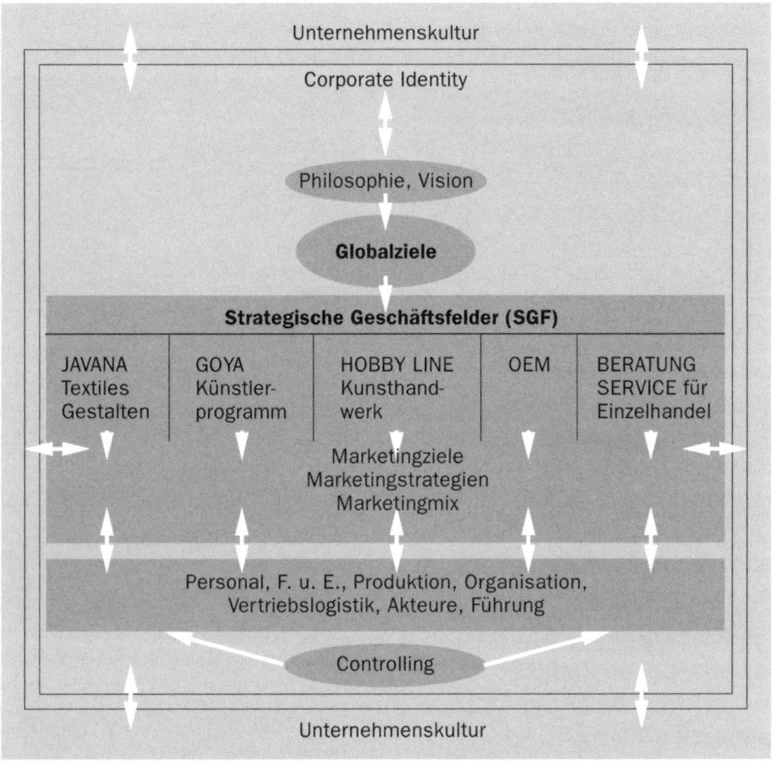

Abbildung 8 Unternehmenskonzept C. Kreul Künstlerfarbenfabrik

nächst dessen Stärken und Schwächen zu klären sowie die Chancen und Risiken in den angestammten Tätigkeitsgebieten zu erörtern, um die Ist-Situation darzustellen. Kriterien zur **Diagnose der eigenen Unternehmensposition (Stärken/Schwächen)** sind dabei u. a. aus folgenden Analysen abzuleiten:

- Analyse der Jahresabschlüsse,
- Analyse des Marketingverständnisses,
- Analyse der Vertriebspolitik,
- Analyse der produktionswirtschaftlichen Verhältnisse,
- Analyse der Forschungs- und Entwicklungsverhältnisse,
- Analyse der Beschaffungsverhältnisse/Logistik,
- Analyse der unternehmenskulturellen Stärken, d. h., wie steht es um die Qualität der Kundenorientierung, der Mitarbeiterorien-

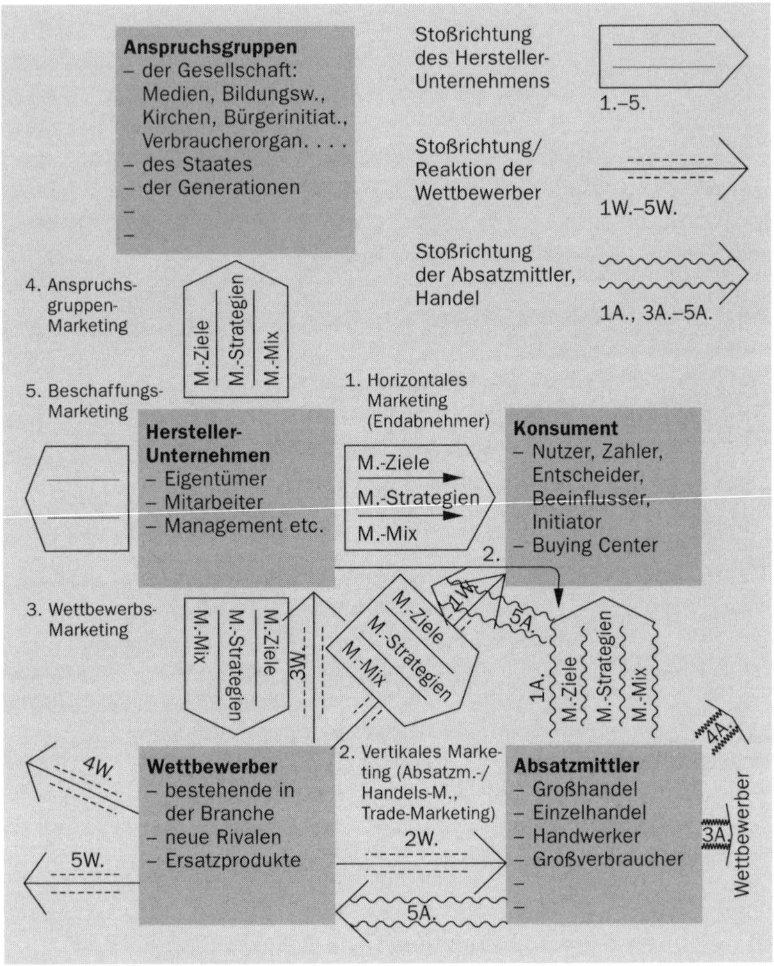

Abbildung 9 Integrierte Sicht der Marketingstoßrichtungen

tierung, der Ergebnisorientierung, der Kostenorientierung, der Kommunikationsorientierung, der Innovationsorientierung, der Technologieorientierung, der Veränderungsflexibilität und Führungsorientierung,

- Analyse der Persönlichkeitspotentiale, d.h. der Persönlichkeitsstrukturen und deren Problemlösungs- und Führungsverhalten.

Diagnose der Marktteilnehmer (Chancen/Risiken)

- Analyse der Konsumenten, Zahlen, Strukturen, Verhaltensweisen,
- Analyse der Absatzmittler hinsichtlich Zahl, Struktur und Verhaltensweisen,
- Analyse von Art, Struktur und Verhaltensweisen, von Stärken und Schwächen der Konkurrenten.

Diagnose spezifischer Umfeldverhältnisse/-entwicklungen (Chancen/Risiken)

Im wesentlichen geht es darum, die Auswirkung auf die unternehmerischen Chancen und Risiken aus dem weiteren Umfeld des Unternehmens zu analysieren, z. B.

- technologische Entwicklungen,
- gesellschaftliche Entwicklungen,
- volks- und weltwirtschaftliche Entwicklungen,
- ökologische Entwicklungen,
- rechtliche und politische Entwicklungen,
- Ressourcenverhältnisse.

2. Schritt: Formulierung einer Unternehmensphilosophie (Visionen, Leitbilder, Unternehmensgrundsätze) als Leitlinien künftigen unternehmerischen Verhaltens und Gestaltung der Unternehmenskultur

Nachdem die Informations- und Analysephase für das ganze Unternehmen abgeschlossen ist, ist im nächsten Schritt zu klären, »wohin die Reise künftig gehen soll«. Es ist erste Führungsaufgabe, grundlegende Tätigkeitsbereiche und Anweisungen für das Verhalten und Handeln auf dem künftigen Unternehmensweg festzulegen.

Als »Hort ganzheitlichen Denkens« (Capra)[1] drückt die **Unternehmensphilosophie** die grundsätzlichen ökonomischen, gesellschaftlichen, ökologischen und sozialen Wert-, Ziel- und Kompetenzvorstellungen eines Unternehmens bezüglich seiner selbst und seiner Stellung im Markt und dessen Umfeld aus. Einerseits definieren diese Unternehmensleitlinien Zweck und Kurs der betrieblichen Existenz im Sinne der Frage: »Was ist unser Geschäft?« Andererseits legen sie Handlungsmaximen im

[1] Fritjof Capra, Wendezeit, 15. Aufl. Bern 1987, S. 11

Sinne eines Grundgesetzes für ein Unternehmen fest. Sie geben somit Orientierung nach innen gegenüber den Mitarbeitern und nach außen gegenüber Kunden, Lieferanten etc. Die Unternehmensphilosophie ermöglicht damit die bewußte Kanalisierung der Gestaltung einer neuen Unternehmenskultur. Mit Unternehmenskultur werden im allgemeinen die erfahrbaren, gelebten und das Unternehmen prägenden Normen, Wertvorstellungen, Denkhaltungen und Handlungsmuster aller Mitarbeiter umschrieben. Die Qualität einer Unternehmenskultur erweist sich in der Praxis als ein bedeutender und schwer einholbarer Wettbewerbsvorteil.

Damit die Unternehmensphilosophie leistungsfähige Kulturen schaffen kann, darf sie einerseits nicht externen Beratern oder internen Stäben überlassen werden und in Hochglanzbroschüren blenden, sondern sie muß folgende realistische Anforderungen erfüllen:

- Orientierung an den unternehmerischen Potentialen und deren Umfeld. Das heißt, ein Leitbild muß »aus« einem Unternehmen und allein »für« dessen unternehmerische Praxis entwickelt und gelebt werden.
- Aufzeigen einer jeweiligen unternehmerischen Problemlösungskompetenz für Kunden, Mitarbeiter, Gesellschaft etc. So sind Antworten auf die Fragen, **welche Probleme welcher Personen** auf **welche Weise** gelöst werden sollen, zu geben. Was profiliert uns gegenüber Wettbewerbern und was kann unser Geschäft in fünf Jahren sein?
- Artikulation eines visionären Anspruches (»realisierbare Utopie«),
- Festlegung und Klärung des Verhältnisses zu wichtigen Stake-Holdern wie Mitarbeitern, Kunden, Einzelhandel, Wettbewerbern, Eigentümern, Führungskräften, Öffentlichkeit, Staat etc. Dazu gehören Aussagen zur unternehmerischen Position im Verhältnis zur Wirtschaftsordnung, Innovationsbereitschaft, Leistungsverhalten, Unabhängigkeit etc.,
- Festlegung der Bestimmungsgrößen des Unternehmenserfolges,
- Widerspruchsfreiheit und Anschaulichkeit der Unternehmensphilosophie,
- schriftliche Formulierung der Unternehmensphilosophie.

3. Schritt: Formulierung von Unternehmenszielen (Globalziele)

»Wer kein Ziel auf hoher See hat, dem ist kein Wind vorteilhaft« nach Seneca

Wenn Unternehmenserfolg Art und Grad der Zielerreichung ist, dann sind klare Ziele Voraussetzungen des Erfolges. Erfolgreiche Unternehmen formulieren für das gesamte Unternehmen realistische, begründete und an den Möglichkeiten des Unternehmens und den Potentialen des Marktes orientierte Zielvorstellungen. Diese Ziele müssen ferner akzeptierbar sein und gleichzeitig motivierend wirken. Zielinhalte können sein,

- Marktstellungsziele,
- Rentabilitätsziele,
- finanzielle Ziele,
- soziale Ziele,
- Macht- und Prestigeziele,
- ökologische Ziele,
- inhaberbezogene Ziele.

Wichtig ist außerdem, daß diese Ziele konkret hinsichtlich Zielinhalt, -ausmaß, -region, -segment, -verantwortung und -periode festgelegt werden. Dann können sie für das Unternehmen zur Koordination, Motivation, Steuerung und Kontrolle eingesetzt werden. Bei den betreuten Unternehmen fiel auf, daß die am erfolgreichsten waren, bei denen vorwiegend die Schaffung von Nutzen/Wert für Kunden, Mitarbeiter und Inhaber im Mittelpunkt stand, und weniger der Gewinn.

4. Schritt: Bestimmung strategischer Geschäftsfelder zur Konkretisierung und Verwirklichung der Unternehmensphilosophie und -ziele

Das Unternehmen sieht seinen Markt des bereits realisierten Nachfragevolumens bzw. der noch ungenutzten Nachfragepotentiale wie eine große Flurlandschaft. Hier sucht sich ein Unternehmen entwicklungsfähige Parzellen mit entsprechenden Bodenbonitäten zum Bearbeiten aus. Durch gezieltes Hegen und Pflegen sollen Blüte und Ertrag gefördert werden. Eine falsche Abgrenzung oder unzureichende Auswahl günstiger Flächen beeinträchtigt den Ernteerfolg. Strategische Geschäftsfelder werden diese bedürfnis- bzw. marktorientiert klar abgegrenzten Einheiten genannt, die zur Erreichung der Unternehmensziele definiert werden.

In den strategischen Geschäftsfeldern werden eigenständige
- **Marketingziele,**
- **Marketingstrategien,**
- **Marketingmaßnahmen** verfolgt und
- **entsprechend Ressourcen** (Personal, Finanz- und Sachmittel) zugeteilt.

Dies geschieht vor dem Hintergrund der jeweiligen Wettbewerbsverhältnisse unter Berücksichtigung der Attraktivität der jeweiligen Lebenszyklusphase eines Produktes oder einer Branche. Zu deren Bewertung und Auswahl strategischer Geschäftsfelder verhilft die noch zu beschreibende Portfolio-Analyse.

Aufgabe des Managements ist es daher, möglichst strategische Geschäftsfelder auszuwählen, die zur langfristigen Existenzsicherung des Unternehmens hinreichende Finanzmittelüberschüsse abwerfen. Mit diesen durch Umsatz freigesetzten Mitteln kann wieder in neue, zukunftsträchtige Geschäftsfelder investiert werden. Letztlich besteht also die Kunst des Marketings darin, einen nachhaltigen Nettoüberschuß zwischen mittelfreisetzenden und mittelverzehrenden strategischen Geschäftsfeldern zu erzielen. Die Abb. 10 zeigt das Brainstorming für das abgegrenzte strategische Geschäftsfeld »Herstellung von Künstlerfarben und -materialien«.

Festlegung der Marketingkonzepte als Fahrplan innerhalb der strategischen Geschäftsfelder

5. Schritt: Klärung der Erfolgschancen in den strategischen Geschäftsfeldern – integrative Portfolio-Analyse und Benchmarking

In den vergangenen 20 Jahren sind in Wissenschaft und Praxis zahlreiche Analyse-, Planungs- und Steuerungsinstrumente zur operativen und strategischen Unternehmensführung entwickelt worden. Dazu zählen insbesondere die sog. strategische Lückenplanung (GAP-Analyse), Wertkettenanalyse, Lebenszyklusanalyse

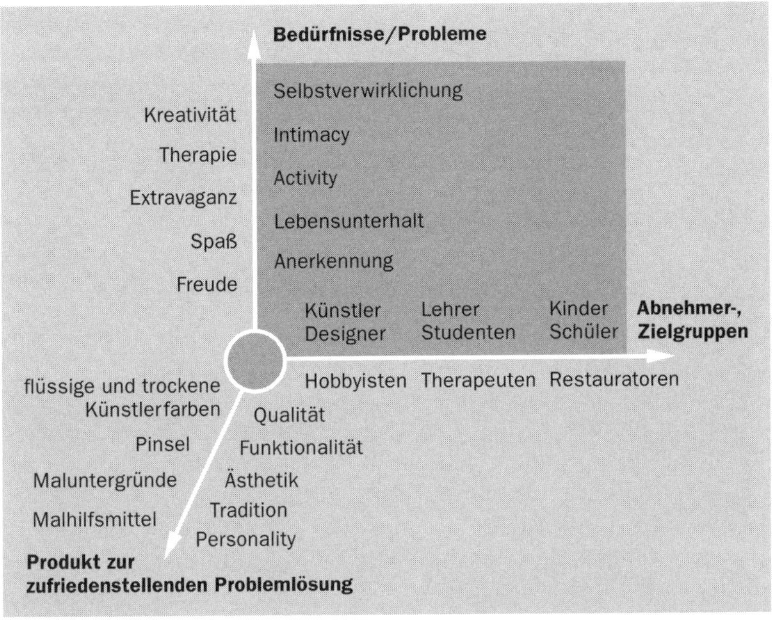

Abbildung 10 Strategisches Geschäftsfeld (SGF) »Künstlerfarben/-materialien«

oder strategische Bilanzen etc. Im folgenden soll eine praxiserprobte Portfolio-Analyse dargestellt werden. Sie erfüllt die Anforderungen hinsichtlich Bewußtmachung der Komplexität, Dynamisierung und Individualisierung unternehmerischen Handelns in anschaulicher Weise.

Die Portfolio-Analyse stammt aus der Portfolio-Selection-Theory der Geldtheorie. Deren Gegenstand ist eine optimale Zusammensetzung eines Wertpapier-Portefeuilles unter Berücksichtigung der Kriterien

- **Ertrag** aus einer Geldanlage,
- **Risiko** der Geldanlage,
- **Wertzuwachs**chancen der Geldanlage.

Ziel ist es dabei, die Streuung der Geld-Anlagemöglichkeiten so vorzunehmen, daß die Gesamtanlage gemäß den drei Kriterien ein optimales Ergebnis erwirtschaftet. Das heißt, die einzelnen Anlagemöglichkeiten wie Aktien, Inhaberschuldverschreibungen, Immobilien, Gold etc. werden nicht getrennt betrachtet, sondern nach den oben genannten Kriterien beurteilt.

Dieser Gedanke wird analog auf die Unternehmensführung übertragen. Die Ressourcen eines Unternehmens werden in strategischen Geschäftsfeldern (SGF) mit möglichst hohen Ertragsaussichten, niedrigen Risiken und guten Chancen für Wertzuwachs (Share-Holder-Value) »angelegt«.

Die idealtypische Vorgehensweise einer ganzheitlichen Portfolio-Analyse verläuft über folgende Stufen:

1. **Bildung von strategischen Geschäftsfeldern** nach den am Beispiel Künstlermaterialien (Abb.10) gezeigten Achsen:
   - Welche Bedürfnisse/Probleme gibt es am Markt?
   - Wer hat die Bedürfnisse/Probleme (Abnehmer, Zielgruppen)?
   - Welche Technologien, Angebote oder Leistungen sind zur zufriedenstellenden Problemlösung nötig?
2. Analyse der Einflußfaktoren, die die **Chancen und Risiken** in diesem strategischen Geschäftsfeld transparent machen. Im hier vorliegenden Fall wird die von McKinsey weltweit erfolgreich eingeführte Vorgehensweise (Portfolio-Analyse nach der 9-Felder-Matrix) aufgegriffen und für Klein- und Mittelbetriebe leicht handhabbar aufbereitet. Dabei werden die strategischen Geschäftsfelder hinsichtlich der Kriterien
   - **Marktattraktivität**, d.h., wie attraktiv ist dieses Geschäftsfeld in Zukunft, und
   - der **relativen Wettbewerbsstärke** des Unternehmens bewertet.

   Die Schaubilder 11 und 12 bilden dafür einen Bewertungskatalog, der im jeweiligen Unternehmensfall zu individualisieren ist. Dabei werden die einzelnen, in Kategorien gefaßten Bewertungskriterien in ihrer Bedeutung gewichtet und mit den Bewertungsnoten 0–3 eingestuft. Aus deren Multiplikation ergibt sich ein gewichteter Wert der einzelnen Kriterien. Die Summe der gewichteten Werte ergibt den Gesamtwert der Marktattraktivität bzw. der relativen Wettbewerbsstärke. Dabei ist der gesamt gewichtete Wert der hier verwendeten Skala bestenfalls »3«.
3. **Positionierung** (Bewertung) der strategischen Geschäftsfelder (Ist-Portfolio): Im aus Bewertungskategorien wie Marktpotential, Marktqualität, Wettbewerbsverhältnisse, Umfeldverhältnisse, Beschaffungsverhältnisse gebildeten Marktattraktivitäts-Tableau

MARKTATTRAKTIVITÄT DES SGF Bewertungskriterien	Gewichtung	Wert (0–3)	Gew. Wert
Marktpotential	**0,20**	**2**	**0,40**
I. Reales Marktwachstum			
II. Marktvolumen			
III. Sättigungsgrad (M.-Volumen:M.-Potential)			
IV. Lebenszyklus (Nachfrage-/Technologie-/Produkt-zyklus)			
V. Trendfaktoren			
Marktqualität	**0,40**	**2,5**	**1,00**
I. Rentabilität (Umsatzrendite, Deckungsbeiträge)			
II. Konsumentenqualität			
1. Anzahl/Struktur			
2. Konsumentenverhalten (Bestellhäufigkeit, Loyalität, Präferenz etc.)			
3. Kaufkraft			
4. Preiselastizität			
III. Absatzmittlerqualität			
1. Distributionskraft (Zahl, Struktur, Umschlags-geschw. etc.)			
2. Bonität			
3. Länderrisiko			
IV. Absatzsynergien/cross selling			
V. Beratungsbedarf/erwarteter Service			
VI. Substituierbarkeit			
VII. Saison-/Modeabhängigkeit			
VIII. Markteintrittsbarrieren			
IX. Innovationstempo			
X. Leistungsanfoderungen (z. B. an F. u. E.)			

Bewertungskriterien	Gewichtung	Wert (0–3)	Gew. Wert
Wettbewerbsverhältnisse*	**0,20**	**0**	**0,00**
Umfeldverhältnisse	**0,10**	**2**	**0,20**
I. Konjunkturabhängigkeit			
II. Politische, rechtliche, staatliche Einflüsse			
III. Einflüsse gesellschaftlicher Gruppierungen			
IV. Ökologie/Umweltschutz, Entsorgung			
V. Importdruck			
Beschaffungsverhältnisse	**0,10**	**3**	**0,30**
I. Veränderung der Faktorpreise			
II. Verfügbarkeit von 1. Produktionsfaktoren 2. Handelswaren 3. Roh-/Hilfs- und Betriebsstoffe			
Wertung	**1,00**		**1,90**

Bewertung
0 = sehr unattraktiv 1 = unattraktiv 2 = attraktiv 3 = sehr attraktiv

* branchenintern
neue Konkurrenten Vorwärts-/Rückwärtsintegration indirekte Konkurrenten

Abbildung 11 Marktattraktivitäts-Analyse

eines fiktiven SGF in Abb. 11 wird die Marktattraktivität insgesamt mit 1,90 = fast attraktiv bewertet (Höchstpunktzahl 3 = sehr attraktiv). Die relative Wettbewerbsfähigkeit nach Abb. 12 in den zusammengefaßten Bewertungskategorien relative Marktposition, relative Erfüllung der Marktleistungserfordernisse, relative Vermarktungsstärke, relative Stoßkraft der Marketingkultur, relative Unternehmensvorteile erreicht eine Gesamtbewertung von 2,2 = gut wettbewerbsfähig (Höchstpunktzahl 3 = sehr wettbewerbsfähig).

4. Auf der Grundlage des Ist-Portfolios können nun die folgenden Schritte 6–8, nämlich die **Marketingziele**, **Marketingstrategien** und die dazugehörigen **Maßnahmenbündel**, abgeleitet bzw. festgelegt werden.

RELATIVE WETTBEWERBSSTÄRKE IM SGF

Bewertungskriterien	Gewichtung	Wert (0–3)	Gew. Wert
Relative Marktposition	**0,20**	**2,5**	**0,50**
I. Marktanteil			
II. Image, CI, Markenposition			
III. Relative Überlegenheit der Bedürfnisidentifikation/-lösung			
IV. Verfügbare Finanzkraft			
V. Kostenvorteile			
Relative Erfüllung der Marktleistungserfordernisse (Abnehmerbedürfnisse)	**0,30**	**3**	**0,90**
I. Relative Abnehmerzufriedenheit			
1. Bei Absatzmittler			
2. Bei Konsumenten			
II. Relative Angebotsleistung			
1. Produkt (Qualität, Funktionalität, Design, Name, Marke etc.)			
2. Sortiment (Breite, Tiefe)			
3. Service			
4. Konditionen			
gegenüber Absatzmittler			
gegenüber Konsumenten			
III. Relative Vertriebsleistung			
1. Verfügbarkeit			
2. Schnelligkeit			
IV. Relative Kommunikationsleistung			
1. Öffentlichkeitsarbeit			
2. Werbung			
3. Verkaufsförderung			
– Absatzmittler/(Merchandising)			
– gegenüber Konsumenten			
– gegenüber Verkaufspersonal			
Relative Vermarktungsstärke	**0,30**	**2**	**0,60**
I. Absatzorientiertes Führen			
II. Kundenmanagement			
1. Kundenakquisitionsfähigkeit			
2. Kundenbetreuung/-bindungsfähigkeit			

Bewertungskriterien	Gewichtung	Wert (0–3)	Gew. Wert
Relative Stoßkraft der Marketingkultur	**0,10**	**1**	**0,10**
I. Integratives Marketingmanagement			
II. Innovationskraft, F und E			
III. Mitarbeiterzufriedenheit			
Relative Unternehmensvorteile	**0,10**	**1**	**0,10**
I. Ressourcen, Beschaffung			
II. Standortqualität			
III. Aufbau-/Ablauforganisation			
IV. Betriebsausstattung/Produktionsbeziehungen			
Wertung	**1,00**		**2,20**

Bewertung
0 = sehr schwach 1 = schwach 2 = wettbewerbsfähig 3 = sehr wettbewerbsstark

Abbildung 12 Wettbewerbsstärke im Verhältnis zum Besten im Bewertungskriterium

Integrative Portfolio-Analyse als Bewußtheits-Generator

»Wer hohe Türme bauen will, muß lange beim Fundament verweilen.«

Anton Bruckner

Je qualifizierter und kritischer die ganzheitliche Diagnose eines strategischen Geschäftsfeldes ist, desto höherwertig werden die Ziele und Maßnahmen und desto wirksamer werden Führung und der Einsatz der Mitarbeiter sein. Eine Nutzung der Portfolio-Analyse leistet nach praktischer Erfahrung den halben Weg zum Erfolg. Und sie beinhaltet ferner:

Sachlich-inhaltliche Aspekte

Die Komplexität der Zusammenhänge der Unternehmensumwelt (Wettbewerber, Lieferanten, Abnehmer, Gesellschaft etc.) und der internen Unternehmenswelt (Stärken/Schwächen, Unternehmenskultur etc.) wird durch die Diskussion der einzelnen Bewertungskriterien transparent gemacht; genauso die erkennbaren dynamischen Entwicklungen und deren Chancen und Risiken für das Unternehmen.

Die Philosophie des ständig Besserwerdens und des Lernens durch Analyse der Konkurrenz mit dem Ziel, diese zu überrunden, heißt **Benchmarking**. Dazu zieht der Unternehmer die in Abb. 12 genannten Bewertungskriterien heran und setzt den jeweils Besten am Markt in diesem Wettbewerbsaspekt (z. B. Image, Produktqualität, Kundenmanagement etc.) als Benchmark an, d. h. als externen Bezugspunkt. Daraufhin wird ergründet, woran es liegt, daß der Wettbewerber in diesem Kriterium am Markt führend ist. Nun wird die Kreativität in Prozesse und Aktivitäten im Unternehmen gelenkt, die eine noch bessere Lösung ermöglichen. Durch diese von der Xerox-Corporation erstmals angewandte systematische Vorgehensweise ist es möglich, Produkte, Dienstleistungen und Wertschöpfungspraktiken in einem kontinuierlichen Prozeß an den härtesten Konkurrenten zu messen, mit dem Ziel, diese nicht zu kopieren, sondern zu überholen.

Benchmarks können auch branchenübergreifend sein.

Psycho-soziale Aspekte

Durch das Einbeziehen möglichst vieler qualifizierter Mitarbeiter, ausgewählter Kunden, externer Berater oder auch nicht konkurrierender Firmen mit gleicher Problemstellung (z. B. hat sich Siemens im Logistikbereich mit der Fa. Bahlsen verglichen) wird eine hohe Sensibilität für ganzheitliches Marketing im Betrieb bereits in der Analyse geschaffen und die Notwendigkeit für systematisches Vorgehen allen offensichtlich.

Eine integrative Portfolio-Analyse trägt zu einer Bewußtwerdung strategischer Planung bei. Sie ist ein »Fragengenerator« (Christoph Schließmann)[1], der dazu auffordert, Ursache-Wirkungsbeziehungen in der Entscheidung zu hinterfragen. Die Menschen verstehen das Geschehen am Markt besser, die Kommunikation im Unternehmen verläuft reibungsloser und zielorientierter und die Qualität der getroffenen Maßnahmen steigt.

[1] Christoph Schließmann, Strategisches Marketing, Wiesbaden 1995, S. 41

Organisatorische Aspekte

- Das Know-how und die »Weisheit« von verschiedenen Bereichen innerhalb der Organisation eines Unternehmens werden rechtzeitig in die Entscheidungsfindung mit einbezogen. Aufbau- und Ablauforganisation eines Unternehmens können gleich kritisch hinterfragt und möglicherweise sinnvoll neu ausgerichtet werden.
- Indem bei der integrativen Portfolio-Analyse die Betroffenen zu Beteiligten gemacht werden, wird aus aufbau- und ablauforganisatorischer Sicht die Problematik akzeptierbar gemacht, die Vernetzung transparent und die Lösungsansätze über Abteilungen und Gruppen hinweg in ihrer Realisierung erleichtert und beschleunigt.

6. Schritt: Formulierung der Marketingziele (»Wunschorte«) im strategischen Geschäftsfeld

Die formalen und psychologischen Anforderungen an die Marketingziele sind die gleichen wie die bei den Unternehmenszielen und der Unternehmensphilosophie. Mit dem Unterschied, daß die Marketingziele von den Unternehmenszielen heruntergebrochen sind auf eine operationalisierbare Ebene. Insofern haben die Marketingziele Instrumentalcharakter zur Erreichung der übergeordneten unternehmenspolitischen Zielvorstellungen. Sie drücken den gewünschten Beitrag eines Geschäftsfeldes zur Gesamtzielsetzung aus. Die Marketingziele lassen sich in psycho-soziale und ökonomische Marketingziele unterteilen (Abb. 13). Zwischen beiden Zielkategorien entstehen Wechselbeziehungen. Bei der Auswahl seiner eigenen Ziele aus den im folgenden aufgeführten Zielvorschlägen wird sich jedes Unternehmen fragen müssen, welche seiner gewählten Ziele Haupt- oder Nebenziele sind, welche sich gegenseitig unterstützen oder miteinander in Konflikt stehen.

Psycho-soziale Marketingziele im SGF

Vorwiegende Aufgabe der psycho-sozialen Marketingziele ist es, durch die Ansprache der offenen und latenten Bedürfnisse und der daraus abgeleiteten Wünsche unter Berücksichtigung der Kosten-/Nutzeneinschätzungen der Menschen diese zur Nachfrage zu bewegen. Psycho-soziale Ziele richten sich vorwiegend auf die

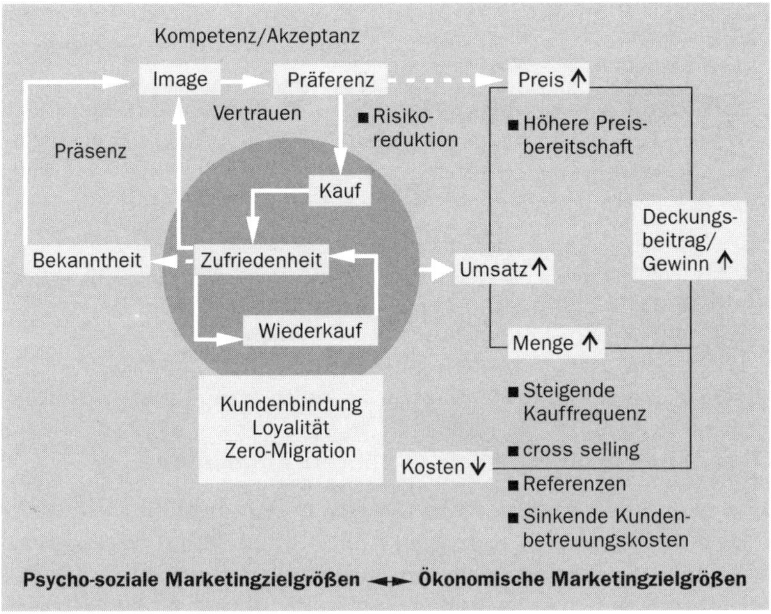

Abbildung 13 Kundenbindung im Marketingzielsystem eines SGF
(nach Meffert, Heribert: Marketing-Management, Wiesbaden 1994, S. 314)

Beeinflussung zum Kaufverhalten. Die Forschung geht davon aus, daß Produkte um so mehr gekauft werden, je höher der Bekanntheitsgrad, die Sympathie und die Zufriedenheit mit den gekauften Produkten oder Dienstleistungen sind.

Zielvariable sind:

- Aufbau eines hohen **Bekanntheitsgrades**
  Zuallererst ist es nötig, die Existenz von Produkten, Marken oder eines Geschäftes den Zielgruppen überhaupt bekanntzumachen. Durch gezielte Information mit Werbung und Öffentlichkeitsarbeit soll eine möglichst hohe ungestützte oder zumindest gestütze Bekanntheit erreicht werden. Die Schokokugeln aus Halle (Halloren) haben im Osten einen Bekanntheitsgrad von 97 %, im Westen lediglich von 10 %.
- Gestaltung eines wirkungsvollen **Image**
  »Lieber Geld als den guten Ruf verlieren«, sagte schon Robert Bosch. Ein guter Ruf bzw. ein gutes Image eines Unternehmens

und seiner Produkte erleichtern den Verkauf. Vertrauenswürdigkeit, Akzeptanz und Kompetenz sind wesentliche Bestandteile eines absatzbegünstigenden Image. Dabei ist das Image nicht unbedingt mit der objektiven Sicht der Wirklichkeit identisch, sondern ist meist die gezielt gestaltete subjektive Vorstellung über die Wirklichkeit.
Und das Ostimage vieler Produkte bildet im Westen immer noch eine Umsatzbremse. Dies spürt die seit 1804 in Halle ansässige älteste deutsche Schokoladenfabrik Halloren immer noch deutlich.
- Erhöhung der kaufauslösenden **Präferenzen** für ein Produkt.
Auf der Grundlage der oben genannten beiden Ziele soll nun der Erstkauf ausgelöst und auf eine Produkt- bzw. Einkaufsstättentreue hingearbeitet werden.
- Über **Kundenzufriedenheit** zu höherer **Kundenbindung**.

Das wichtigste Kapital eines Unternehmens besteht aus zufriedenen und loyalen Mitarbeitern und Kunden. Wenn über die Präferenz der Kauf ausgelöst worden ist und der Kunde mit der Unternehmensleistung zufrieden war, ist die Voraussetzung für eine Kundenbindung geschaffen. Denn es ist nicht allein der einmalige Kaufakt oder Umsatz des Kunden in einer Periode interessant, sondern der **Lebensumsatz**. Letzterer ist das Umsatzpotential für die gesamte Zeit der kundenspezifischen Geschäftsverbindung. Wenn es nun gelingt, die Kundenbeziehung so zu gestalten, daß eine langfristige Kundenbindung entsteht, so wird der **Kundenwert** steigen: Wenn ein Kunde in einem Textilfachhandel im Jahr für 1000 DM einkauft, so beträgt der nicht abdiskontierte Kunden-Umsatzwert bei 20 Jahren Kundenbindung 20 000 DM. Ist der Deckungsbeitrag I nach statischer Betrachtung 500 DM pro Jahr, so ist der Kunden-Deckungsbeitragswert I 10 000 DM.

Tatsächlich führt aber die Kundenbindung als Absatzbeziehung mit der Zeit zu steigenden Deckungsbeiträgen und noch höherem Kundenwert. Dies wird durch die Kumulation von Rendite, Wachstum und Sicherheit am Kunden erreicht. Denn:
- bei einem bekannten und wiederkaufenden Kunden reduzieren sich die operativen Grenzkosten für Akquisition, Bedürfnisanalyse und Betreuung (= Rendite),

- es besteht die Chance, daß der Kunde mehr kauft (Wiederholungskauf)und weitere Produkte (Zusatzkauf, cross selling) nachfragt als üblich (= Wachstum),
- ein zufriedener Kunde schafft durch Weiterempfehlung/Referenzen (»Kunde als dein bester Verkäufer«) 3–5 neue Kunden (= Wachstum),
- der Kunde wird durch Gewohnheitseffekt preisunempfindlicher (= Rendite),
- schließlich sinkt die Abwanderungsneigung zur Konkurrenz (= Sicherheit).

Dies zeigt, daß Kundenzufriedenheit und Kundenbindung nicht zu ersetzende positive Auswirkungen auf die Ertragslage eines Unternehmens haben. Von Reichhelt/Sasser[1] wurde 1990 festgestellt, daß bereits bei einem 5%-Senken der Kundenabwanderungsrate **(Zero-Migration)** der Gewinnzuwachs je nach Branche zwischen 25% und 85% sein kann. Ihnen zufolge kostet es fünfmal mehr, einen Kunden zu gewinnen als zu halten.

Ökonomische Marketingziele

Die Überleitungsstelle von der psycho-sozialen Marketingzielkette auf die wirtschaftlichen Marketingziele ist der Verkauf bzw. der Wiederkauf. Denn daraus resultiert Umsatz.

Ökonomische Zielvariable sind:

- Steigerung des **Umsatzes/Absatzes**.
  Gerade in kleinen Mittelbetrieben stellt der Umsatz als das Produkt von Mengen ./. Preisen die zentrale Beurteilungsgröße dar. Diese einseitige Orientierung als oft alleiniger Maßstab kann unbemerkt zur Bedrohung der Wettbewerbsfähigkeit führen, wenn die Kostenseite vernachlässigt wird.
- Ausbau bzw. Erhaltung des **Marktanteils**.
  Unternehmen können ihr Umsatzvolumen in einem Geschäftsfeld steigern, indem sie aus dem realisierten Marktvolumen von Konkurrenten Umsatzteile auf ihr Haus herüberziehen. Oder sie erschließen noch nicht genutzte Potentiale am Markt. Allgemein wird davon ausgegangen (insbesondere in der PIMS-Studie), daß

[1] Frederick F. Reichheld/W. Earl Sasser, Zero Defections. Quality comes to service, in: Harvard Business Review, Sept./Okt. 1990

mit zunehmendem Marktanteil die Rentabilität eines Unternehmens steigt. Begründet wird dies mit der Kostendegression durch den zusätzlichen Ausstoß.

- Steigerung des **Diffusions-/Distributionsgrades**
  Das qualitative Diffusionsziel drückt sich in einem gesteigerten Bekanntheitsgrad der Produkte eines strategischen Geschäftsfeldes aus. Beim quantitativen Diffusionsziel geht es darum, die Anzahl der Konsumenten, die die Unternehmensprodukte kaufen, oder auch die Anzahl der Absatzmittler (Handel) zu steigern.
- Steigerung des **Deckungsbeitrages/Gewinnes** eines Geschäftsfeldes
  Zur Erreichung des »harten« Unternehmenszieles Gewinn ist der Beitrag eines Geschäftsfeldes zu dessen Erreichung festzulegen. Der Deckungsbeitrag errechnet sich dabei aus der Differenz zwischen dem Umsatzerlös aus einem Geschäftsfeld und den direkt zurechenbaren Kosten.
- Steigerung des **Marktwertes eines Geschäftsfeldes**
  Strategische Geschäftsfelder haben die Aufgabe, die Unternehmensexistenz zu sichern und den Wert des Unternehmens zu steigern. Insofern geht es auch darum, einen möglichst hohen Kapitalwert bzw. Share-Holder-Value für ein Geschäftsfeld zu erwirtschaften.

7. Schritt: Auswahl und Konkretisierung der Marketingstrategien (»Wege«) gegenüber Konsumenten, Handel, Wettbewerbern und öffentlichen Anspruchsgruppen

Marketingstrategien sollen die Fragen nach den »Wegen« zur Erreichung der gesetzten Ziele beantworten. Sie sind insofern ein Bindeglied mit Kanalisierungsfunktionen zwischen den Zielen und den Maßnahmen zu deren Erreichung. Marketingstrategien setzen also die Marketingmaßnahmen auf die richtigen Bahnen. Sie sorgen damit für einen koordinierten Marketinginstrumenteneinsatz und beugen Aktionismus und Ineffizienz vor. Strategien ermöglichen ebenso eine »gelenkte Kreativität« in Form einer zielstrebigen Suche nach besseren Lösungen am Markt. Im folgenden wird eine Systematisierung möglicher und für den Unternehmer auswählbarer Marketingstrategien gegenüber

- Abnehmern,
- Absatzmittlern,
- Wettbewerbern,
- gesellschaftlichen Anspruchsgruppen

erläutert. Aus diesen kann jedes Unternehmen das für seine Ziele geeignete und **wirkungsvolle Strategiebündel auswählen.**

Diese Strategieeinteilung zeigt die **Kernkompetenzen** ihrer **Stoßrichtungen** auf. Natürlich beinhalten die Strategiekategorien und -arten sachliche und zeitliche Wirkungsübertragungen bzw. Verzögerungen, d. h., sie strahlen gegenseitig in ihre jeweiligen Wirkungsbahnen über und sind miteinander vernetzt. Beispielsweise enthalten Abnehmerstrategien auch konkurrenzstrategische Absichten.

Marketingstrategien gegenüber Abnehmern

Abnehmerorientierte Marketingstrategien sind langfristig angelegte Wege im festgelegten strategischen Geschäftsfeld zu

- Konsumenten, ob in der Form des Nutzers, Zahlers, Entscheiders, Beeinflussers oder Initiators;
- weiterverarbeitenden »Abnehmern«, wie z. B. Herstellern von Rohgeweben für die Textilindustrie, Herstellern von Komponenten für die Computerindustrie etc.

Zusätzlich beinhalten sie den Blick auf die sichtbar bessere und schnellere Lösung der Bedürfnisse der Abnehmer im Vergleich zu den Wettbewerbern.

Marktfeldstrategien

Die grundlegenden Marktfeldstrategien nach Ansoff (1966)[1] zielen zuallererst auf die Ziele Wachstums- und Marktanteilsgewinn. Ertragszuwächse sind meist die gewünschte Folgeerscheinung.

[1] H. I. Ansoff, Management-Strategie, München 1966

Marktdurchdringungsstrategie (Intensivierung)
Diese plausible Strategie will mit den bisherigen Marktleistungen/Produkten in bestehenden Märkten (SGF) durch Intensivierung mehr Umsätze erzielen. Gedankliche Ansatzpunkte einer höheren Marktdurchdringung sind:

- Erhöhung der Nachfrage bei Stammkunden:
  z. B. durch Vergrößerung der Verkaufseinheit, wenn die Landskronbrauerei neben Flaschenbieren auch Partyfässer anbietet,
  z. B. durch Erhöhung des Ersatzbedarfes, wenn das Einzelhandelsgeschäft Brück & Sohn seinen Kunden Seidenmalkurse anbietet,
  z. B. durch Verbesserung des Produktes,
  z. B. durch Schaffung weiterer Anwendungsbereiche.
- Gewinnung neuer Kunden durch Abwerbung von der Konkurrenz:
  z. B. durch mehr Information und Öffentlichkeitsarbeit dem Abnehmer gegenüber, wenn der Chef der Glashütte Uhren zusammen mit dem internationalen Star Ornella Muti medienwirksam auftritt,
  z. B. durch Benchmarking führender Konkurrenzprodukte.
- Gewinnung von bisherigen Nichtverwendern:
  z. B. durch Events wie Popkonzerte sucht die Landskronbrauerei ihr Bier als Genußmittel Heranwachsenden bekanntzumachen.

Die Marktdurchdringungsstrategie hat durch die Umsatz- und Marktanteilssteigerung auch günstige Auswirkungen auf die Ertragslage. Denn einerseits sinken durch steigende Absatzmengen (infolge der Erfahrungskurve) die Stückkosten, und andererseits wird tendenziell eine monopolistische Preispolitik unterstützt.

Marktentwicklungsstrategie (Extensivierung)
Extensivierung beinhaltet das Bestreben, die derzeitigen Produkte in neuen Absatzmärkten zu verkaufen und dadurch mehr Umsatz- und Marktanteile zu gewinnen. Den meist sofort anfallenden zusätzlichen Kosten stehen aber oft erst später erwartete Ertragszuwächse gegenüber. Ansatzpunkte in der Marktentwicklungsstrategie sind:

- Gewinnung neuer Abnehmerschichten (New Users):
  z. B. kann die Landskronbrauerei versuchen, traditionelle Weintrinker für ihr Landskronbier zu gewinnen.
- Die Ermöglichung neuer Verwendungszwecke (New Uses):
  z. B. sind die Glashütte Uhren nicht nur für die Messung von Zeit zu verwenden, sondern insbesondere als Schmuck- und Identifikationsstück.
- Erschließung neuer Vertriebskanäle (Absatzmittlerwege):
  z. B. wenn ein Verlag nicht nur über den Buchhandel sein Sortiment vertreibt, sondern auch an Autobahntankstellen, am Bahnhofskiosk.
- Die Erschließung zusätzlicher geographischer Absatzmärkte:
  z. B. wenn Claus Schierz seine Dämmaterialien künftig zu über 50 % im Ausland absetzen will.

Produktentwicklungsstrategie
Die Produktentwicklungsstrategie rückt als Teil einer systematischen Innovationspolitik, bedingt durch kürzere Produktlebenszyklen und stagnierende Märkte, stärker in den Blickpunkt. Diese Strategie setzt ein gezieltes Managementwissen im Sinne von produktivem und kreativem Forschungseinsatz verbunden mit Flexibilität und Schnelligkeit voraus. Produktentwicklungsstrategien zielen auf Wachstum, Ertrag und Image. Sie sind jedoch am Anfang mit hohen Kosten verbunden und mit Risiken behaftet. Es bieten sich folgende grundlegende Möglichkeiten an:
- Schaffung von echten Marktneuheiten: Schaffung neuer Produktlinien.
- Programmerweiterung durch me-too: Erweiterung des Programms um zusätzliche Serviceleistungen, z. B. Brück & Sohn.

Diversifizierungsstrategien
Wachstums-, Gewinn-, Macht- und Risikostreuungsziele veranlassen Unternehmen zu diversifizieren und Marktentwicklung und Produktentwicklung miteinander zu kombinieren. Das Unternehmen dringt von seiner herkömmlichen Branche aus in neue Märkte ein. In der Praxis werden folgende Arten von Diversifikationen unterschieden:

- Horizontale Diversifikation:
  z. B. Brück & Sohn ergänzt sein PBS-Programm um Künstler- und Hobbymaterialien.
- Vertikale Diversifikation:
  z. B. Brück & Sohn wird neben Einzelhändler auch Großhändler für andere Einzelhändler.
- Laterale Diversifikation:
  z. B. Brück & Sohn eröffnet Kartenmuseum.

Abschöpfungs- bzw. Rückzugsstrategien
Wenn ein Unternehmer für seine Produkte erkennt, daß die Lebenszykluskurve einen deutlichen Rückgang signalisiert, wird er sich die Frage stellen, ob er noch die restliche Ware rasch vermarktet und abschöpft, um sich dann aus dem Markt zurückzuziehen.

Marktstimulierungsstrategien
Neben den richtungsweisenden Wegen der Marktfeldstrategien ist es nötig, flankierende Methoden der Beeinflussung und Stimulierung der Abnehmer zu entwickeln. **Preis**- und **Qualitätswettbewerb** sind dabei die zentralen Stichworte. Die beiden Marktstimulierungsstrategien als bevorzugte Wege zu den Zielen Kundenzufriedenheit, Kundenbindung sowie Ertrag und Image lassen sich unterteilen in:
- Präferenzstrategien als vorwiegend nicht-preisliche Beeinflussungswege und
- Preis-Mengenstrategien als vorwiegende Beeinflussung der Abnehmer über preisliche Instrumente.

Präferenzstrategien
Präferenzen im Sinne von Vorzugsstellungen des eigenen Unternehmens/Produktes gegenüber Abnehmern aufzubauen, ist besonders in Zeiten intensiven Wettbewerbs und Wandlung von Verkäufer- zu Käufermärkten notwendig. Die Anbieter werden also versuchen, sich als einzigartig und schwer austauschbar darzustellen. Präferenzen haben den Vorteil, daß sie einerseits ermöglichen, höhere Preise zu erzielen, und andererseits bewirken, daß diese höheren Preise auch wieder präferenzbildend sind (Snob-Effekt). Ein gelungenes Beispiel dafür ist die Glashütte Uhrenfabrik.

Wesentliche präferenz-strategische Ansätze zur Profilierung bei den Abnehmern sind:

Markenprofilierung
Auch wenn die Loyalität gegenüber Marken in vielen Branchen abnehmende Tendenz aufweist, so verläuft doch noch der Aufbau und die Pflege von Markenartikeln, ob als Hersteller-, Dienstleistungs- oder Handlungsmarke, über den Präferenzweg.

Beziehungsprofilierung
Über Produkte und Preise sind heute Anbieter durch Wettbewerber leicht ersetzbar. Schwieriger wird es aber über die Vertrauen und Loyalität schaffende Beziehungsebene. Wie eminent wichtig und zukunftsweisend das Beziehungsmanagement oder Relationship-Marketing inklusive Kunden- und Beschwerdemanagement für die Zukunft ist, hat auch der Deutsche Marketing-Tag 1996 in Leipzig dargestellt. Dort wurde das Relationship-Marketing im Zusammenhang mit einem Paradigmen-Wechsel im Marketing dargestellt[1].

Qualitäts-Profilierung
Nach dem PIMS-Modell führt eine relativ wahrgenommene überlegene Qualität des Angebotes eines Unternehmens zu Marktanteilszuwächsen, Durchsetzung höherer Preise und damit insgesamt zu einer höheren Rentabilitätssituation eines Unternehmens. Der sog. Total-Quality-Management-(TQM-)Ansatz geht davon aus, daß die Qualitätsphilosophie von der Verankerung in den Unternehmensgrundsätzen über alle Bereiche der Leistungserstellung und des Leistungsabsatzes im Unternehmen sich hindurchzieht.

Sortimentsprofilierung
Um Bequemlichkeit und Einkaufswirtschaftlichkeit für den Abnehmer zu erreichen, bietet sich für Handel, aber auch Lieferanten an, sich über ein Spezial- oder Universal-Sortiment zu profilieren. Das Geschäft Brück & Sohn bietet daher alles von Büro-, Papier-, Schul- und Schreibwaren über Künstler-, Hobby-

[1] S. u. a. Renker, Clemens, in: Absatzwirtschaft 1996. Sondernummer, S. 54 ff.

und Bastelmaterialien bis Schulungen, Ausstellungen, Verlag und Seminaren an.

Serviceprofilierung
Die Profilierung über den Grundnutzen reicht heute allein nicht mehr aus, so daß weitere Wege zum Kunden beschritten werden müssen. Service in seiner vielfältigen Form wie Schnelligkeit, Kundendienst, Freundlichkeit, Kompetenz, Höflichkeit, Verläßlichkeit etc. schafft vielfältige Möglichkeiten, um die Loyalität des Kunden zum Unternehmen zu erhalten.

Integrative Unternehmensprofilierung (Corporate Identity)
Der wirksamste präferenz-strategische Weg gegenüber den Abnehmern ist die Erarbeitung einer unverwechselbaren Unternehmenspersönlichkeit (Corporate Identity), die sich auf der Grundlage der Unternehmensphilosophie nach außen in einer Einheitlichkeit

- der Verhaltensweisen der Mitarbeiter,
- der Kommunikation,
- des Erscheinungsbildes

äußert.

Preis-Mengenstrategien
Diese Strategie setzt im Gegensatz zur Präferenzstrategie auf das Marketinginstrument »Preis«. Ziele sind dabei schneller Umsatz und schnelle Marktanteilserweiterung. Preisstrategien sind einerseits sehr rasch wirksam. Andererseits sind sie auch sehr gefährlich. Denn bereits 1 % Preisänderung kann ceteris paribus den Gewinn um 11 % senken oder auch erhöhen. Wer nur den Preis als Marketingstrategie kennt und ihn bei allen Gelegenheiten als Hammer benutzt, bei dem ist natürlich jeder Kunde und jeder Wettbewerber ein Nagel zum Draufschlagen. Oft genug ein Nagel, der den Lebensnerv des eigenen Unternehmens verletzt. Denn Kunden kaufen zu allererst keine Preise, sondern individuelle Problemlösungen. Von daher sind die einzelnen Preisstrategien wie

- Hochpreisstrategien,
- Niedrigpreisstrategien,
- Aktionspreisstrategien

auf ihre Wirkung hin zu analysieren, wobei besonders wichtig ist, daß sie ganzheitlich in das Unternehmenskonzept eingebunden sind[1].

Marktparzellierungsstrategien

Die dritte wesentliche abnehmerorientierte Entscheidung betrifft schließlich die Art und Weise der Differenzierung bzw. Abdeckung des Marktes, in dem ein Unternehmen tätig werden will. In grundlegender Abgrenzung sind dies:

- die **Massenmarktstrategie** »Schrotflintenkonzept« mit totaler Marktabdeckung, wie sie beispielsweise von Persil oder Nivea bekannt ist,
- die **Marktsegmentierungsstrategie** (»Scharfschützenkonzept«) mit partieller Marktabdeckung, etwa segmentiert nach demographischen Kriterien, wie Familienstand, Haushaltsgröße, Geschlecht etc., oder nach sozio-ökonomischen Segmentierungen, wie Einkommen, Beruf etc., oder nach psycho-graphischen Segmentierungen, wie Persönlichkeitsmerkmalen (Brigitte-Typologie), Einstellung und Nutzenerwartungen oder Lebensstil etc.

Marktarealstrategien

Schließlich betreffen noch die Entscheidungen auf dem Weg zum Abnehmer die Frage nach dem geographischen Geschäftsgebiet. So kann sich z. B. die Landskronbrauerei entscheiden, ihr Kerngebiet Oberlausitz mit Umfeld zu definieren. Und darüber hinaus in überregionale Bereiche vorstoßen. Oder von der Regionalität sich zur Nationalität oder Internationalität entwickeln.

Marketingstrategien gegenüber Absatzmittler – vertikale Marketingstrategien

Effizienzsteigerungen in der Absatzkette

Die bisherigen Strategien zielen darauf ab, den Abnehmer auf der oder über die Endverbraucherstufe zu erreichen und zu binden. Dieses horizontale Marketing reicht aus für den Handel, Dienst-

[1] S. dazu Renker, Clemens: Fluchtwege aus der Preisfalle, in: Markt und Mittelstand. Das Unternehmermagazin Nr. 3, 1997 S. 60, 61

leister, Handwerker etc., die direkt und persönlich mit dem Endverbraucher in Kontakt stehen.

Der Hersteller muß aber zusätzlich den Absatzmittler in sein Strategiekalkül mit einbeziehen. **Absatzmittler** sind jede Art von Zwischenhändler in den verschiedenen Betriebsformen Groß- und Einzelhandel, Großverbraucher wie z. B. Werkskantinen, Handwerker wie z. B. der Elektromeister, der auch Waschmaschinen verkauft, oder Dienstleistungsunternehmen wie z. B. Reisebüros oder Banken, die Immobilienfonds vertreiben. Allen gemein ist, daß sie ein Produkt übernehmen und unverändert weiterveräußern.

Damit der Hersteller auch seinen Endabnehmer erreicht, muß er sich die Fragen stellen:

- Soll direkt an den Konsumenten oder über Absatzmittler vertrieben werden?
- Wie wirtschaftlich ist die Einschaltung von Absatzmittlern?
- Wie gut ist die Zusammenarbeit mit der dem Endabnehmer vorgelagerten Absatzmittlerstufe?
- Wie wirksam ist das Marketing der Absatzmittler für die Herstellerprodukte gegenüber dem Endabnehmer?

Die zentrale Aufgabe des vertikalen Marketings (Trade- oder Handelsmarketing) des Herstellers besteht also darin, den Absatzmittler in seine strategische Geschäftsfeldkonzeption mit einzubeziehen. Das bedeutet eine Optimierung der

- ökonomischen Transaktionen zwischen Handel und Hersteller. Sie betreffen z. B. Preis und Qualität der Produkte, Pünktlichkeit der Warenlieferung, Austausch von Informationen und Daten, Zahlungsarten von Waren und sonstigen Leistungen, Rückvergütung und Werbekostenzuschüsse, eingeräumte Handelsspanne und den entsprechenden Personal- und Mitarbeitereinsatz

  sowie eine Optimierung der

- psycho-sozialen Transaktionen wie Gestaltung der Beziehungsebene zwischen Hersteller und Handel. Dies betrifft Fragen wie Verteilung der Macht, der Akzeptanz, Offenheit und Vertrauen, Erklärungsqualität, alle Arten der »zwischenmenschlichen Chemie«.

Dies alles geschieht mit dem Ziel, bevorzugter und langfristiger Lieferant beim Handel zu werden bzw. zu bleiben, d. h., der Lebensumsatz (-ertrag) mit Absatzmittlern und damit der Absatzmittlerwert soll erhalten bzw. gesteigert werden.

Ein Unternehmen, das über vertikale Marketingstrategien entscheidet, muß sich vorab klar machen, welche Rolle der Absatzmittler im vertikalen Marketing spielt und was er vom Hersteller erwartet.

Rolle des Absatzmittlers im vertikalen Marketing

Der Absatzmittler nimmt bei einem Produkt auf dem Weg vom Hersteller zum Konsumenten die Rolle als »Gate-Keeper« (Ahlert, 1991) oder »Filter« (Thies, 1976)[1] wahr. Nachdem sich in vielen Branchen die Macht in der Absatzkette zu Gunsten des Handels verlagert hat, spricht man heute auch vielerorts vom Kampf um die Regal- bzw. um die Plazierungsmeter im Handel.

In wesentlichen lassen sich folgende Funktionen des Absatzmittlers unterscheiden:

- Vertriebsfilter
  Der Absatzmittler entscheidet, ob überhaupt ein Produkt (Regalplatz), von welchen Herstellern (Lieferantenauswahl), in welcher Häufigkeit (Vertriebsstellendichte) und zu welchem Zeitpunkt (Geschäftszeiten) vom Endabnehmer gekauft werden kann. Da viele Kaufentscheidungen der Konsumenten erst im Einzelhandel fallen, ist die Regalplatzsicherung des Herstellers die unabdingbare Voraussetzung für den Erfolg von Abnehmerstrategien. Hier stehen ostdeutsche Hersteller immer noch vor großen Hürden, insbesondere in den westdeutschen Handelsregalen.
- Imagefilter
  Die Qualität des Absatzmittlers entscheidet darüber, ob ein Produkt in einem milieugerechten Umfeld präsentiert wird. So lassen sich Glashütte Uhren kaum über Tankstellen vermarkten, denn sie brauchen das adäquate Absatzmittlerumfeld. Die Wertigkeit des Landskron-Bieres kommt in einer gepflegten Gastronomie noch besser zum Ausdruck.

[1] Vgl. D. Ahlert, Distributionspolitik, 2. Aufl. Düsseldorf 1991, S. 139 ff.; G. Thies, Vertikales Marketing, Berlin 1976, S. 63

- Plazierungsfilter
  Für den Hersteller ist es wichtig, daß seine Waren im Handel möglichst umfangreich plaziert sind (Anzahl der Regalmeter), vom Konsumenten schnell gesehen werden und zum Kauf veranlassen (Qualität und Umfang der Plazierung).
- Beratungsfilter
  Bei vielen Produkten reicht es nicht aus, daß sie einfach nur im Geschäftsregal stehen. Je erklärungsbedürftiger sie sind, desto mehr kommt es darauf an, daß qualifiziertes Personal im Einzelhandel auch im Verkaufsgespräch die Herstellerprodukte überzeugend und wirkungsvoll rüberbringt.
- Servicefilter
  Gerade technische Güter brauchen nach dem Kauf Reparatur- und Wartungsdienst. Darüber hinausgehende Serviceleistungen werden immer wichtiger. Der Hersteller braucht also Absatzmittler, die durch Zusatzservice beim Kunden Zufriedenheit mit seinen Produkten bewirken.
- Promotions- und Diffusionsfilter
  Absatzmittler schaffen es oft überhaupt erst, daß neue Produkte beim Konsumenten direkt bekannt und verbreitet werden. Die zentralen Werbemaßnahmen gegenüber dem Konsumenten werden erst dann richtig wirksam, wenn der Handel in seinen Marketingaktivitäten diese am Point of Sale unterstützt.

Erwartungen und Probleme der Absatzmittler

Ein Absatzmittler wird um so eher die Produkte eines Herstellers aufnehmen, je mehr er mit ihm in der Zusammenarbeit dauerhaft zufrieden ist. Absatzmittlerzufriedenheit wird also um so eher erreicht, je mehr es dem Hersteller gelingt, die Probleme, Bedürfnisse und Erwartungen der Absatzmittler zu erkennen und zu lösen. Unabhängig von den Eigenheiten einzelner Branchen gelten die Erfüllung folgender Anforderungen als **Listungskriterien** im Handel:

- Umschlagsgeschwindigkeit der angebotenen Produkte,
- gewährte Handelsspanne,
- Abverkaufsunterstützung, d.h. im weitesten Sinn Merchandising-Maßnahmen,
- die Art der Betreuung durch den Außendienst und den Hersteller insgesamt,

- das zur Verfügung gestellte Marktpotential,
- Kulanzverhalten des Herstellers,
- Termingerechtigkeit und Null-Fehler-Qualität im Lieferverhalten,
- das Hersteller- bzw. Produktimage.

Vertikale Machtstrategien
Bei dieser in der Praxis üblichen strategischen Variante versucht der Hersteller auf den Absatzmittler Macht auszuüben, damit er die Herstellerziele unterstützt. Die Formen der Ausübung von Druck bzw. aggressiven Hineinverkaufs sind vielfältig. Im wesentlichen lassen sich folgende Machtstrategien als Wege, die Herstellerware über den Handel zum Verbraucher zu bringen, unterscheiden:

Push-Strategie
Hierbei ist vorherrschendes Interesse des Herstellers, seine Produkte mit allen möglichen Maßnahmen wie Hochdruckverkäufern, aggressiver Konditionspolitik, Abverkaufshilfen etc. in den Handel »hineinzudrücken«.

Pull-Strategie
Der Hersteller schafft durch sein Abnehmer-Marketing eine so starke Sogwirkung (»Vorverkauf«), daß der Handel durch die Konsumentennachfrage zur Aufnahme der Herstellerprodukte gezwungen wird. Meist werden Image und Bekanntheitsgrad der Produkte des Herstellers so stark positioniert, daß der Handel nicht umhin kann, diese Produkte aufzunehmen.

Ausweich- und Umgehungsstrategien
Ist die Nachfragemacht der Absatzmittler zu stark, kann der Hersteller versuchen, dem auszuweichen oder sie zu umgehen. Ausweichmöglichkeiten sind
- eine stärkere Forcierung der Exportmärkte,
- kooperatives Hersteller-Category-Management: Erstmals in Deutschland bietet die Öko-Bauernhöfe Sachsen GmbH (ÖBS) unter der Dachmarke »Für Dich« ein gebündeltes Sortiment von einer Erzeugergemeinschaft gleichgesinnter Ökobauern dem Fachhandel an. Das Geschäft floriert. Bei Edeka, SPAR und

Globus sind die Sortimente gelistet. Dabei werden diese Sortimente-Portfolios analytisch unterteilt nach »Poor dogs, Cash cows etc.«. Inzwischen werden bereits über 6 Millionen DM damit erzielt.

- Direktvertrieb (etwa über Telefon, Katalog oder Direct-Mail),
- mobiler Vertrieb etwa auf Messen, Hotels oder fahrbaren Verkaufsstellen,
- herstellereigener Handel über Factory outlets, über eigene Einzelhandelsfilialen, über eigenen Versandhandel, Automatenverkauf etc.

Konfliktstrategie
Der Hersteller geht gegenüber dem Absatzmittler auf Konfrontation und riskiert möglicherweise auch einen Abbruch der Geschäftsbeziehung.

Anpassungsstrategie
Der Hersteller paßt sich ohnmächtig dem Handel an. Wirtschaftlich ist er weitgehend in die absatzwirtschaftlichen Funktionen des Handels integriert.

Vertikale Kooperationen zur Bindung der Absatzmittler an den Hersteller
Im Gegensatz zu den Machtstrategien setzen die vertikalen Kundenbindungsstrategien auf partnerschaftliche Beziehung (Relationship-Management) im Sinne von Aufbau und Pflege einer langfristigen Zusammenarbeit zwischen den beiden Marktpartnern. Bei diesem partnerschaftlichen Weg integriert der Hersteller in seiner Politik nicht nur die Bedürfnisse und Probleme der Kunden, sondern auch die des Absatzmittlers. Der Hersteller sucht mit ihm gemeinsam die Marktpotentiale auszuloten. Dadurch soll für alle an der Wertschöpfungskette beteiligten Stufen ein optimales und zufriedenstellendes Ergebnis erzielt werden. Vertikale Partnerschaft heißt also, das Engagement von Hersteller und Absatzmittler auf die bessere Lösung von Problemen zu lenken, anstatt mehr oder weniger verdeckt oder offen Konflikte um die Verteilung der Absatzaufgaben und Erträge zu betreiben.

Voraussetzung einer wirkungsvollen vertikalen Kooperation ist allerdings, daß sich die Partner

- offen und vertrauensvoll in der Zusammenarbeit austauschen und sich aufeinander verlassen können. Dazu gehört die Möglichkeit und das Vermögen, zu äußern, was jeder will. Genauso wie das Einhalten von Versprechen.
- Eine weitere Voraussetzung ist, daß die Partner klar wissen, worauf sie sich einlassen und nicht mit Illusionen und Vorurteilen ihre Partnerschaft beginnen.
- Schließlich, daß beiden Partnern die Grenzen in der Zusammenarbeit vorher offensichtlich und auch gegenseitig bewußtgemacht worden sind.

In der Praxis wird immer wieder das Hohelied der Kooperation gesungen, aber im Tagesgeschäft als Flop erlebt. Ein Grund dafür ist der Verstoß gegen diese drei Grundsätze: Klarheit, Vertrauen und Grenzen setzen. Weitere Partnerschafts-»Killer« in der Beziehung zwischen Hersteller und Handel sind ein fast paranoides Mißtrauen oder – als Gegenstück – naive Vertrauensseligkeit. Sachliche Konfrontationen wegen unterschiedlicher Auffassungen enden oft in Feindseligkeit oder sie kommen gar nicht zutage und werden über »Friedhöflichkeit« zugedeckt. Schließlich wird Beziehungsinteresse oft vorgeheuchelt, ohne daß eine innere Verbundenheit bei gleichzeitiger innerer Unabhängigkeit besteht.

Alle **gelebten Partnerschaften** zwischen Hersteller und Handel haben in unserer untersuchten Praxis zu überdurchschnittlichen Erfolgen geführt. Und wir halten, gerade angesichts der weltweiten wirtschaftlichen Herausforderungen, ein Eingehen echter Partnerschaften in vielen Branchen für lebensnotwendig. Die Zeit scheint dafür überreif zu sein, daß sich Vertreter aller Wertschöpfungsstufen zur Lösung ihrer Probleme an einen Tisch setzen. Ohne falsche Egoismen, ehrgeizige Eifersucht und Vernichtungskonkurrenz sind die Aufgaben anzugehen.

Strategie der Selektion von Absatzmittlern

Voraussetzung für echte Kooperation und Partnerschaften ist, daß der Hersteller sich systematisch die passenden, geeigneten, kooperationsbereiten und -würdigen Absatzmittler auswählt.

Dabei sind folgende Fragen und Überlegungen hilfreich:

- Welche und wie viele **Vertriebsstufen** sollen eingeschalten werden (z. B. Großhandel, Einzelhandel, Mischformen)?
- Welche **Betriebsformen** auf diesen Vertriebsstufen sollen ausgewählt werden? (Fachmarkt, Kaufhaus, Versandhandel, Einzelhandel etc.). Auswahlkriterien für einzelne Betriebsformen können sein: Einkaufsgewohnheiten der Verbraucher, Zukunft der jeweiligen Betriebsform, Strategien der Wettbewerber, Eigenheiten der Produkte.
- Welcher **Distributionsgrad** innerhalb der Betriebsformen soll angestrebt werden? Das heißt, intensiver Vertrieb (alle möglichen Absatzmittler), selektiver oder exklusiver Vertrieb.
- Festlegung der konkret zu akquirierenden/betreuenden **Absatzmittleradressen**. Bei der Auswahl hilft eine ABC-Analyse oder ein Vertriebsportfolio, in dem die Absatzmittler hinsichtlich Attraktivität für den Hersteller und seiner relativen Wettbewerbsfähigkeit positioniert und ausgewählt werden.

Wegen der Dynamik der Absatzmittlerformen ist ferner ein dauerndes potential-orientiertes Durchforsten des Absatzmittlerbestandes (Absatzmittler-Controlling) nötig.

Strategien zur Akquisition und Betreuung der Absatzmittler

Hier geht es um grundsätzliche Methoden, den Absatzmittler langfristig an ein Unternehmen zu binden. Die Grundgedanken sind die gleichen wie beim Konsumenten-Marketing. Hier gibt es wieder unterschiedliche Wege:

- **Monetäre Stimulierung**
  etwa über konditionspolitische Maßnahmen, die
  - produktbezogen sind, wie Handelsspanne, Rabatt und Bonussysteme oder
  - herstellerbezogen wie Finanzierungshilfen (Valuta, Skontierung etc.), Werbekostenzuschüsse, Regalsysteme, Beteiligungen etc.
- **Vertikale Präferenzen schaffen**
  In erster Linie geht es darum, die betreuenden Verkäufer, Reisenden oder Handelsvertreter, Key-Account-Manager in ihrer Persönlichkeit und ihrem fachlichen Verhalten so zu entwickeln,

daß sie beim Absatzmittler Sachkompetenz vermitteln und akzeptiert werden.

Integrative Kontraktstrategien zwischen Hersteller und Absatzmittler
Im wesentlichen können hierbei die verschiedenen Absatz- und Managementaufgaben zwischen Hersteller und Absatzmittler in rechtlicher Form (Kontrakt) festgelegt werden. Diese integrativen Strategien sollen die Wertschöpfung erhöhen und gleichzeitig die Kosten für die beiden Partner senken. Die in der Praxis am häufigsten vorkommenden Arten sind Franchise-Systeme, Vertragshändler-Systeme, Kommissionsvertrieb oder andere Formen von Vertriebsbindungen.

Eine zwar meist nicht rechtlich fixierte, aber in der Sache sehr weitgehende vertikale Kooperation ist die des sog. Category-Managements. Bei dieser Form setzen sich Einkäufer und Verkäufer zusammen und entwickeln ein Sortiment, das durch gemeinsame Marketingmaßnahmen ein optimales Ergebnis für beide Partner am Markt erzielen hilft.

Marketingstrategien gegenüber Wettbewerbern

Der Wettbewerb wird in seiner Intensität durch verschiedene Faktoren bestimmt:

- einmal durch die Rivalität unter den bestehenden Unternehmen einer Branche, dann durch mögliche neue Konkurrenten und schließlich durch Ersatzprodukte, die die bestehenden Dienstleistungen bedrohen, z. B. Telefax löst Telex ab,
- durch die vorliegende Marktform wie vollkommene Konkurrenz, Oligopol oder Monopol,
- durch das vorherrschende Marktstadium oder Produktstadium, z. B. ob die Phase der Einführung, des Wachstums, der Stagnation oder der Schrumpfung vorherrscht,
- wie in der Ausgangslage das Wettbewerbs-Gleichgewicht beschaffen ist,
- durch unternehmensbezogene Fähigkeiten, Ziele und Verhaltensweisen.

Nach Michael E. Porter lassen sich die »Wettbewerbsstrategien«[1] zur Erzielung von Wettbewerbsvorteilen in Konzentration, Differenzierung und Kostenführerschaft unterteilen. Wir meinen aber, daß die Komplexität moderner Gesellschaften, Produktions-, Vermarktungs-, Forschungs- und Entwicklungsverhältnisse sowie das stärker werdende Bedürfnis nach verläßlichen zwischenmenschlichen Beziehungen eine weitere Wettbewerbsstrategie dringlicher denn je werden läßt: die **Kooperations- oder Partnerschaftsstrategie.** Auch wenn dieser Gedanke in vielen Führungsetagen und bei mittelständischen Inhabern Zähneknirschen verursacht, die Kunst, Kooperationen über Wettbewerbsgrenzen hinweg phantasievoll, flexibel und kommunikativ zu handhaben, ist ein neuer strategischer Vorteil. Effiziente Kooperationsfähigkeit ist ein Engpaß, Knappheitsfaktor, wirksamer Mangel, dessen Bewältigung mehr Produktivität, Beschäftigung und Wohlstand für viele Menschen zur Folge hat.

Konzentrations- bzw. Nischenstrategie
Dabei wird ein Unternehmen den Weg der Spezialisierung auf bestimmte Produkte oder Unternehmensaktivitäten und/oder auf spezielle Zielgruppen gehen. Dadurch werden in der Nische durch Konzentration der Kräfte Wettbewerbsvorteile erreicht.

Differenzierungs- bzw. Abgrenzungsstrategien
Die wohl umfassendste Variante dieser Strategie des »Managements by better performance« ist die konsequente Corporate-Identity-Politik. Die Andersartigkeit gegenüber den Wettbewerbern soll durch Geschlossenheit im Verhalten, der Kommunikation und im Erscheinungsbild deutlich gemacht werden. Durch Differenzierungsstrategien können sich Firmen von der Branchenkonjunktur abkoppeln und eine Alleinverkaufsstellung (Unique selling proposition, USP) aufbauen. Vorbildlich ist dies beispielsweise inzwischen schon weltweit dem Textilunternehmen Jil Sander gelungen. Trotz seit Jahren rückläufiger Entwicklungen in der deutschen Textilindustrie gelingt es Jil Sander immer wieder, durch eine eindeutige Differenzierung deutliche Zuwächse und Beschäftigung zu schaffen. In unseren in Kapitel 4

[1] Michael E. Porter, »Wettbewerbsstrategien«, 7. Aufl., Frankfurt 1992, S. 67

angeführten Praxisfällen ist der Kern der Differenzierungsstrategie durch die Unternehmerpersönlichkeit selbst gegeben. Die Abgrenzung von Wettbewerbern geschieht durch die Einzigartigkeit im persönlichen Stil und Verhalten. Bei den meisten dieser genannten Persönlichkeiten sind in einer Person vereint:

- die **kreativ-intuitive Komponente**, d.h., der Spaß am Entdecken neuer Produkte und Produktionsverfahren und die visionäre Phantasie. Das positive Verhalten des kreativen »Spinners« wird bei manchen deutlich wirksam;
- die **kalkulierend-verfahrensmäßige Komponente**
  Die Kreativitätsleistung wird dort oft gekoppelt mit der Realitätsbezogenheit des kühlen kaufmännischen Rechners, der systematisch und pragmatisch Marketing-Konzepte entwickelt und auf ihre Chancen hin überprüft;
- die **Implementierungs- bzw. Realisierungskomponente**
  Der Analyst und Kreative bewegt zunächst allein wenig. Es braucht noch den »Macher« in sich, der die Ideen am Markt auch in der täglichen Kleinarbeit mit Energie und Zielstrebigkeit umsetzt.

Kosten- bzw. Preisführerstrategien

Schließlich ist eine weitere **Differenzierung** gegenüber den Wettbewerbern über einen umfassenden Kostenvorsprung durch ein strenges Kostenmanagement im Beschaffungs-, Produktions-, Personal- und Vertriebsbereich zu erreichen. Diese Vorteile können in den Preisen an Konsumenten oder in einer vom Absatzmittler höher gewählten Handelsspanne weitergegeben werden. Damit kann durch die Weitergabe der Kostenvorteile bei angenommener Qualität der Wettbewerber in die Schranken verwiesen werden.

Diese Strategie ist natürlich eng verwandt mit der abnehmerorientierten Preis-Mengen-Strategie. Dort richtet sich der Fokus auf Vorteile für den Abnehmer und hier auf die Überflügelung des Wettbewerbers.

Partnerschaftsstrategie

Partnerschaften zwischen Wettbewerbern können sich auf alle Wertschöpfungsstufen erstrecken: ob Beschaffung, Produktionsteilung, Vertrieb, Marketing, F. u. E. oder Personaleinsatz. Viele

Kooperationen scheitern in der Praxis, weil sie mit Illusionen oder Vorurteilen, also realitätsgetrübt, verfolgt werden. Strategische Allianzen werden oft nach dem Prinzip »Huhn und Kalb« betrieben. Auf die Frage des Kalbs hin, was denn beide in die Partnerschaft einbringen sollen, antwortet das Huhn: »Du das Fleisch und ich die Eier.«

Echte Partnerschaften brauchen neben klaren juristischen Verträgen vor allem psycho-soziale Verträge. Letztere sind die gewichtigeren Vertragsaufgaben und werden meist ungern oder gar nicht angegangen. Der Philosophie eines kooperativen Individualismus entsprechend gilt es zwischen den Partnern zu erörtern:

- die Ziele und Grenzen der Zusammenarbeit,
- Klarheit über Chancen und Risiken, über den Inhalt und die Konsequenzen der Zusammenarbeit,
- wie Offenheit und Vertrauen gelebt werden können.

Marketingstrategien gegenüber gesellschaftlichen Gruppierungen

Unternehmen leben heute nicht mehr im isolierten ökonomischen Raum. Es genügt auch nicht mehr allein, Marketingstrategien gegenüber Abnehmern, Wettbewerbern und Absatzmittlern zu formulieren. Gerade vor dem Hintergrund heutiger sozialpolitischer, ökologischer und regionalwirtschaftlicher Verhältnisse ist der Blick auf die allgemeine Öffentlichkeit eines Unternehmensumfeldes auch für Klein- und Mittelbetriebe wichtiger denn je. Denn gesellschaftliche Akzeptanz eines Unternehmens gewinnt für den Markterfolg zunehmend an Bedeutung. Von daher gilt es, Wege der Zusammenarbeit festzulegen gegenüber:

- den unternehmensinternen Anspruchsgruppen wie Mitarbeitern, Inhabern etc.
- den unternehmensexternen Anspruchsgruppen wie u. a. Medien, Bürgerinitiativen, Verbraucherorganisationen und den staatlichen Instanzen.

Art und Weise der Beziehung eines Unternehmens zu seinem öffentlichen Umfeld werden in der Unternehmensphilosophie bereits festgelegt. Mögliche Strategien, die diesen gesellschaftlichen Gruppierungen gegenüber zu verfolgen wären, sind:

Innovativ-aktive Strategien
Ein Unternehmen, das aus einer Position des Selbstvertrauens zu seinen Leistungen und Fähigkeiten und des Vertrauens in sein Umfeld sieht, wird autonom und offen agieren. Dadurch wird es seine Kompetenz vermitteln können und die Akzeptanz fördern.

Widerstandsstrategien
Im Gegensatz dazu steht der Versuch, aus einem arroganten, überheblichen Selbstvertrauen heraus zu agieren. Auf Ansprüche der oben genannten Gruppierungen wird mit Mißtrauen oder auch mit Aggressivität reagiert. Es wird versucht, die Position des gegenwärtigen, eigensüchtig gewünschten Zustandes zu verteidigen. Kurzfristig mag dieser Widerstand Erfolg zeitigen. Langfristig kann aber die Konfrontation mit gesellschaftlichen Anspruchsgruppierungen sich zu einem nachteiligen Konfliktfeld ausweiten.

Anpassungsstrategie
Diesen Weg wird ein Unternehmen wählen, das ängstlich und depressiv und mit Selbstzweifel auf Ansprüche reagiert. Es paßt sich Ansprüchen an und wartet hoffnungsvoll, daß die Probleme vorüberziehen. Ob diese Anpassungsstrategie langfristig Erfolg hat, kann nur im Einzelfall beantwortet werden.

Ausweich- bzw. Problemverlagerungsstrategie
Unternehmen, die hoffnungslos den Herausforderungen öffentlicher Anspruchsgruppen gegenüberstehen und dazu vielleicht noch Selbszweifel bezüglich ihres Lösungsbeitrages zur Gesellschaft haben, werden versuchen, den Problemen auszuweichen bzw. eine Verlagerung zu suchen. Der Reputation eines Unternehmens ist dies aber auf Dauer nicht förderlich.

8. Schritt: Festlegung der marktorientierten Maßnahmen
Im operativen Marketing geht es nun um die Auswahl der Marketinginstrumente, d.h., um Art und Grad des ziel- und stra-

tegiegerechten Einsatzes aller Maßnahmen – den Marketing-Mix.

Wenn die Unternehmens-Ist-Situation mit ihrem Umfeld (Standort) hinreichend analysiert worden ist, daraufhin das Zielsystem (»Wunschorte«), bestehend aus Unternehmensphilosophie, -zielen und Marketingzielen, realistisch definiert und strategische Entscheidungen (»Wege«) zur Realisierung dieses Zielsystemes richtig ausgewählt worden sind, können die entsprechenden Maßnahmen in Marketing, Personal, im organisatorischen, produktionswirtschaftlichen und finanzwirtschaftlichen Bereich aufeinander abgestimmt werden (»Fahrzeuge« auf den Wegen zu den Zielen). Zur Auswahl von Marketinginstrumenten ist genug Literatur vorhanden, so daß nur die grundlegenden Fragestellungen aufgeführt werden.

Bei der Auswahl der Marketinginstrumente sind einerseits die Fragen zu beantworten:
- Welche der Instrumente passen zur Marketingstrategie?
- In welcher Qualität und Intensität sollen diese Instrumente eingesetzt werden?
- In welchem Produktlebenszyklus oder Unternehmenszyklus befinden wir uns?
- Wie sind ihre zeitlichen und sachlichen Wirkungsübertragungen: gegenseitig fördernder, hemmender oder verzögernder Art?

1. **Bestimmung der angebotspolitischen Instrumente als Motor der Maßnahmen**

Hier sind im wesentlichen Entscheidungen über folgende Bereiche zu treffen:
- **Gestaltung der einzelnen Produkte** – oder Leistungen, dazu gehören Fragen der Qualität, der Ausstattung, des Designs, des Markennamens, der Verpackung, Garantieleistungen etc;
- **Gestaltung des Sortiments/Service,** dazu gehören die Fragen der Sortimentsbreite und -tiefe;
- **Preis- und Konditionsgestaltung.** Gemeint ist die Bestimmung der Nominalpreise (Listenpreis), der Rechnungspreise sowie die konditionspolitischen Modifizierungen zum Effektivpreis. Die Verfahren zur Berechnung des Nominalpreises als Leitpreis sind

vielfältig. Es bietet sich eine integrative Vorgehensweise an, die aus verschiedenen Blickwinkeln zur Nominalpreisfindung beiträgt: eine gleichzeitige Schau aus kostenorientierter, nachfrageorientierter, vertikaler, konkurrenzorientierter und unternehmenspolitisch orientierter Sicht.

2. **Bestimmung der Auswahl der vertriebspolitischen Instrumente als Adern der Marketingmaßnahmen**

In diesem Punkt ist zu beantworten, wie die Ware, durch wen und auf welche Weise wirtschaftlich an den Endabnehmer kommt. Im einzelnen:

- Entscheidungen sich zu treffen über die einzusetzenden **Verkaufsorgane** oder **Vertriebsakteure** wie z. B. eine direkte Kundenbetreuung durch Verkäufer, Reisende, Key-Account-Manager, Geschäftsleitung etc. oder indirekte Kundenbetreuung über Handelsvertreter.
- Entscheidung über die **physischen Logistiksysteme.** Hier ist die Frage zu beantworten, wie möglichst wirtschaftlich, termingerecht und fehlerfrei die Ware zum Kunden kommt.

3. **Auswahl der kommunikationspolitischen Instrumente als »Sprachrohr« der Marketingmaßnahmen**

Schließlich müssen die Stake-Holder über die Leistungen, Absichten und Vorstellungen eines Unternehmens oder Produktes informiert werden. Hier geht es nun darum, Entscheidungen über eine integrative Kommunikation zu treffen. Das heißt, es ist festzulegen, wie

- über die **Öffentlichkeitsarbeit** eine langfristige, zielorientierte Gestaltung des klimatischen Unternehmensumfeldes bewerkstelligt werden kann,
- wie durch die **Werbung** eine schnelle, lebendige und zielorientiert aktivierende Information, die zum Kauf anregen soll, transportiert wird, und wie
- über **Verkaufsförderung**smaßnahmen eine kurzfristig wirksame, intensive und zielgerichtete Stimulierung den Kunden unmittelbar zum Kauf reizt.

Trotz aller modischen und oft agenturbestimmten Diskussionen hat unserem Verständnis nach jede Art der kommunikationspolitischen Maßnahmen lediglich ein Ziel: Wie wird das Angebot konkret und zielstrebig zu Umsatz beim Unternehmen?

Umsetzung und konzeptionelle Steuerung – (Implementierung und Controlling)

Wurde mit den bisherigen Schritten 1. bis 8. die Dramaturgie des am Markt aufzuführenden Stückes auf kooperativer Grundlage geschrieben, so geht es nun darum, dieses Stück mit qualifizierter Regie und den richtigen Persönlichkeiten auf der Bühne zur Aufführung zu begeistern, um das Publikum ins Theater zu bringen und zu **faszinieren**. Zwei Themen sind zu behandeln:

- Die Art und Weise des **marketingorientierten Führens.** Führen im Sinn von Vorleben, Lenken und Anreize für die Mitarbeiter schaffen, um gemeinsam gesetzte Ziele zu erreichen.
- Die Art und Weise der **marketingorientierten Anwerbung, Betreuung und Bindung** von Kunden. Und dies im Sinne der Bemühung um die Lösung der Bedürfnisse von Kunden oder Nicht-Kunden. Wenn der Kunde sicher und ehrlich zufriedengestellt wird, entsteht ein gegenseitiges Verpflichtungsverhältnis.

Marketingorientierte Interaktionen mit Kunden führen dazu, daß die Kunden letztlich alleine den Weg zum Unternehmen finden: Produkte werden **nicht verkauft, sondern gekauft.** Der marketingorientierte Verkäufer erzielt in erster Linie aus individuellen Kundenproblemlösungen Umsatz. Der herkömmliche Verkäufer sucht seine Programme zu Umsatz »durchzudrücken« und hat allein seinen eigenen Profit im Auge. Einseitige Produktvorteilsmonologe, Kosten- und Preisargumente sind nach wie vor Praxis des Hochdruckverkaufs. Der marketingorientierte und zukunftsfähige Außendienst ist aber ein kreativer, kluger, flexibler und einfühlsamer Problemlöser.

Abbildung 14 zeigt das Zusammenspiel von marktorientiertem Führungsverhalten und Mitarbeiterverhalten mit den Konsequenzen für den Umsatzerfolg. Die Systematik folgt dem Zusammenhang der Studie »Führungsstil und Absatzerfolg in Kredit-

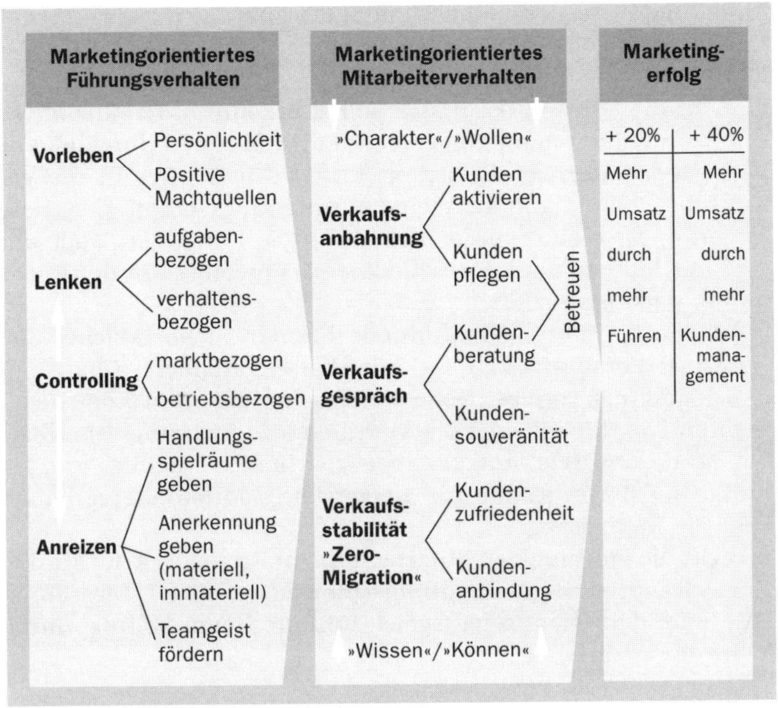

Abbildung 14 Marketing-orientiertes Führungs- und Mitarbeiterverhalten und Umsatzerfolg (integriertes Beziehungsmarketing)

instituten« von Gebert/Steinkamp/Wendler, Stuttgart 1987. Dort wurde nachgewiesen, daß mehr Qualität in der Führung über die Mitarbeiter zu 25% mehr Erfolg im Verkauf führen kann. Wir gehen von etwa 20% Erfolgsbeitrag der Führung aus und 40% Erfolgsbeitrag durch das marketingorientierte Mitarbeiterverhalten. Dabei besteht ein wechselseitiger Einfluß zwischen Führungs- und Verkaufserfolg. Schlechte Führung kann demnach maßgeblich die Existenz gefährden.

9. Schritt: Konzept-Implementierung durch marketingorientierte Führungsverhaltensweisen

Führung heißt soziale Einflußnahme auf die Mitarbeiter zur Erreichung der gemeinsam festgelegten Marketingziele.

Abbildung 14 zeigt, daß die Qualität der Führung die Qualität des Kundenmanagements der Mitarbeiter stark beeinflußt. Der Markterfolg wird um so größer sein,

- je mehr die Führungskraft **sich selbst erkennt**, ihre Persönlichkeitskoordinaten marketinggerecht entwickelt und durch **eigene Verhaltensänderung** die der geführten Mitarbeiter in die gewünschte Richtung lenkt. Viele Führungskräfte empfinden diese Änderung als einen schmerzlichen Prozeß. Daher wird auch autoritäres Führen trotz der schlechteren Ergebnisse in der Praxis immer noch praktiziert,
- je stärker die Führungskraft durch ihre natürliche **»Macht«** und Gewinner-**Persönlichkeit** die Mitarbeiter fasziniert (Charisma) und Marketing vorlebt. Denn der Fisch stinkt vom Kopf her,
- je intensiver die Führung die Mitarbeiter in Richtung vereinbarter **Marketingziele** aufgabenbezogen und verhaltensbezogen **lenkt,** die Beweggründe für zielgerechtes Mitarbeiterverhalten kennt (= Motivation),
- je mehr die Führung den Mitarbeitern zur Erreichung der Marketingziele notwendige **Handlungsspielräume** in der Tagesarbeit läßt und den Mannschaftsgeist fördert **(Team-Selling durch Team-Identität)**.

Allen Beraterempfehlungen zum Trotz gibt es kein Patentrezept zum Erfolg durch Motivation und Belohnung im Verkauf. Vielmehr gilt es, in jedem Unternehmen individuell und situativ die richtige Mischung aus nicht-finanziellen und finanziellen Anreizen zu finden. Die nötige Beteiligung am Erfolg heißt nicht allein Geld, sondern hat viele Ausdrucksformen sozialer Anerkennung. In den folgenden Übersichten werden grundlegende Anforderungen an das den Absatzerfolg begünstigende Führungsverhalten kurz dargestellt.

Gesamtunternehmerisch erfolgswirksame Führungsverhaltensweisen im Marketing

- kooperatives, marktorientiertes Führen, d. h., gemeinsames Entwickeln und Umsetzen der Konzeption durch intellektuelles, emotionales und organisatorisches Einbinden zur Identifikation mit der Unternehmensphilosophie, der Corporate Identity und mit den Unternehmenszielen etc.;

- offenes, kränkungsfreies und vertrauensvolles Feedback durch die Führung und Controlling als begleitender Prozeß;
- Führungskräfte müssen glaubwürdig, offen und deutlich für eine festgelegte marktpolitische Konzeption Stellung nehmen. Das in der Praxis oft gelebte Verabschieden von Konzepten ohne sofortige Realisierung führt zur Demotivation;
- Mitarbeiter individuell und situationsgerecht am Erfolg beteiligen, fordern und fördern; Karrierewege eröffnen heißt nicht nur »Aufsteigen« lassen, sondern auch »Querdenker« und »soziale Karriere« in Form von fachlicher, menschlicher und methodischer Entwicklung zulassen;
- die oben genannten problemlösenden Machtquellen einsetzen;
- unternehmerische Grundeinstellung (im Sinne von Schumpeter) vorleben;
- Personalentwicklung in der Linie durchführen und nicht an Stäbe delegieren;
- gruppendynamische Abläufe als Chance nutzen können;
- Anwenden der Gewinnereigenschaften aus Abb. 4 (vgl. S. 44);
- loben, anerkennen und ein gutes Betriebsklima schaffen als Teil der Unternehmenskultur;
- Informationsfluß so organisieren, daß er schnell und klar die Adressaten erreicht.

Spezielle deckungsbeitragsfördernde Führungsverhaltensweisen (Wachstum, Ertrag)

- Kundenportfolios zur selektiven Betreuung von Kunden hinsichtlich Wachstum, Ertrag und Sicherheit erstellen. Einfacher sind Kunden-ABC-Analysen,
- Erlöse und Kosten den Mitarbeitern transparent machen, durch: mtl. Umsatzstatistik mit Umsatzraten, -quoten für SGF total und aufgegliedert nach Geschäftsbezirken, Mitarbeiter, Produktgruppen etc; Deckungsbeitragsrechnung nach SGF, Bezirken, Mitarbeitern im Vertrieb, Produktgruppen etc.,
- klare und verpflichtende Ziele auch mit einzelnen Mitarbeitern vereinbaren,
- individualisierbares Entlohnungs- und Provisionssystem,
- die Bedeutung von »Kundenwert« im Kundenlebenszyklus deutlich machen und somit auf cross selling bei bestehenden Kunden hinwirken,

- die Mitarbeiter zur Nichtkunden-Akquisition anhalten,
- bei allen betrieblichen Tätigkeiten die Kundeninteressen offensichtlich in den Mittelpunkt stellen,
- den Mitarbeitern auch zeitlichen und aufgabenmäßigen Freiraum für Kundenbetreuung schaffen,
- Mitarbeitern gegenüber dem Kunden den Rücken stärken, d. h., auch Verhandlungshärte aufbauen und unterstützen insbesondere beim Durchsetzen von Preisangeboten,
- Team-Selling. Eine Mannschaft aus z. B. Produktmanager, Kundenbetreuer und Servicetechniker erledigt gemeinsam Systemlösungen,
- die Ergebnisse einer Abteilung als gemeinsames Resultat des Teams darstellen und hervorheben,
- den Mitarbeitern die notwendigen Entscheidungs- und Handlungsspielräume gewähren (Kompetenzen).

Spezielle produktivitätssteigernde Verhaltensweisen

- die Marketingziele hinsichtlich Deckungsbeitrag und Kosten klarmachen und dadurch zeitsparendes Arbeiten als Voraussetzung plastisch machen,
- Verbesserung der Wirtschaftlichkeit durch Begrenzung des Sortiments (ABC-Analysen, Pareto-Optimum) oder zwischenmenschliche Kooperationen,
- Kenntnis und Gefühl vermitteln, daß Unproduktivität dem unternehmerischen Handeln zuwiderläuft,
- anfallende Aufgaben nach Wichtigkeit und Dringlichkeit priorisieren,
- ein bürokratiefreies, produktives und Spaß an der Arbeit vermittelndes Klima schaffen,
- durch Gemeinkosten-Wertanalysen die innerbetrieblichen Leistungsströme transparent machen und verschlanken,
- negative psycho-soziale Spiele (wie z. B. Mobbing), die zu Destruktivität, schlechter Stimmung und Beeinträchtigung der Zielerreichung führen, offenlegen und behandeln oder besser gleich verhindern,
- Herbeiführen und Aufrechterhalten des Zusammengehörigkeitsgefühls von einzelnen Bereichen im Betrieb,
- Festlegung der Verantwortlichkeit, der Aufgaben und Kompetenzen für die einzelnen Mitarbeiter,

- schrittweise eine Produktionsplanung und -steuerung (PPS) einführen, bei der der gesamte Ablauf der betrieblichen Leistungserstellung von der Auftragsannahme bis zur Auslieferung der Ware zum Kunden EDV-Unterstützung erfährt. Bei Klein- und Mittelunternehmen ist es sinnvoll, zunächst nur mit Auftragsabwicklung zu beginnen und dann erst Beschaffung, Lager, Verwaltung und Fertigung zu integrieren
- Vertriebskosten pro Mitarbeiter pro Kundenkontakt im Außendienst (durchschnittlich 300 DM) deutlich machen und auf betriebliche Konsequenzen hinweisen,
- Computer Aided Selling (CAS) einführen. CAS soll aber den Außendienst unterstützen, statt demotivierend kontrollieren. Implementierung mit viel Gefühl im Umgang mit Widerständen gegenüber technischen Neuerungen und ohne bürokratische DV-Abteilung.

10. Schritt: Implementierung durch marketingorientierte Interaktionen der Mitarbeiter mit Kunden/Nichtkunden (Beziehungsmarketing)

Der Vertrieb bzw. der persönliche Verkauf hat in fast allen Unternehmen die **größte Bedeutung** dafür, daß **Marketingkonzeptionen laufen lernen** und **Tempo halten**, d. h. die Marketingstrategien zu den Zielen führen. Der Außendienst/Verkäufer optimiert die ökonomischen und psycho-sozialen Transaktionen mit Kunden.

Die drei grundlegenden Gestaltungsbereiche zum integrativen **Kundenbeziehungsmanager** sind:
- die Persönlichkeitsstruktur eines marktorientierten Kundenbetreuers,
- Systematik und Verhalten in der Kundenakquisition,
- die qualifizierte Vorgehensweise in der Kundenberatung, -betreuung und -bindung.

Im Vertriebs- und Verkaufspersonal kommt in jedem Unternehmen letztlich die konzeptionelle Vorarbeit erst zum Tragen. Das Bewußtsein, daß an der Verkaufsfront, am Point of Sale, ganze Marketingkonzepte bereits beim Stapellauf zerschellen, ist bei vielen Führungskräften, Stäben und internen Bereichen in den meisten Betrieben nur schwach ausgeprägt. Der Vertrieb ist die Exekutive am Kunden. Nur der Verkauf kann direkt mit Wort, Gestik und Tat die Marketingkonzeption am Kunden leben und flexibel, unmittelbar reagieren. Produkt, Muster, Prospekte werden erst im persönlichen Verkauf lebendig, erfahr- und begreifbar; Preise durch persönliche Überzeugungsarbeit annehmbar. Im Vertrieb werden neue Kunden gewonnen, aktuelle Kunden gehalten und ehemalige wiedergewonnen. Untersuchungen der AMA bei 1800 Umfragen zeigen, daß der Umsatz ohne persönlichen Verkaufseinsatz um 35 bis 45% niedriger wäre.

Nur der integrative marketingorientierte Beziehungsmanager wird die Anforderungen aus Komplexität, Dynamisierung und Individualisierung hinreichend lösen.

Marketingorientierte Persönlichkeitsstruktur als Voraussetzung im Verkauf

Wie bei der Führung ist eine Gewinnerpersönlichkeit, die positive Machtquellen nutzen kann, die zentrale Voraussetzung einer »gewinnenden« Kundenbetreuung.

Im direkten Geschäft mit dem Kunden ist es wichtig, daß die Kundenbetreuer teilunternehmerisch und kundenorientiert denken und handeln d. h., daß sie

orientiert sind:

- wissen, was sie sollen,
- wissen, wo sie stehen,
- die Lücke zwischen Soll und Ist kennen,

motiviert sind:

- wollen, was sie sollen (Bereitschaft),
- können, was sie sollen (Fähigkeit),
- den Rahmen für ihr Sollen haben (Arbeitssituation),

involviert sind:

- Nerven und Zeit für ihre neue Arbeit investieren,
- sich selbst ihren Aufgaben verpflichtet fühlen und verpflichten (Commitment),
- sich mit ihrer Tätigkeit identifizieren,
- sich den Bedürfnissen und Problemen ihrer Kunden verbunden fühlen,

d. h., mit einer positiven Einstellung, einem überzeugenden, wirkungsvollen Auftreten und Wesen »Brücken« bauen können.

Systematische Akquisition/Kundenbetreuung

Gerade in der Erstakquisition geht die Mehrheit der Verkäufer unsystematisch, unvorbereitet, mit mangelnden dialektischen Fähigkeiten und mit zu geringer Ausdauer vor. Gleiches gilt beim Umgang mit bestehenden Kunden. Die systematischen Schritte in der Akquisition und modifiziert in der Kundenbetreuung, die in der Praxis zum Erfolg führen, sind:

- **Vorbereitung ist der halbe Erfolg**
  Für die Gesprächsvorbereitung in der Akquisition ist es notwendig, sich Informationen über den Markt, den Kunden und das Umfeld und die Personen zu besorgen.
  Zur Auswahl der zu akquirierenden Neukunden und Optimierung der bestehenden Kundenstruktur dienen die herkömmlichen Checklisten und Priorisierungen nach ABC-Analysen. Neuere Auswahlverfahren sind Kundenportfolio-Analysen, Referenzwertmodelle oder Cross-Selling-Analysen.
- **Kontaktaufnahme**
  Die klassischen Schritte laufen über einen individuellen und persönlichen Akquisitionsbrief als Grundlage für ein Akquisitionstelefonat zur Terminvereinbarung. Darauf folgt das persönliche Gespräch beim Kunden. Auch hierbei gilt wieder, daß eine systematische Gesprächsvorbereitung notwendig ist und sich der Akquisiteur mit dem Ablauf der **persönlichen** Gesprächseröffnung und der **sachlichen** Gesprächsführung vorher intensiv beschäftigt.
- **Kontaktintensivierung/Geschäftsbeziehung**
  Nach dem Erstkontakt ist es sinnvoll, in einem positiven Feedback-Brief den Erstkontakt festzuhalten. Daraufhin werden weitere Kontakte geknüpft – ob telefonisch oder brieflich oder persönlich. Bisweilen sind erneute und flankierende Besuche nötig, oft mit Unterstützung von Fachabteilungen oder Vorgesetzten. Einladungen, d. h. im weitesten Sinne social events, runden die Kontaktaufnahme ab. Nach 3 bis 5 qualifizierten Follow-ups ist spätestens ein erster Geschäftsabschluß zu erwarten. Danach gilt es, Marketingmaßnahmen zur laufenden Pflege der Absatzbeziehung zu ergreifen.

In einem Untersuchungszeitraum von zwei Jahren hat nach dieser Vorgehensweise ein Firmenkunden-Akquisiteur einer internationalen Großbank bei 165 ausgewählten Nichtkunden mit einer Umsatzgröße größer 100 Mio. DM folgende Resultate erzielt:

- Bei 164 Nichtkunden kam es nach der Kontaktanbahnung und Erstkontakt zu einer Intensivierung der Gespräche,
- davon sind 31 Adressen Kunden geworden. Gemessen an der Größe der Bank sind einige zu Kunden mit A-Geschäftsvolumen geworden,
- bei 45 Nichtkunden dauern die Erstgeschäftsgespräche für Aktiv-, Passiv- und Dienstleistungsgeschäfte an,
- bei 28 Adressen wurden weitere Kontakte geschoben, vertagt oder sind terminlich schwebend,
- die restlichen 60 Adressen wurden als vorläufig nicht akquisitionsfähig oder -würdig eingestuft.

Bei einem Konsumgüterhersteller führte im Key-Account über zwei Jahre hinweg systematische Nichtkunden-Akquise zu folgenden Resultaten:

- Von 34 Nichtkunden wurden 32 zu Kunden,
- der Umsatz dieser Neukunden am Gesamtumsatz des Unternehmens beträgt bereits 8 %,
- 2 Neukunden sind Top-Kunden, 5 Neukunden sind bereits A-Kunden.

Speziell deckungsbeitragsorientierte Kundenbetreuung
Um Wachstum und Ertrag zu steigern, sind im wesentlichen folgende Maßnahmen **festzulegen**:

- Computer Aided Selling (CAS) einsetzen. Mit Unterstützung des Computers kann gezielter, schneller und mit Wettbewerbsvorsprung beraten werden. Geschäftsabschlüsse werden erleichtert,
- auch bei bestehenden Kundenverbindungen gilt es, die Passivität abzulegen, sich nicht hinter der Sachbearbeitung zu verstecken, sondern eigeninitiativ auf die Kunden zuzugehen,
- dazu gehört auch, von sich aus Nichtkunden anzusprechen,
- mit Kollegen von Spezialabteilungen neue Problemlösungsideen für den Kunden entwickeln,

- die bestehenden Kundenbeziehungen laufend emotional fundieren durch Aufmerksamkeiten, damit sachlich leichter verhandelt werden kann,
- partnerschaftliche Zusammenarbeit, d. h., offen und vertrauensvoll die Kundenwünsche klären, ohne dabei seine eigenen Ziele, Bedürfnisse und Unabhängigkeit aufzugeben,
- Argumentationskatalog für Konditions-Nutzenverhältnis zurechtlegen und aufzeigen,
- sich im Konditionsgespräch nicht frustrieren lassen (Stehvermögen) und insbesondere abschlußorientiert arbeiten,
- aus Fehlern können Unternehmen lernen. Daher gilt es, zu Beschwerden stimulierend aufzufordern, Beschwerden anzunehmen, zu bearbeiten und auszuwerten, um neue Ideen zu finden und künftig Fehler zu vermeiden. Kunden tolerieren andererseits Fehler, wenn diese schnell aufgenommen und aus der Welt geschafft werden. Denn erfahrungsgemäß können 8 von 10 in ihren Beschwerden zufriedenstellend behandelte Kunden gehalten werden.
  Die Rückgewinnung ehemaliger Kunden ist kostengünstiger als die Akquisition neuer Kunden. Beschwerdemanagement bringt also nachhaltige Erträge. Denn ein unzufriedener Kunde spricht mit 10 bis 15 anderen darüber. Bei 70 % zufriedenen Kunden könnte dies folglich heißen:
- 450 negative Empfehlungen, aber nur
- 210 positive Empfehlungen.

Speziell produktivitätsorientierte Kundenbetreuung
Zielsetzung ist die Steigerung des Geschäftsvolumens bei gegebenem Personal- und Sacheinsatz oder auch alternativ: Bewältigung des bestehenden Geschäftsvolumens durch niedrigeren Personal- und Sacheinsatz.

Mitarbeiterverhalten, das die Produktivität steigert, kann im Marketing sein:
- CAS ermöglicht kostengünstige Kommunikation, weniger Fehler in der Auftragsbearbeitung, kürzere Bearbeitungszeiten und Materialeinsparung, kürzere Lieferzeiten sowie kürzere Reaktionszeiten auf Kundenanfragen. Der Reemtsma-Außendienst schafft dank CAS 15 bis 20 Kundenbesuche pro Tag,

- von sich aus die fachliche Qualifikation verbessern, um damit mehr Eigenständigkeit und Fehlerlosigkeit zu schaffen,
- sich Arbeits- und Zeitplantechniken aneignen,
- die eigenen Arbeitsabläufe in Akquisition, Beratung, Abschlüssen, Zusagen etc. wertanalytisch prüfen lassen,
- die Kommunikation im Unternehmen und die Information verbessern,
- selbst zur Gestaltung eines angenehmen und effizienten Betriebsklimas als Teil der Unternehmenskultur beitragen. Spezielle Verhaltensweisen im Umgang mit Beschwerden.

3.3 Marketinggerechtes organisatorisches Vorgehen – Konzept organisatorisch stützen

Dem marktorientierten Unternehmenskonzept (Structure follows Strategy)
- müssen die Organisationsstruktur in Aufbau, Ablauf und Mitarbeiterzuteilung und die Zuteilung weiterer Ressourcen angepaßt werden,
- und es müssen die Informations- und Kommunikationsströme schnell, sicher und möglichst offen fließen können.

Weitere Fragen, über die es bei der Entwicklung und Umsetzung zu den Marketingkonzepten zu entscheiden gilt, sind:
- welche **Führungskräfte und Mitarbeiter** eines Unternehmens sind
- in welchen **organisatorischen Einheiten** (strategische Geschäftsfelder, Profit Center, Abteilungen, Gruppen etc.),
- an welchen **Aufgabenstellungen** zu beteiligen bzw. werden mit Aufgaben betraut und sind
- mit welcher formellen und materiellen **Kompetenz** ausgestattet, um
- **Verantwortung** für ihr Handeln/Ergebnis zu tragen/tragen zu können?

Aus ganzheitlicher Sicht muß in Ablauf- und Aufbauorganisation
- das sog. Gegenstromverfahren funktionieren, das ist eine laufende Rückkopplung zwischen »Bottom up« und »Top down«, und

- gleichzeitig muß das horizontale Strömungsverfahren auf gleicher Hierarchieebene möglich sein.

Diese Vorgehensweise führt zu den besten Ergebnissen in der Praxis. Dadurch werden Planung und Umsetzung so aufgeteilt und delegiert, daß in einem Betrieb vorhandene Fachkenntnisse optimal genutzt werden können. Ferner wird die Motivation der für die Umsetzung Verantwortlichen dann größer sein, wenn sie ihren Bereich selbst mit planen, steuern und gestalten können. Insofern unterstützt auch die Organisationsform den noch unten darzustellenden psycho-sozialen Prozeß. Idealtypisch können die Schritte auf der organisatorischen Ebene wie folgt aussehen (s. auch Abb. 7 auf Seite 66):

1. Schritt: Initiierung einer Transformation bzw. Unternehmensneugestaltung

Für die Transformation ostdeutscher Unternehmen in neue Strukturen und Wettbewerbsfähigkeit bzw. eine generelle unternehmerische Neuorientierung gibt es zahlreiche Initiierungsimpulse.

Die Initiierung sollte idealerweise von der Geschäftsleitung selbst entschieden und nach außen getragen werden, auch wenn der Druck vom Markt oder von Dritten herrührt. Typische Auslöser dafür können sein:

- fehlende Marketing- und Vertriebsqualität,
- ein Wechsel in der Unternehmensführung,
- eine Unternehmenskrise,
- zunehmender Wettbewerbsdruck,
- festgestellte Orientierungsschwäche im Unternehmen,
- Mitarbeiterunzufriedenheit,
- zunehmende Kundenunzufriedenheit und abnehmende Kundenbindung,
- gesamtwirtschaftlicher Struktur- und Wertewandel, wie er für ostdeutsche Betriebe allgemeine Ausgangslage war,
- Verlust gesellschaftlicher Zustimmung, Imageprobleme,
- Überprüfung gegenwärtiger Strategien.

2. Schritt: Organisatorische Partizipation, Information und Konfrontation

Nach der Initiierung werden verschiedene Organisationsebenen wie z. B. Einkaufs- und Verkaufsabteilung, Produktion, Forschung und Entwicklung, Kommissionierung, Versand, Marketing etc. sowie insbesondere der Betriebsrat in die nächsten Schritte einbezogen. Sie erhalten Informationen über die vorherrschende Situation und werden damit offen und klar konfrontiert.

In dieser Runde werden die auslösenden Sachverhalte für eine Neugestaltung des Unternehmens dargestellt und die grundsätzlichen weiteren Schritte festgelegt.

3. Schritt: Management des Transformationsprozesses, Konzeptionist

Um den Transformationsprozeß fundiert voranzutreiben und zu steuern, ist nun über einen integren, fachlich kompetenten, psychisch stabilen und mit Stehvermögen ausgestatteten Prozeßsteuerer zu entscheiden.

Dies kann ein interner Mitarbeiter sein, aber genauso ein kompetenter Externer, der als Coach und Supervisor den Prozeß begleitet. Ein Externer bringt oft eine andere Sichtweise, andere Erfahrungswerte und Akzeptanzvorteile mit.

4. Schritt: Integratives Projektmanagement

Moderiert von dem im 3. Schritt eingesetzten Prozeßsteuerer arbeiten nun nach der Priorität der Problemstellungen bezeichnete Arbeitskreise, Projektgruppen, Qualitätszirkel etc. detaillierte Vorschläge für ein neues Konzept zu.

5. Schritt: Supervision der Vorschläge

Die in den Projektgruppen durchgeführten Analysen und Maßnahmenvorschläge werden nun in entsprechenden Koordinationsgremien erörtert, erweitert und abgestimmt.

6. Schritt: Konzepterstellung

Der Prozeßsteuerer faßt nun auf Grund der gewonnenen Erkenntnisse mit einem Fachteam den neuen unternehmerischen Weg in einer Vorlage zusammen.

7. Schritt: Beschlußfassung

Die Geschäftsleitung beschließt die neuen geschäftspolitischen Vorlagen und leitet die Umsetzung ein.

Dies hat erhebliche Wirkung für den Betrieb nach innen und ist mehr als nur ein formaler Akt oder Ritual.

8. Schritt: Vertikales und horizontales Rückkoppeln während der Umsetzung

Ständiges und vernetztes Rückkoppeln auf und zwischen vertikalen und horizontalen Ebenen, damit der Umsetzungsprozeß in Gang gehalten wird und damit die Kunden-, Mitarbeiter- und Leistungs- und Unternehmensorientierung gewährleistet bleibt. Die Organisationsform ist dabei nicht abteilungsbezogen, sondern funktionsbezogen. So könnte ein Unternehmen einen sich regelmäßig treffenden Führungskreis einrichten, der von vernetzten Fachkreisen, die sich mit akuten Problemen beschäftigen, wie z.B. Qualität, Informationspolitik, Lieferbereitschaft, unterstützt wird. Diese wiederum werden diese Fragen bis zur Mitarbeiterbasis herunterbrechen und verfolgen.

3.4 Marketinggerechtes psycho-soziales Vorgehen – Konzept durch Unternehmenskultur immunisieren

In den meisten Unternehmen sind die zwischenmenschlichen Beziehungen von negativen Einflüssen wie Angst, Wut, Frust, Mobbing und Rücksichtslosigkeit geprägt. Dies ist kein guter Nährboden für Motivation, Kreativität, Innovation und die heute und künftig noch mehr nötige Fähigkeit zur Kooperation, Teamarbeit und Entwicklung sozialer Kompetenz. Psycho-soziale Prozesse und Innovationen haben zentrale und weiter wachsende Bedeutung in allen Bereichen von Wirtschaft und Gesellschaft.

Gerade marktorientierte Unternehmenskonzepte brauchen neben der sachlich-inhaltlichen und organisatorischen Untermauerung insbesondere eine Unternehmenskultur, die die Konzepte mitträgt. Und in vielen praktischen Fällen hat diese Unternehmenskultur erhebliche Defizite in den beiden erstgenannten Ebenen mehr als kompensiert.

Markt- und **unternehmensgerechte Unternehmenskulturen,** die auf dem Unternehmensgrundsatz der **»Kooperation«** basieren, tragen wesentlich zur Immunisierung der einzelnen Marketingkonzepte gegen äußere und innere Angriffe bei: Aus rein umsetzungs- bzw. vertriebsorientierter Sicht sind in den Schritten 9. und 10. des sachlich-inhaltlichen Vorgehens bereits wesentliche psycho-soziale Gestaltungsmaßnahmen erläutert worden. Hier werden nun noch zusätzlich die grundlegend zu beachtenden gruppendynamischen Abläufe skizziert.

Der klassische Weg auf der psycho-sozialen Ebene zur Wandlung des Selbstverständnisses und der Kultur eines Betriebes geht über folgende Schritte (s. auch Abb. 7 auf Seite 66):

1. Schritt: Auftauen eingefahrener Verhaltens- und Denkweisen (Unfreezing, Participation)

Die ostdeutschen Betriebe wurden nach der Wende durch die Konfrontation mit der Weltwirtschaft, bei gleichzeitig wegfallender Rückbindung zum COMECON, in besonders harter Weise geschockt. Die Probleme, Irrungen und Wirrungen dieses externen Schocks sind in den Medien und in Publikationen hinreichend dargestellt worden. Doch ohne Druck von innen oder äußere Einflüsse halten auch westdeutsche Betriebe meist an Bestehendem fest. Auch wenn sie damit – meist unbemerkt und unbeabsichtigt – ihre Wettbewerbsfähigkeit verlieren und damit ihre Existenz aufs Spiel setzen. In dieser sog. Unfreezing-Phase ist es wichtig für alle Beteiligten, das Problem klar und verständlich zu identifizieren und darzustellen. Denn mit dem Verstehen und Verständnis für überfällige marginale oder radikale Änderungen im Betrieb wächst auch die Bereitschaft, den Wandlungs- und Neuorientierungsprozeß einzugehen.

Eine besonders radikale Art, bestehende Verhaltens- und Denkweisen im Betrieb zu ändern, ist in Form des sog. Business-Reengineering in den letzten Jahren immer häufiger umgesetzt worden. Diese Methode beschäftigt sich nicht mit dem, was bisher war und ist, sondern konzentriert sich auf das, was künftig sein sollte. Von daher werden in der Auftauphase nicht erst bestehende Abläufe aufwendig verbessert, sondern radikal in Frage gestellt. Business-Reengineering bedeutet ein fundamentales Überdenken, ein radikales Neugestalten aller Unternehmensprozesse. Wenn diese Veränderungen nicht fundiert vorbereitet werden, lösen sie meistens Schocks bei den Mitarbeitern aus, die sich später als kaum mehr reparabel im Sinne des Wandlungsprozesses erweisen. Viele Reengineering-Verfahren sind in der Praxis wegen eines falschen Verständnisses ihrer Philosophie oder deutlicher Mängel in der Umsetzung gescheitert. Die Schäden sind dann erheblich. Auch viele ostdeutsche Unternehmen mußten darunter leiden. Nicht selten waren »Metzger«, die sich für Chirurgen hielten, die Verursacher.

Gruppendynamisch gesehen bewegt sich ein »traditioneller« Betrieb in der Phase der Dependency und des Pairing. Der Großteil der Mitarbeiter wartet in Abhängigkeit, was denn auf sie zukommt. In der nächsten Phase verbünden sich kleine Gruppen. Diese Verbündungen innerhalb eines Betriebes werden aber meist nicht belohnt, so daß die im folgenden 2. Schritt genannte Veränderungsphase meistens mit einem Kampf und Fluchtverhalten (Fight and Flight) verbunden ist.

2. Schritt: Einleitung der Veränderungen im Denken und Handeln der Mitarbeiter (Changing, Moving, Participation, Involvement)

In dieser zweiten großen Phase wird es darauf ankommen, daß die Verantwortlichen mit den nun sich offen darlegenden Konflikten umgehen können und sie in für den Betrieb produktive Richtungen kanalisieren. Denn Skepsis gegenüber Neuem, Unsicherheit, Angst, Bequemlichkeit bis zu offenem Widerstand werden diesen Schritt begleiten. Der neue konzeptionelle Weg wird dann erfolgreich beschritten werden können, wenn Konflikte zugelassen werden, Konfliktfähigkeit und Konfliktaustragungsmanagement funktionieren. Schließlich wird dieser Wandlungs- und Änderungsphase im Denken und Handeln nur dann Erfolg beschieden sein, wenn die Mehrheit der Umsetzungsverantwortlichen hinter der weiteren Vorgehensweise steht. Diese Veränderungsprozesse verlangen von allen Beteiligten Geduld, Stehvermögen und hohe Frustrationstoleranz.

3. Schritt: Verankerung und Stabilisierung des neuen marktorientierten Unternehmenskonzeptes (Refreezing, Commitment)

Durch laufende horizontale und vertikale Vernetzung der Aktivitäten, Informationsformen – insbesondere klare, offene und vertrauensvoll gehandhabte Feedbacks – gilt es nun, das neue Unternehmenskonzept im Unternehmen und am Markt zu verankern. Die Mitarbeiter verpflichten sich, das von ihnen mitentwickelte neue Konzept auch selbst umzusetzen.

Ein kooperativer (demokratischer, kollegialer) Führungsstil, der hohe Sachzielorientierung mit gleichzeitig hoher Einbeziehung der Bedürfnisse der arbeitenden Menschen verbindet, dürfte dem Erfolg am dienlichsten sein. Diese Art der Führung wird situativ und individuell den Erfordernissen gemäß eine optimale Problemlösung für alle im Auge haben. Es gibt also keinen idealen Führungsstil. Vielmehr ist nur ein flexibel der Situation, den Persönlichkeitsstrukturen und der Unternehmenskultur angemessener Führungsstil weiterführend.

Führung kann daher einmal heißen: informieren, auswerten, diagnostizieren, Meinungen erkunden, iniitieren und zusammenfassen; ein andermal: ermutigen, vermitteln, Spannung vermindern, Zusammengehörigkeitsgefühl festigen oder trösten; oder: Spaß, Humor und Begeisterung in die Arbeit bringen oder Grenzen setzen, Regeln bilden, ermahnen und zum Folgeleisten auffordern oder schließlich nur einfach aktiv zuhören, Geduld und Nachsicht zeigen. Problemgerecht angewandt, wird die Leistung (Aiming) in der Konzeptumsetzung die Marketingziele erreichen helfen.

Effiziente und flexible Formen interner Mitarbeiterintegration sind nach Funktionen (z. B. Beschaffung, Vertriebsdienst) oder nach aktuellen Problemstellungen (z. B. Qualitätssteigerung, Lieferfähigkeit, Innovationsförderung) personell besetzte, sich selbst steuernde Gruppen – ob als Quality-Circle, Work-Shops oder Info-Märkte bezeichnet. Damit diese sich allmählich selbst steuern, ist das Einüben von Konfliktfähigkeit statt interner Selbstblockade Voraussetzung für produktivitäts- und zielgerechtes Handeln. Alle Gruppenmitglieder müssen lernen, im Konfliktfall ihre Gefühle, Engpässe, Bedürfnisse wahrzunehmen, zu benennen und akzeptabel auszudrücken. Und die andere Seite muß lernen, die geäußerten Probleme anzunehmen. Somit kann ein Abdriften in trotzige, rebellische oder hilflos angepaßte Ersatzverhalten als sog. destruktive, psycho-soziale »Spiele« verhindert werden. Diese sog. Opfer-, Retter- oder Verfolgerspiele in Unternehmen beeinträchtigen Motivation, Kreativität, Wohlbefinden und Spaß an der Arbeit, wirkungsvolle Kommunikation, das wirtschaftliche Lösen betrieblicher Aufgaben – insgesamt das marktgerechte Funktionieren von Unternehmen.

Integration der Außenwelt heißt vor allem das Einbinden des Kunden in die Wertschöpfungsprozesse, ob bei der Leistungsfestlegung, Leistungserstellung oder Leistungsverwertung.

4 Gewinner ohne Nadelstreifen – Praxisfälle

Christina Meinhardt

4.1 Hella Erler, Erler Fashion GmbH: »Kreativ sein und ackern bis zum Umfallen«

Hella Erler, namhafte Modegestalterin, und Wieland Erler, promovierter Bekleidungstechniker, erfüllten sich 1992 einen alten Traum: ein eigenes Unternehmen. Die Erler Fashion GmbH hat sich inzwischen ihren festen Platz auf dem Modemarkt erkämpft.

Zur Person

Hella Erler · 52 Jahre · Gelernte Damenmaßschneiderin · 1961 Studium an der Ingenieurschule für Bekleidungstechnik, Fachrichtung Modegestaltung, Berlin · 1964 Modegestalterin beim Modehaus Lucie Kaiser in Altenburg · 1970 freiberufliche Modegestalterin im Verband Bildender Künstler · 1975 Chefdesignerin im Salon Plauener Spitze · 1983 Kunstpreis der DDR · 1984 Modegestalterin für verschiedene Betriebe, Vorstellung der Modelle in Galerien und bei Modenschauen · 1992 Geschäftsführende Gesellschafterin der Erler Fashion GmbH · Verheiratet · Ein erwachsener Sohn.

Dr · Wieland Erler · 57 Jahre · 1957 nach dem Abitur Bauhilfsarbeiter · 1958 Studium Betriebswissenschaft an der TU Dresden, Abschluß als Diplom-Ingenieur · 1964 Technischer Leiter im Modehaus Lucie Kaiser in Altenburg · 1974 Lehr- und Forschungstätigkeit an der TH Karl-Marx-Stadt (heute Chemnitz), Bereich Bekleidungstechnik · 1981 Promotion auf dem Gebiet der Bekleidungstechnik · 1987 stellvertretender Generaldirektor für Wissenschaft und Technik im Kombinat Oberbekleidung Lößnitz · 1990 Geschäftsführer der Burgstädter Bekleidung GmbH · 1992 Geschäftsführender Gesellschafter der Erler Fashion GmbH · Verheiratet · Ein erwachsener Sohn.

Zum Unternehmen
Erler Fashion GmbH, Altmittweida · Gegründet 1992 · Entwirft und produziert Damenoberbekleidung im gehobenen Genre · Eingetragenes Warenzeichen: Hella Erler Design · Investitionen: 1 Million Mark · Seit 1994: Betriebsteil in der Slowakei · Umsatz 1992: 400 000 Mark, 1996: 2 Millionen Mark · Beschäftigte 1992: 25, 1996: 20 in Altmittweida, 10 in der Slowakei.

Man muß ein bißchen Atmosphäre geschnuppert haben, um zu ahnen, was hinter dem Erfolg von Erler Fashion steckt. Da genügen Augenblicke: Wenn Hella Erler im betriebseigenen Verkaufsraum temperamentvoll ihre Modelle präsentiert, wenn sie wie ein Wirbelwind durch den Nähraum fegt, mit kritischem Blick den Zuschnitt für ein Modell stoppt, sich ins Auto wirft, um zur Stoffmesse zu rauschen oder von ihrer nächsten Kollektion schwärmt. Und lacht und schimpft und übersprudelt. Neben sich Ehemann Dr. Wieland Erler – wie ein ruhender Fels mitten in der Brandung. Der von seinem winzigen Büro aus die Fäden des Unternehmens führt, Strategien ausbrütet, ökonomische Kennziffern analysiert und sich über offene Zahlungsforderungen erbost. So verschieden sie auf den ersten Blick auch scheinen, so sehr sind sie in Wirklichkeit aufeinander eingespielt. Jeder profitiert vom Können des anderen. »Ohne meinen Mann gäbe es Erler Fashion nicht«, ist die energische Modegestalterin überzeugt. »Ohne meine Frau wäre Erler Fashion ganz unmöglich«, meint der analytische Techniker. Der Erfolg ihres Unternehmens ist ihr gemeinsamer.

Wer sich bei Damenbekleidung im gehobenen Genre auskennt, weiß seit einigen Jahren das Erlenblatt mit dem Schriftzug Hella Erler Design zu schätzen. Mehrteilige, vielfältig kombinierbare Ensembles mit Kleid, Jacke, Hose, Rock, Weste, Shirt aus hochwertigen Materialien wie Seide, Wolle oder Spitze sind die Spezialitäten der Erlers. Ihre Kundinnen machen damit bei besonderen Anlässen Furore und blättern gern an die 600 Mark für ein gutes Stück auf den Ladentisch. Verkauft wird in ganz Deutschland, exportiert nach Westeuropa, Skandinavien, in die arabischen Länder, die USA. Und der Umsatz stieg innerhalb von vier Jahren auf das Fünffache.

Damals jedoch, im Januar 1992, als Hella und Wieland Erler in Altmittweida, einem Dorf mitten in der sächsischen Provinz, drei Bahnstationen von Chemnitz entfernt, ihre Mode-Firma aus der Taufe hoben, schüttelten Insider verständnislos den Kopf. Immerhin steckte die Branche mitten in der Rezession. Von den einst 330 000 Beschäftigten der DDR-Textil- und Bekleidungsindustrie besaß nur noch ein Zehntel einen Arbeitsplatz. Knapp 300 Betriebe im Textilbereich schickte die Treuhand in die Liquidation. Und Sachsen mit einst 70 Prozent dieses Industriezweiges war besonders schwer betroffen. »In dieser Situation eine Firma zu gründen, ist ein halsbrecherisches Wagnis«, gesteht Wieland Erler freimütig ein. Zumal die Erlers, wie alle Ostdeutschen, über kein Kapital verfügten. Daß sie es dennoch machten, hat etwas mit dem Selbstbewußtsein und der Energie des dynamischen Ehepaars zu tun.

Sie stammen beide aus der Textilbranche. Ihre gemeinsame Laufbahn begann vor 30 Jahren beim Modehaus Lucie Kaiser in Altenburg. Sie: Modegestalterin. Er: technischer Direktor. Jahre später ging Hella Erler den schwierigen Weg der freien Designerin, wurde Mitglied im Verband Bildender Künstler und 1975 Chefdesignerin im berühmten Salon Plauener Spitze. Noch heute erinnert sie sich daran, wie damals der Pariser Couturier Pierre Cardin nach einer großen Modenschau in Dresden bemerkte, mit ihren Modellen könne sie auch in Paris antreten. 1983 erhielt sie den Kunstpreis der DDR. Und war ein Jahr danach arbeitslos, ohne Vertrag, ohne Berufsausweis. Vielleicht, weil sie sich nicht unterordnen konnte. Sie, die immer alles umkrempeln will, immer neue Ideen hat. Vielleicht schmeckten jemandem ihre Auslandskontakte nicht. Vielleicht aber hatte sie auch nur Neider. Wer weiß. Hella Erler durchlebte ein Tief und gab dennoch nicht auf. Sie entwarf und nähte und veranstaltete mit ihren Kollektionen eigene Modenschauen, stellte in Kunstgalerien aus, verkaufte hin und wieder Entwürfe an den Burgstädter Bekleidungsbetrieb. Ihr Mann war indessen an die Technische Hochschule in Karl-Marx-Stadt zurückgekehrt, baute dort den Bereich Bekleidungstechnik mit auf und promovierte. 1987 ging er wieder in die Industrie – als Stellvertretender Generaldirektor für Wissenschaft und Technik im Kombinat Oberbekleidung Lößnitz. In den freien Stunden aber träumten beide davon, gemeinsam einen Betrieb zu übernehmen und endlich Mode zu machen, wie es ihnen paßte – ohne zentrale Richtlinien, ohne Bevormundung. 1990 war die Chance plötzlich da. Nach der Wende und dem Ende – kam der Neubeginn.

Ihr Plan, den Burgstädter Bekleidungsbetrieb, wo Wieland Erler 1990 von der Treuhand als Geschäftsführer eingesetzt war, und seine Frau schon fieberhaft die ersten Kollektionen entwarf, als MBO zu übernehmen, scheiterte jedoch. Die Erlers konnten nicht eineinhalb Millionen Mark für den Kauf auf den Tisch legen. Also in den Westen gehen? »Um Himmels willen!« winkt Hella Erler ab, »ich hätte mich in keinem Westbetrieb unterordnen können. Ich mochte mir einfach nicht mehr reinquatschen lassen. Und überhaupt: Wir wollten gemeinsam etwas Neues auf die Beine stellen.« Blieb nur: Gründung eines eigenen Unternehmens.

Dabei stand für den nüchternen Strategen Wieland Erler fest: »Wir können nur bestehen, wenn wir etwas Besonderes, Unverwechselbares anbieten und damit eine Marktnische besetzen.« Das Besondere mußte ein eigenes Design, eine eigene Modemarke sein. Die Nische: exklusive Kollektionen für Anlässe von morgens bis abends. – Eine Herausforderung, auf die Hella Erler nur gewartet hatte.

An der Dorfstraße in Altmittweida, zur Miete in einer früheren Näherei, begann mit 25 Fachkräften das Abenteuer »Erler Fashion«. Für die erste Kollektion wurden Hella Erlers Modelle, die sie im Jahr zuvor für den Burgstädter Bekleidungsbetrieb entworfen hatte, von der Treuhand zurückgekauft. Das kostete zwar zigtausend Mark, hieß jedoch, daß bereits ab 6. Januar 1992, fünf Tage nach Firmengründung, die Nähmaschinen ratterten. Fünf Wochen später präsentierten sich die Newcomer aus Sachsen mit ihrer extravaganten Kollektion aus Seide und Spitze zum ersten Mal auf der größten Weltmesse für Damenoberbekleidung – der Collections Premiere in Düsseldorf. – Und der klitzekleine Messestand war immer überfüllt. Mittendrin wirbelte, impulsiv und burschikos, fröhlich und manchmal ein bißchen verrückt: Designerin Hella Erler. Von wegen, Gestalter könnten ihre eigenen Produkte nicht verkaufen! Den Fachleuten, neugierig auf die »Ost-Exoten« aus Altmittweida, gingen die Augen über. Innerhalb von wenigen Tagen avancierte Erler Fashion zum Geheimtip bei Mode-Enthusiasten. Auf der Münchener Modewoche kurz darauf wiederholte sich das Schauspiel – mit Fernsehauftritten, Presseinterviews und vollen Auftragsbüchern. Der Start war geglückt.

Ihm folgten Saison um Saison neue Kollektionen im markanten Hella Erler Design – mit raffiniert einfachen Schnitten und ausdrucksstarken Linien, aus edlen Materialien, in gut kombinierbaren Ensemblegruppen, die mit wenigen Teilen vielfältige Varianten bieten. Jedes Modell ein Unikat. Mal ist Plauener Spitze – exklusiv für Erler im sächsischen Falkenstein hergestellt – der Renner, mal französische Wolle-Seide-Mischung oder hochwertige englische Wolle. Mal verblüfft Hella Erler mit Verrücktheiten, mal bevorzugt sie schlichte Sachlichkeit. Ab Frühjahr '94 kommt zu den festlichen Modellen auch Tagesbekleidung für die anspruchsvolle berufstätige Frau hinzu. Nach und nach zieht moderne Technik in die Betriebsräume ein: neue Nähmaschinen, Automaten für den Zuschnitt, eine CAD-Anlage für Schnittbildplanung und -konstruktion – Investitionen in Höhe von einer Million Mark, finanziert mit Hilfe eines erkämpften Sparkassenkredits. Nach intensiver Suche und monatelangem Test gehören auch zehn Näherinnen in der Slowakei zu Erler Fashion. Entwicklung, Zuschnitt und Endproduktion mit einem Stamm ausgezeichneter Schneiderinnen aber bleiben in Altmittweida. Seit 1993 ist Hella Erler Design ein geschütztes Warenzeichen – die erste eingetragene ostdeutsche Modemarke. Das kleine Unternehmen hat sich zum kokurrenzfähigen Mode-Anbieter gemausert. Und der firmeneigene Showroom im Düsseldorfer Fashion-Haus ist längst zur gefragten Einkaufsadresse für Einzelhändler geworden. Erstaunlicherweise werden dort die extravaganten, teuren Modelle, die Hella Erler eigentlich mehr für ihren Ruf als Designerin entwirft, jedes Mal am besten verkauft.

Zu Kopf gestiegen ist den Erlers ihr Erfolg jedoch nicht. Davor bewahrt sie der Alltag. Denn was in der Zusammenschau von fünf Jahren so einfach klingt, ist genau betrachtet ein steiniger Weg. Mit 12 bis 13 Stunden Arbeit täglich, angefüllt mit kniffliger Schnittkonstruktion am Computer, Kontrolle beim Zuschneiden, Eingreifen in den komplizierten Nähprozeß, Ärger mit Handelsvertretern, Organisationsstreß bei Modenschauen und Messen. Zwischendurch immer mal wieder die Verzweiflung, nicht zu wissen, wovon Stoffe bezahlt werden sollen, wenn die Kunden längst fällige Rechnungen nicht begleichen. Wie der Teufel hinter der Seele ist Hella Erler hinter jeder Möglichkeit her, Kosten zu sparen. Da muß auch der letzte Zipfel des teuren Materials noch verarbeitet werden, da fährt sie stundenlang mit dem Auto, statt sich bequem ins Flugzeug zu setzen. Das Aufreibendste aber: der selbstverordnete Erfolgsdruck, bei jeder neuen Kollektion dem eigenen Anspruch zu genügen – immer wieder Neues erfinden und gleichzeitig auf Bewährtes aufbauen. »Du mußt es schaffen, du mußt, du mußt«, hämmert es dann im Kopf der ehrgeizigen Designerin, »die Kunden sollen sagen: Was der wieder eingefallen ist!« Wie eine Schwangere fühlt sie sich, bis sie endlich die richtigen Stoffe gefunden hat, bis unter ihren Händen jene Kreationen entstehen, die später als Hella Erler Design im Scheinwerferlicht der großen Shows zu bewundern, auf Laufstegen und in Boutiquen wiederzuerkennen sind.

»Wenn wir im Unternehmen nicht ein so gutes Team wären, würden wir es nicht schaffen«, ist sich Hella Erler sicher. Und sie meint damit außer der Geschäftsführung auch die Frauen in der Produktion, die umsichtige Frau Seidel, ihre rechte Hand im Büro, und Lehrling Antje, die sich erstaunlich schnell einfuchste. Kann schon sein, daß Hella Erler es ihren Mitarbeiterinnen nicht leicht macht mit ihren Forderungen, die sie am eigenen Einsatz und der eigenen Begeisterung mißt. Dabei verlange sie doch nur so viel, wie sie selbst auch leiste, wirft sie erstaunt ein. Das freilich ist immens.

Es kommt nicht von ungefähr, wenn Dr. Wieland Erler, befragt nach dem Erfolgsrezept von Erler Fashion, resümiert: »die eigene Handschrift, die Exklusivität der Modelle, die Auswahl hochwertiger Natur-Stoffe, der hohe Standard der Verarbeitung und die ausgezeichnete Paßform«. Das alles muß erstmal gekonnt sein. Die Kunden erkennen es vorbehaltlos an.

Erfolgsrezept:
Der konsequente Weg zur exklusiven Marke

Hella und Dr. Wieland Erler haben es in kurzer Zeit geschafft, auf dem heiß umkämpften Markt für Damenoberbekleidung eine unverwechselbare Marke zu etablieren. Ihre Kundinnen kaufen nicht einfach einen Rock oder Blazer, sondern Hella Erler Design mit dem Erlenblatt als Markenzeichen.

1. Die Ausgangslage:
Ausgangspunkt sind die eigenen Stärken: das Können der exzellenten Designerin und die Sachkenntnis des erfahrenen Bekleidungstechnikers. Eine Analyse von Kundinnenwünschen sowie des Marktes zeigt zudem, wo noch eine Nische zu besetzen ist: bei hochwertiger Oberbekleidung für die gut verdienende anspruchsvolle Frau, die ihren persönlichen Stil präsentieren möchte.

2. Die Entscheidung:
Die Erlers wollen nicht als Massenhersteller billiger Damenmode auf dem Markt konkurrieren, sondern sich auf exklusive Oberbekleidung in kleinen Stückzahlen konzentrieren. Abnehmer sollen Einzelhändler in guten Lagen sein, die ihren Stammkundinnen mit Sinn für Qualität und Design etwas Besonderes bieten möchten.

3. Das Konzept:
Hella und Wieland Erler kreieren einen Markennamen, der gleichzeitig die Firmenphilosophie repräsentiert: Hella Erler Design. Damit wird der Stil der namhaften Modegestalterin zum Markenzeichen des jungen ostdeutschen Unternehmens. Spezialitäten sind mehrteilige Ensembles mit Blazer, Hose, Weste, Rock für festliche Anlässe sowie den Berufsalltag. Verarbeitet werden nur hochwertige Materialien wie Seide, Wolle oder Spitze. Geringe Stückzahlen garantieren die Exklusivität. Der Preis ist zwar entsprechend hoch, für Haute Couture, wie sie hier geboten wird, aber immer noch ausgesprochen günstig.

4. Die Umsetzung:
Alle Modelle tragen unverkennbar die Design-Handschrift Hella Erlers: raffiniert einfache Schnitte mit ausdrucksstarken Linien und in ausgefallenen Materialkombinationen. Hella Erler entwirft jedes Stück der Kollektionen selbst. Sie sucht auch selbst, mit präzisen Gestaltungsideen im Hinterkopf, die Stoffe bei renommierten Produzenten in ganz Europa aus. Im heimischen Betrieb kontrolliert sie ständig Schnittgestaltung, Zuschnitt und Endfertigung. Eine unmittelbare Teamarbeit von Geschäftsführung und Mitarbeitern gewährleistet die hohe Qualität der Produkte. Gemeinsam mit einer Grafikerin wurde das Label – ein Erlenblatt mit dem Schriftzug Hella-Erler-Design – entworfen und als geschütztes Warenzeichen eingetragen. Es bestimmt seitdem das äußere Erscheinungsbild der Erler Fashion GmbH, von der Visitenkarte und dem Anhänger in jedem Kleidungsstück bis zu den erfolgreichen Messeauftritten und Modenschauen.

4.2 Wolfgang Höpfner, b.a.t.e.s. Baumaschinen-, Transport-, Elektro- und Service-GmbH: »Mitarbeiter zu Mitunternehmern machen«

Der Hauptgeschäftsführer der Berliner b.a.t.e.s. GmbH mußte vom ersten Tag an scharf rechnen, um das Unternehmen ohne Fördermittel aus den Startlöchern zu bringen. Nun erschloß er eine neue Finanzquelle: die Mitarbeiterbeteiligung.

Zur Person

Wolfgang Höpfner · 59 Jahre · Tischlerlehre · Studium an der Ingenieurschule für Holztechnik in Dresden, später Fernstudium zum Diplom-Ingenieur für Maschinenbau an der Technischen Hochschule Magdeburg · 1963 Technischer Direktor und 1. Stellvertretender Direktor der Möbelwerke Wittenberg/Lutherstadt · 1969 Technischer Direktor und 1. Stellvertretender Direktor des Zündholzwerkes Coswig/Anhalt · 1978 Direktor des Holzverarbeitungswerkes Klosterfelde · 1988 Bereichsleiter im VEB Baureparaturen Berlin-Mitte, später Stellv. Direktor · seit 1990 Hauptgeschäftsführer der b.a.t.e.s. GmbH · Mitglied der Überwachungsgemeinschaften Bauresstoffe-Anlagen sowie Baustofftransport in Berlin-Brandenburg · verheiratet, zwei erwachsene Kinder.

Zum Unternehmen

b.a.t.e.s. Baumaschinen-, Transport-, Elektro- und Service-GmbH, Berlin · bietet Abriß, Schutttransport und -entsorgung, Schacht- und Erdarbeiten, Baumaschinenvermietung und -verkauf, Elektroinstallation · 3 Geschäftsführer · am 6.8. 1990 als MBO mit 4 Geschäftsführenden Gesellschaftern gegründet · hervorgegangen aus dem VEB Baureparaturen Berlin-Mitte · am 1.4. 1994 Gründung der b.a.t.e.s. Tischlerei GmbH · am 1.8. 1995 Gründung der b.a.t.e.s. Elektro GmbH · Mitarbeiter: 61 · Umsatz: 1990: 1,9 Millionen Mark, 1996: 10,3 Millionen Mark.

Den akkuraten Igelschnitt verpaßt ihm seine Frau. Genau 12 Millimeter gesteht er jeder Haarstoppel zu. Ordnung muß sein. Auf dem Kopf wie auf dem Schreibtisch. Wehe, dort verrutscht mal ein Papierstapel. Unnützes liegt sowieso nie rum. Das versperrt ihm nur die Übersicht. Höpfner haßt Chaos. Und gilt prompt als pedantisch. Fakt aber ist: Seine Genauigkeit zahlt sich aus. Selbst die erwachsenen Töchter gestehen heute ein, daß es sein Gutes hatte, wenn er sie früher mit Schuheputzen und Zimmeraufräumen traktierte.

Höpfners Arbeitstag beginnt zehn vor sechs. Immer ist er morgens der erste in der Firma. Und zieht von der ersten Minute an sein Programm straff durch, ohne Frühstückspause, ohne Mittagessen. Mitunter bis 18 Uhr. »Das mach ich schon immer so. Reine Gewohnheitssache«, bemerkt er lakonisch. Und geht zur Tagesordnung über: Arbeitsberatung, Posteingang, Rechnungen abzeichnen, Ausschreibungen verfolgen, mit der Bank verhandeln, kurzer Trip auf eine Baustelle, wieder am Schreibtisch, unzählige Telefongespräche. Manchmal rastet der sonst so Korrekte aus – wenn ein Kunde nicht zahlt und ihn dann auch noch erpressen will. Wenn ein Bauschutt-Schwarzentsorger ihm wieder mal das Geschäft vermasselt oder sich Mitarbeiter nach einer Abmahnung in die Schmollecke verkriechen, statt loszuwirbeln.

Schon möglich, daß Wolfgang Höpfner von jeher auch seine Feinde hatte. Diese direkte Art, Probleme zu benennen und den Nagel auf den Kopf zu treffen, liegt nicht jedem. Wer ihn aber – auch im Streit um die Sache – als Partner betrachtet, sein fachliches Können und seine Geradlinigkeit schätzt, kann Häuser auf ihn bauen. Im wahrsten Sinne des Wortes übrigens. Seit August 1990 ist Wolfgang Höpfner Hauptgeschäftsführer der b.a.t.e.s. GmbH in Berlin-Mitte. Deren Angebot: Baumaschinenvermietung, Containerdienst, Abriß, Transport und Entsorgung von Schutt, Tischler- und Elektro-Service. Wie schon oft in seinem Leben wagte Höpfner einen Sprung ins kalte Wasser. Im Wissen darum, daß er ein guter Schwimmer ist und noch immer sein Ziel erreichte. Auch gegen den Strom.

Das war schon damals so, in den 50er Jahren, als der besessene Ruderer als DDR-Olympiakader beim SC Dynamo im Achter saß. In den 60ern – nach dem Studium – baute er den VEB Möbelwerke Wittenberg mit auf, der schließlich zu einem starken Exportbetrieb wurde. Ab 1969 brachte er das Zündholzwerk Coswig/Anhalt wieder aus den roten Zahlen heraus. Und nach der Delegierung zum Holzverarbeitungswerk Klosterfelde machte Höpfner mit seiner Mannschaft aus dem Planschuldner einen

Vorzeigebetrieb. Seine Kräche mit dem Wirtschaftssekretär der SED-Kreisleitung hat Höpfner nicht gezählt. Auch nicht die haarigen Aussprachen in Kombinatsleitung und Ministerium. Seinen Stuhl behielt er trotzdem jedesmal. Der Betrieb mit 1200 Beschäftigten brauchte ihn. Bis 1986, als Betriebsdirektor Höpfner ein weitsichtiges Entwicklungskonzept vorlegte und Investitionen von 40 Millionen Mark, davon 4 Millionen Valuta, für die Rekonstruktion forderte. Das wurde abgelehnt. Einen Rückzieher machen? Nicht mit ihm. Höpfner reichte seine Abberufung ein und hielt ein Jahr lang stur allen Versuchen der »Bekehrung« stand. Noch heute aber, wenn er vom Wochenendgrundstück am Rahmersee in Richtung Klosterfelde radelt, schallt's manchmal über einen Gartenzaun: »Mensch, Chef, wie geht's?«

Damals jedenfalls wechselte der Klosterfelder Chef zum VEB Baureparaturen Berlin-Mitte, wurde Bereichsleiter Ausbau, bald darauf stellvertretender Direktor. Und da erwischte ihn die Wende.

1990 mutierte der 1200-Mann-Betrieb zur A.l.e.x. Bau GmbH. Was aber sollte aus dem großen Bereich Hauptmechanik werden? »Auflösen«, lautete die Entscheidung. Es sei denn, ein Verrückter fände sich, der eine selbständige Firma draus macht. Es fanden sich gleich vier. An ihrer Spitze: Wolfgang Höpfner. Mit 242 000 Mark Stammkapital und 50 Mitarbeitern starteten die vier Gesellschafter ihr MBO. Ein Haken allerdings blieb: Sie durften nur 25 Prozent ihres Betriebes übernehmen. Der Rest verblieb in der Mutterfirma und konnte erst 1993, als A.l.e.x. Bau längst zum westdeutschen Baukonzern HochTief gehörte, nachgekauft werden, dann freilich zum fast doppelten Preis. Fördermittel, ERP-Kredit, EKH fielen damit gerade am Anfang, als für 3 Millionen Mark leistungsfähige LKWs, Bagger und Container gebraucht wurden, auch flach. Vom ersten Tag an kämpfte Höpfner gemeinsam mit den anderen Geschäftsführern um jede Mark. Sie finanzierten die neue Technik über Leasing, Wechselkauf, Darlehen und erst 1994 endlich auch mit Fördergeldern. Heute sagt er: »Wir haben dadurch scharf rechnen gelernt. Also hatte es auch sein Gutes.« Aber ungeheuer schwer war es schon, ein konkurrenzfähiges Unternehmen aufzubauen.

Daß es gelang, ist wohl vor allem dem Einsatz und der Kompetenz des aufeinander eingespielten dreiköpfigen Leitungsteams zu danken. Häuptling Höpfner schwört auf seine beiden Kompagnons: Geschäftsführer Wolfgang Schmidt, zuständig für den technischen Bereich, Abriß, Erdarbeiten, Fuhrpark, und Geschäftsführerin Brigitte Rasp, die Finanzen und Buchhaltung in Regie hat. Sie brauchen sich nichts vorzumachen, um einander zu akzeptieren. Nach sechs gemeinsamen Jahren durch dick und dünn weiß jeder, was der andere wert ist. Auch wenn mal deutliche Worte über den Tisch fliegen – am Ende sind sie sich einig. »Es gab noch keinen Streit, der nicht friedlich geklärt wurde«, resümiert Wolfgang Höpfner, sichtlich zufrieden.

So haben sie schon Aktionen geschafft, die ihnen nicht jeder nachmacht. Zum Beispiel: eine Kapitalquelle besonderer Art zu erschließen. Auf der Suche nach Finanzen wollte der findige Hauptgeschäftsführer schon ganz am Anfang Mitarbeiter als stille Gesellschafter gewinnen, im Hinterkopf die Devise: Lieber geb ich meinen Leuten die Zinsen als der Bank. Die Idee hatte er bei einer Schweizer Firma aufgeschnappt. Allein, die Arbeitnehmer zögerten: »Zu ungewiß, zu unsicher, wer weiß, was draus wird.« Erst im Herbst '94 kam die Sache wieder ins Rollen. Berlins damaliger Finanzsenator Elmar Pieroth offerierte gemeinsam mit der Bürgschaftsbank den mittelständischen Firmen ein Programm zur Unterstützung von Mitarbeiterbeteiligungen. Für 80 Prozent der Einlagen wollte die Bank die Bürgschaften übernehmen. Für die b.a.t.e.s. GmbH kam das Angebot genau zum richtigen Zeitpunkt. Demnächst mußte sie ihr Betriebsgelände räumen, ein Grundstück kaufen, neue Gebäude errichten. Wie immer fehlte Geld. Nur Tage nach Pieroths Ankündigung bewarb sich b.a.t.e.s. als eine der ersten Firmen. Und avancierte zum Berliner Pilotprojekt. Was zunächst allerdings wieder nur Arbeit bedeutete: Mitarbeiter gewinnen, Verträge austüfteln, Durchführungsbestimmungen erfinden, Berater konsultieren, Unterlagen einreichen ...

Im Frühjahr 1995 war es durchgestanden. Für 80 Prozent der 313 000 Mark Mitarbeitereinlagen übernahm die Bürgschaftsbank zu Berlin-Brandenburg die Bürgschaft. Elf b.a.t.e.s.-Mitarbeiter und drei auswärtige Arbeitnehmer erklärten sich zur Beteiligung als stille Gesellschafter bereit. Vereinbart wurde, daß die Mitarbeiter für ihre Einlagen auf alle Fälle – ohne Rücksicht auf das Jahresergebnis der Firma – 7 Prozent Festzins erhalten,

- die betreffenden Mitarbeiter am Jahresergebnis mit maximal 5 Prozent ihrer Einlage beteiligt sind und somit bis zu 12 Prozent ihrer Einlage jährlich erhalten können,
- die Mitarbeiter nicht am Verlust der Firma beteiligt sind,
- die Gewinnbeteiligung von Sachverständigen kontrolliert wird,
- beim Tod eines Mitarbeiters die Beteiligung auf die Erben übergeht,
- die Firma die Beteiligung frühestens zum 31. Dezember 2000 kündigen darf, die Mitarbeiter mit halbjährlichen Kündigungsfristen,
- die Beteiligung durch eine Partnerverfassung geregelt wird und über Treuhänder erfolgt.

Jetzt, gut eineinhalb Jahre danach, zeigt sich, daß mit der Mitarbeiterbeteiligung nicht nur die Kapitaldecke dichter wurde. Auch das Engagement der Arbeitnehmer stieg. Betrachten doch viele inzwischen die Firma als »ihr« Unternehmen. Selbst die Einsicht, mal ein paar Wochen auf den fälligen Monatslohn warten zu müssen, fällt dann leichter. Und schwierige Situationen werden gemeinsam durchgestanden. Wenn zum Beispiel Auftraggeber nicht zahlen, was durchaus keine Seltenheit ist. Im vergangenen Jahr gingen der Firma durch Konkurse immerhin 200 000 Mark verloren. Inzwischen haben die b.a.t.e.s.-Geschäftsführer ein innerbetriebliches Organisationssystem ausgetüftelt, das die Risiken einschränkt: Vorkasse, Zwischenrechnungen, Hermes-Versicherung. Wenn die Buchhaltung offene Forderungen registriert, wird die Arbeit eingestellt. Anschließend geht der Rechtsanwalt in die Spur. Trotzdem bleibt es ein schmaler Grad für die drei Geschäftsführer, jedesmal richtig abzuwägen, wie weit Vertrauen gegenüber Kunden gehen darf, ab wann es zum Risiko wird.

Immerhin sind auch die Aufträge nicht mehr so dicht gesät. »Der Markt ist enger geworden«, meint Höpfner und zieht die breite Stirn über der Goldrandbrille in Falten. Zwar hat b.a.t.e.s. genügend zu tun, die Erträge aber schrumpfen. Billiganbieter, die Bauschutt auf krummen Touren entsorgen und die Preise drükken, verderben das Geschäft. Um das Verantwortungsbewußtsein in der Branche zu stärken, initiierte Wolfgang Höpfner – gemeinsam mit anderen Transportunternehmern – schon vor einigen

Jahren in Berlin-Brandenburg den Aufbau von Überwachungsgemeinschaften. Inzwischen haben deren Mitglieder Zertifizierungen für kontrollierten Transport und vorschriftsgemäße Entsorgung durchgesetzt. Jedes halbe Jahr wird überprüft: input, output, Sortieranlage, Fahrzeuge, Buchführung... Längst glänzen auf den b.a.t.e.s.-Geschäftsbriefen zwei Gütesiegel – Belege für Qualitätsarbeit. Wieder ein Schritt, um festen Boden unter die Füße zu bekommen. »Wir brauchen noch ein, zwei Jahre, um ein Liquiditätspolster zu schaffen«, rechnet Höpfner. 1997 laufen die Rückzahlungen von Darlehen und Leasingraten aus, wenig später die Raten für den EKH-Kredit. 1998 will er schuldenfrei sein. Aber einfacher wird's wohl auch danach nicht werden.

Manchmal bekommt er Hummeln hinter seinem Schreibtisch. Da rastet er aus über den Akten, Vorlagen, Zahlenreihen. Und flieht auf eine der Baustellen. Wenn er dann die blauen b.a.t.e.s.-Container sichtet, einem der großen MAN- oder Volvo-Züge begegnet, mit seinen Leuten ein paar Worte wechselt, ist er wieder sicher, daß sein Unternehmen aus der Berlin-Brandenburger Baubranche nicht mehr wegzudenken ist.

Erfolgsrezept:
Kapitalzuwachs durch Mitarbeiterbeteiligung

Als erstes Unternehmen in Berlin und Pilotprojekt des Berliner Senats verwirklichte die b.a.t.e.s. GmbH eine von der Bürgschaftsbank abgesicherte Mitarbeiterbeteiligung. In einem Vertrag zwischen Firma und Mitarbeitern sowie einer Partnerverfassung sind die Bedingungen festgeschrieben.

Aus der Partnerverfassung vom 10. Mai 1995:

1. Die Firma b.a.t.e.s. bietet ihren Mitarbeitern und anderen Arbeitnehmern die Möglichkeit, sich insgesamt mit 313 000 Mark als stille Gesellschafter an der Firma zu beteiligen.
2. Mitarbeiter, die über eine mindestens 12monatige Betriebszugehörigkeit verfügen, haben ein Recht auf eine Beteiligung.
   Sofern die Nachfrage den vorgesehenen Rahmen unterschreitet, können andere Arbeitnehmer, vorrangig aus den neuen Bundesländern, aufgenommen werden.
3. Geschäftsführer und Gesellschafter der b.a.t.e.s. GmbH können sich weder direkt noch indirekt als stille Gesellschafter beteiligen.
4. Die Beteiligung erfolgt durch Einschaltung von Treuhändern, da die Bürgschaftsbank als Partner nicht mit jedem einzelnen Beteiligten direkt kommunizieren kann.
5. Zwei Treuhänder, die nur gemeinsam über das Bankkonto der Beteiligten verfügen können, nehmen die Interessen der stillen Gesellschafter wahr. Einen Treuhänder, der nicht Geschäftsführer oder Gesellschafter der Firma oder einer Tochtergesell-

schaft sein darf, bestimmt die Firma. Den zweiten Treuhänder bestimmen die stillen Gesellschafter mehrheitlich.

6. Die beiden Treuhänder müssen stets einstimmig Entscheidungen treffen. Ansonsten wird ein Sachkundiger, den die IHK benennt, hinzugezogen.
7. Die Aufgaben und Rechte der Treuhänder sind:
   - Einrichtung eines Bankkontos, auf welches die stillen Gesellschafter ihre Einlagen leisten,
   - Prüfung, ob die Ausfallbürgschaft der Bürgschaftsbank zu Berlin-Brandenburg rechtswirksam vorliegt,
   - Auszahlung der stillen Beteiligungen bis zu der von der Bürgschaftsbank bewilligten Höchstsumme an die Gesellschaft,
   - Überwachung und Kontrolle der Gewinnermittlung,
   - Entgegennahme der Gewinnausschüttungen auf das von ihnen gemeinsam verwaltete Bankkonto und Verteilung der Gewinnausschüttung an die stillen Beteiligten,
   - Entgegennahme und Weiterleitung von Kündigungen und Beteiligungsanträgen,
   - Einsichtnahme und Prüfung der Geschäftsunterlagen der Firma b.a.t.e.s.,
   - Berichterstattung an die stillen Gesellschafter, ob im Rahmen der auf sie entfallenden Gewinne ordnungsgemäß abgerechnet wurde,
   - Vornahme aller erforderlichen Handlungen für die stillen Gesellschafter, um die Auflagen der Bürgschaftsbank zu gewährleisten.
8. Die stillen Gesellschafter bzw. die Firma können jederzeit die Treuhänder abberufen und neue wählen bzw. benennen.

4.3 Heinz W. Pfeifer, Glashütter Uhren Betrieb GmbH: »Ich verkaufe keine Uhr, sondern Lebensgefühl«

Im idyllischen Möglitztal am Fuß des Erzgebirges erlebt die mechanische Luxus-Uhr ihre Renaissance. Heinz W. Pfeifer bringt die Kunst der alten Glashütter Meister zu neuem Glanz.

Zur Person

Heinz W. Pfeifer · Jahrgang 1948 · kommt aus Nürnberg · Berufsausbildung als Fernmeldetechniker · Studium der Betriebswirtschaft und Elektrotechnik · ab 1984 Geschäftsführender Gesellschafter einer Handelsfirma und 1986 auch einer Produktionsfirma für medizinische Geräte · 1987 Chef einer Unternehmensberatung · 1994 Hauptgesellschafter und Geschäftsführer der Glashütter Uhrenbetrieb GmbH · verheiratet · 2 erwachsene Kinder.

Zum Unternehmen
1990: Umwandlung des VEB Glashütter Uhrenbetriebe (GUB) in Glashütter Uhrenbetrieb GmbH · von der Treuhandanstalt verwaltet · 1. November 1994: Kauf durch Heinz W. Pfeifer und Alfred Wallner · Beschäftigte 1989: 2000; 1994: 72; Ende 1996: 80 · Umsatz 1994: knapp 10 Millionen Mark; 1995: 16,2 Millionen Mark; 1996: 24 Millionen Mark (jeweils berechnet nach den Publikumspreisen).

»Was versteht die Welt unter Made in Germany?« – Uhrenfreak Heinz Pfeifer schiebt einen bedeutungsvollen, langen Blick über die Ränder seiner Lesebrille. Schließlich: »Mercedes Benz«. Das sitzt. Erst mal provozieren. Alles andere später. Was um Himmels willen haben Glashütter Uhren mit Mercedes Benz zu tun? »Wenn wir auf dem Uhrenmarkt – und das ist ein Weltmarkt – bestehen wollen, müssen wir sein wie Mercedes Benz: sehr sachlich und bewußt nicht filigran, schlicht, aber trotzdem elegant, und das Wichtigste: absolute Funktionalität beweisen.« Teutonisch, kantig, zuverlässig müsse sie sein – die deutsche Uhr. Das ist kein locker hingeworfener markiger Spruch, sondern Ergebnis messerscharfer Analysen. Und zugleich: Programm. Heinz W. Pfeifer ist angetreten, den traditionsreichen deutschen Uhrenbau wieder zu beleben, gegen die Schweizer Konkurrenz. Seit gut zwei Jahren sitzt der bodenständige Franke aus Nürnberg im sächsischen Glashütte, rund 30 Kilometer südlich von Dresden, am Fuße des Osterzgebirges.

Seit rund 150 Jahren werden hier Uhren hergestellt. Damals, als sich die Erzadern des Gebirges, denen die Bergleute einst Silber, Kupfer, Zinn und Eisen abtrotzten, ihrem Ende zugeneigt hatten, Not und Armut herrschten, reiste Hofuhrmacher Ferdinand Adolph Lange aus Dresden nach Glashütte, um den Menschen Hilfe zu bringen und das soziale Gewissen des Königs etwas zu erleichtern. Mit Geld aus dem Staatssäckel gründete er 1845 in Glashütte seine Manufaktur zur Konstruktion und Herstellung von Taschenuhren. Schnell etablierten sich weitere Firmen. Und so wurde die Glashütter Uhr, egal, ob von Lange, Assmann, Union oder Strasser & Rohde, bald zum weltweiten Begriff höchster Uhrmacherkunst.

1989 war vom Glanz des deutschen Uhrenbaus in Glashütte nicht mehr viel übriggeblieben. Der VEB Glashütter Uhrenbetriebe (GUB), zu dem die noch bestehenden Uhrenfirmen Anfang der 50er Jahre zusammengeschlossen wurden, hatte auf Massenproduktion gesetzt. Mechanische Uhren aus Glashütte verkaufte der Versandhauskonzern Quelle serienweise unter dem Namen »Meisteranker«. Und der DDR brachte es begehrte Devisen ein. Würde nun, nach der Wende, da die ostdeutschen Betriebe zur Privatisierung anstanden, für die rund 2000 GUB-Beschäftigten ein Neuanfang beginnen? Heute, sechs Jahre nach der deutschen Einheit, haben wohl die meisten von ihnen mit der Uhrenindustrie gründlich abgeschlossen.

Am VEB-Nachfolger, der Glashütter Uhrenbetrieb GmbH, ging das Glück lange Zeit vorbei. Von Jahr zu Jahr mußte die Treuhand in Berlin neu entscheiden, ob sie dem stark geschrumpften Unternehmen noch einmal Zeit – und Geld – geben könne. So wurde denn Anfang 1993 der geplante Einstieg des französischen Uhrengiganten France Ebauches, der auf Massenproduktion setzte, gebührend gefeiert. Bis er ein halbes Jahr später zum Rückzug blies und in Glashütte nicht mehr gesehen ward. Zurück blieben Wut und Verzweiflung. Der in dieser fatalen Situation von der Treuhand nach Glashütte geschickte Berater Rudolf Blum, ein Manager mit Erfahrung in der westdeutschen feinmechanischen Industrie, fuhr eine neue Linie. Er beschwor die feinmechanische Kunstfertigkeit made in Sachsen. Schließlich, meinte er, seien die Glashütter außer den Schweizern die einzigen in Europa, die mechanische Uhrwerke komplett fertigen können. Und als Ende '93 die erste neue Kollektion mechanischer Automatikuhren unter dem Namen »Glashütte original« über die Tische der Händler ging, war wieder Hoffnung angesagt. Bei der Treuhand in Berlin standen indessen 38 Kaufinteressenten für die GUB auf der Matte. Einer von ihnen: Heinz W. Pfeifer aus Nürnberg.

Treuhandberater Blum hatte ihm einen Wink gegeben: Glashütte wäre was für dich. Für Heinz Pfeifer jedoch, obwohl seit 20 Jahren leidenschaftlicher Sammler mechanischer Uhren, war das Thema aus der Welt. Was sollte er in Glashütte? Der gelernte Fernmeldetechniker hatte seine berufliche Laufbahn bei Siemens begonnen. Nach dem Abschluß eines Elektrotechnik-Studiums schickte ihn das Unternehmen für sechs Jahre ins Ausland. Bis der umtriebige Diplom-Ingenieur auf abenteuerliche Weise zu einer eigenen Firma kam: Ein Headhunter schwatzte ihm einen Jahresvertrag als Geschäftsführer einer Firma auf, die mit medizinischen Geräten handelte und kurz vor der Pleite stand. Nach einem Jahr unter Pfeifer als Chef schrieb sie wieder schwarze Zahlen und wurde von ihm gekauft. Später stieg der Händler mit 60 Prozent bei einem Schweizer Produktionsbetrieb von Röntgenapparaten ein. Das war seine zweite Firma. Und weil alles so gut lief, gründete er schließlich auch noch eine Unternehmensberatung. Das reiche, fand Heinz Pfeifer, und wollte endlich mal ein bißchen Ruhe haben. Bis ihm schwante, daß Ruhe überhaupt nicht sein Ding ist. Die Glashütter Uhren spukten ihm durch den Kopf.

Wie wär's, wenn er gemeinsam mit einem seiner besten Freunde ins Boot stiege: Alfred Wallner, einer der fünf renommiertesten deutschen Uhrenfachhändler, der Durchblick in der Branche besitzt und weiß, was man verkaufen kann? Im Frühjahr '94 schauten sie sich den Laden erst mal an: das große, für 1200 Mitarbeiter konzipierte und erst 1989 fertiggestellte Gebäude mit seinen 6000 Quadratmetern Produktionsfläche, der vorhandene moderne Maschinenpark und das handwerkliche Können der noch verbliebenen Uhrenwerker. Das Unternehmerduo Pfeifer – Wallner fing Feuer. Wenig später legten sie der Treuhand ein 86seitiges Zukunftspapier für den traditionsreichen Glashütter Uhrenbetrieb vor. Sie wollten in Glashütte wieder deutsche Luxus-Uhren bauen und damit den millionenschweren Weltmarkt erobern. Im Oktober '94 – »nach endloser Verzögerung durch die Treuhand«, wie Pfeifer findet – wurde der Vertrag unterzeichnet. Und ab 1. November '94 sind sie beide Besitzer der Glashütter Uhrenbetrieb GmbH, samt Altschulden, Arbeitsplatzgarantie und überkommenem Produktionsprofil, aber auch der alten Glashütter Markennamen, die Gold wert sind, wenn man sie zu nutzen weiß.

Seitdem genießt Geschäftsführer Heinz Pfeifer nur noch an den Wochenenden das gute Essen, das seine Frau zu Hause in Nürnberg kocht. An den Tagen dazwischen wirbelt er wie ein Besessener mit der ihm eigenen Energie in Glashütte, als einziger Westimport inmitten einer alteingesessenen ostdeutschen

Mannschaft. Einige Spezialisten holte er sogar aus dem treuhänderisch verordneten Vorruhestand zurück.

»Da ist ein Verrückter aus dem Westen gekommen, der macht Halligalli«, hieß es Ende 1994 im Ort. Nach und nach jedoch stellte sich heraus: ganz so verrückt ist Pfeifer nun auch wieder nicht. Nur seine PR-Methoden sind manchmal ungewöhnlich: Wenn er Politiker als Mittelstandsignoranten beschimpft, einem arroganten FAZ-Reporter ein Lehrstück deutsch-ost verpaßt oder Blümlein attackiert, den Nürnberger Geschäftsführer der deutsch-schweizerischen Konkurrenz von nebenan, der Lange Uhren GmbH, die 1990 von Walter Lange, Urenkel des legendären Vaters der Glashütter Uhren, im Verein mit dem Schweizer Uhrenkonzern International Watch Company (IWC) neugegründet wurde, und nun in der Tradition des alten Lange ebenfalls mechanische Uhren herstellt.

»Wenn einen keiner kennt, muß man erst mal auf den Busch hauen«, erklärt Geschäftsführer Pfeifer sein ausgefallenes Vorgehen. Heute kann von Nicht-Kennen keine Rede mehr sein. Das liegt in erster Linie an den Produkten, die er mit enormem Werbeaufwand den Uhrenfreaks der Welt präsentierte. Nachdem der clevere Stratege zunächst für eine Million Mark alle noch in Umlauf befindlichen GUB-Uhren von den Händlern zurückgekauft und somit den Markt bereinigt hatte, präsentierte er im Februar 1995 auf der deutschen Uhren- und Schmuckmesse »Inhorgenta« in München »Glashütte Original« in neuem Licht: edle Klassik bei Gehäuse und Zifferblatt, selbstentwickeltes und selbstgebautes mechanisches Werk, zwischen 1950 Mark für Edelstahlmodelle und 24 750 Mark für Modelle aus Gold mit Goldarmband. Pfeifer reiste mit vollen Auftragsbüchern wieder ab und wußte, daß er sich auf dem richtigen Weg befand.

Seitdem überrascht eine GUB-Neuheit nach der anderen den anspruchsvollen Uhrenmarkt. Nach der eleganten Klassik-Linie kamen die Sportuhren – massig, kantig, robust. Besondere Furore machten drei Fliegeruhren-Modelle in Edelstahl und Gold, mit markanten schwarzen Zifferblättern. Einen besonderen Leckerbissen für Uhrenliebhaber dachte sich Heinz Pfeifer zum 150. Jubiläum der Glashütter Uhren im Herbst 1995 aus. Als exklusive Hommage an einen der berühmten alten Meister entstand die »Julius Assmann Drehganguhr« in streng limitierter Auflage von

25 Stück. Neben der präzisen Zeitanzeige verfügt sie über eine mechanische Spezialität – einen ewigen Kalender, der Datum, Wochentag, Monat, Jahr und Mondphase anzeigt. Kostenpunkt des Glanzstücks in 18karätigem Rosé-Gold: 69 000 Mark. Die nächste Delikatesse, auch nur für 25 glückliche Käufer weltweit: die »Julius Assmann« mit fliegendem Tourbillon nach dem Glashütter Meister Alfred Helwig und ewigem Kalender, für jeweils 290 000 Mark. Vorgestellt genau ein Jahr nach der Betriebsübernahme durch Heinz W. Pfeifer. Mit diesen Sondermodellen kreierte er seine neueste Uhrenlinie. Sie heißt »1845«, bildet den gehobenen Top-Bereich der Produktion und soll die Schweizer Konkurrenz zum Erblassen bringen. Ideen über Ideen dafür stekken in der Schublade des findigen Geschäftsführers. Die neuen Modelle werden noch manch einen der alten Glashütter Meister ins neuzeitliche Licht rücken. Und jede Uhr, da ist sich Heinz Pfeifer sicher, verspricht einen Bombenerfolg.

Woher nimmt er diese Gewißheit, diese verblüffende Sicherheit bei jedem neuen Schritt? In einer Branche, die gegen die Konkurrenz aus Fernost kämpft und seit Jahren Verluste einfährt? Noch dazu in Ostdeutschland, wo den Uhrenbetrieben längst das Aus prophezeit wurde?

»Erfolg ist mathematisch planbar«, gibt Heinz Pfeifer locker eines seiner Geheimnisse preis. Rational, kühl, gnadenlos die Lage analysieren und anschließend mit eiserner Logik einen Plan ausbrüten – so geht er seit eh und jeh schwierige Situationen an. So ist es auch bei seinem jüngsten Lieblingskind, den Glashütter Uhren. Erst mal zu einem Entschluß durchgerungen, verschreibt er sich mit Haut und Haar seinem Projekt und motiviert seine Mitarbeiter durch Vorleben zu Höchstleistungen. Mitunter gehen die Emotionen mit ihm durch. Dann ist Pfeifer »Adrenalin pur«, wie es Blümlein von der Lange-Konkurrenz ausdrückt. Aber auch charmanter PR-Stratege mit Charisma: Ob nun bei der europäischen Damenprofi-Golftour, wo er als Hauptsponsor seine Damenuhr »Lady Sport« präsentiert, beim Plaudern mit Ornella Muti, die sich einen Glashütte Original Fliegerchronographen wünschte, oder auf der festlichen Glashütte Original Uhrengala in Wien, während der er dem spanischen Startenor José Carreras, einem Uhrenliebhaber par excellence, den bestellten wertvollen Jubiläumschronographen überreicht. – Heinz Pfeifer präsentiert nonchalant den erfolgreichen Unternehmer aus Sachsen.

Allerdings: »Nur Blöde haben keine Selbstzweifel«, bemerkt er auf seine drastische Art. Nachts liegt er manchmal mit Magenschmerzen im Bett. »Wenn ich die Kiste in den Sand setze, bin ich erledigt«, glaubt der langjährige Geschäftsmann zu wissen. Es zerrt an den Nerven, daß er erstmalig seit 15 Jahren wieder mit Schulden leben muß wie ein Jungunternehmer. Denn Investitionen von 10 Millionen Mark sollen zu den bisherigen 2,9 Millionen hinzukommen. Und noch arbeitet die Firma mit Defizit. Bis Ende '97 will Heinz Pfeifer es geschafft haben, kostendeckend zu wirtschaften. Dann erst ist er überm Berg.

Im Foyer der Geschäftsführung stehen neben den Glasvitrinen mit sämtlichen Glashütte-Original-Kunstwerken – für Mitarbeiter wie Besucher gut sichtbar – zwei metergroße, dicke Holzpfähle und ein gewaltiger Hammer. Was heißen soll: »Wir schlagen Pflöcke ein.« – Pfeifers Motto in Glashütte, im Osten Deutschlands. Irgendwie glaubt man, daß er es schafft.

Erfolgsrezept:
Glashütter Tradition als Chance für einen erfolgreichen Neubeginn nutzen

Mit seinem Einstieg in die Glashütter Uhrenbetrieb GmbH entschied sich Geschäftsführer Heinz W. Pfeifer, die Glashütter Tradition wieder aufleben zu lassen – die Konstruktion und Fertigung kunstvoller mechanischer Uhrwerke. Er baut dabei auf eine 150jährige Geschichte.

1845
gründete Ferdinand Adolph Lange (1815–1875), Hofuhrmacher zu Dresden, mit Hilfe eines Staatsdarlehens die erste Glashütter Uhrenfirma – das war der Beginn der »Sächsischen Taschenuhrindustrie«.

1852
siedelte sich der hochkarätige Uhrmacher Julius Assmann in Glashütte an und gründete seine Firma.

1876
entstand eine weitere Uhrenfirma: Strasser & Rohde, die verschiedene Meßgeräte, astronomische Pendeluhren und Sekundenpendeluhren herstellte.

1878
eröffnete Moritz Großmann, einstiger Teilhaber der Lange-Manufaktur, die Deutsche Uhrmacherschule in Glashütte und bildete von da an Uhrmacher-Nachwuchs aus. Glashütte wurde zum deutschen Uhrenmekka.

1890
verließ Ernst Kasiske, Regleur bei Lange, dessen Unternehmen und gründete eine eigene Uhrenfirma, die er 1904 in die Aktiengesellschaft Präzisions-Uhrenfabrik einbrachte. 1918 wurde aus diesem Unternehmen die Deutsche Präzisions-Uhren-Fabrik Glashütte.

1893
entstand die Uhrenfabrik Union der Gebr. Dürrstein.

1896
begann die Firma Robert Mühle & Söhne mit der Produktion von Meßgeräten und feinmechanischen Geräten.

1906
gründete der Kaufmann Guido Müller die Uhrenfirma Nomos. Verkauft wurden allerdings Uhren, die komplett in der Schweiz gefertigt waren.

1925
fielen viele Glashütter Uhrenunternehmen der Weltwirtschaftskrise zum Opfer.

1926
entstanden aus der Konkursmasse der Deutschen Präzisions-Uhren-Fabrik Glashütte die Uhren-Rohwerke-Fabrik-Glashütte (UROFA) und die Uhren-Fabrik AG (UFAG). Die Produktion wurde auf Armbanduhren umgestellt.

1945
war die Glashütter Uhrenindustrie unter schwierigsten Nachkriegsbedingungen zu einem Neuanfang gezwungen.

1951
wurden die Glashütter Uhrenfirmen UROFA, UFAG, S. A. Lange & Söhne u. a. zum VEB Glashütter Uhrenbetriebe GUB zusammengeschlossen. Er produzierte Mechanik- und Quarzuhren, in den 70er/80er Jahren große Mengen an Billiguhren für den Export.

1990
spaltete sich der Betrieb mit zuletzt rund 2500 Mitarbeitern in einzelne produktbezogene Unternehmen auf. Der Armbanduhrenbereich wurde zur Glashütter Uhrenbetrieb GmbH und ist nach Entscheid des Bundesverfassungsgerichtes von 1991 Rechtsnachfolger aller früher eigenständigen Glashütter Uhrenunternehmen.

4.4 Dr. Anita Plantikow, NORDUM Institut für Umwelt und Analytik GmbH: »Selbstbewußt auf das eigene Können bauen«

Sie hätte sich nicht ins Ungewisse stürzen müssen. Ihre Arbeit am Rostocker Hygiene-Institut wurde geschätzt. Dennoch wagte sie den Sprung in die Selbständigkeit. Anita Plantikow braucht das permanente Experiment.

Zur Person
Dr. Anita Plantikow · 42 Jahre · Diplom-Chemikerin · nach dem Studium Aspirantin und wissenschaftliche Assistentin an der Universität Rostock · Promotion zum Dr. rer. nat. · ab 1984 am Hygiene-Institut Rostock · 1990 Geschäftsführende Gesellschafterin von NORDUM · Vorstandsmitglied im Unternehmerinnenverband und stellvertretende Vorstandsvorsitzende der Innovationsagentur Mecklenburg-Vorpommern · geschieden · ein Sohn.

Das Unternehmen
NORDUM Institut für Umwelt und Analytik GmbH · in Kessin/ Rostock · bietet Umwelt- und Schadstoffanalytik · Umweltmanangement · Umweltberatung · Umweltforschung und -weiterbildung · 1990 gegründet · 3 Geschäftsführende Gesellschafter · Mitarbeiter: 1990: 4; 1996: 30; Umsatz 1996: 2,6 Millionen Mark.

Ob die promovierte Chemikerin aus Rostock heute noch mal den Mut aufbrächte, aus dem Stand heraus ein Unternehmen mit zu gründen? Jetzt, wo ihr klar ist, was alles dazu gehört? Wer weiß. Damals, Anfang '90, hatte sie ihn. Verbunden mit einem Schuß Naivität und Abenteuerlust. Etwas auf die Beine stellen, was in der DDR nie möglich gewesen wäre, ausprobieren, was in ihr steckt – das wollte sie unbedingt. Angekommen im bundesdeutschen Alltag, betrachtet sie die euphorische Zeit des Aufbruchs mit kritischer Distanz. Über eins aber ist sie froh: »Ich werde nie sagen müssen: Ach, hätte ich doch ...« Sie hat.

Zu viert gründeten sie die Nordum Umwelt und Analytik GmbH. Drei gemietete Räume im Technologiezentrum Warnemünde, umgebaut zu Labors für Schadstoffanalysen – so sah der Anfang im November 1990 aus. Inzwischen ist Nordum ein über Mecklenburg-Vorpommern hinaus bekanntes Institut für Umwelt und Analytik, das neben Schadstoffanalysen, Umweltgutachten und -beratung nun auch Forschung und Umweltmanagement anbietet. Mit neuem, eigenem Gebäude im Gewerbepark Kessin bei Rostock, 30 Mitarbeitern, großräumigen Labors mit leistungsfähigen Geräten. Und einem eingespielten Team von drei Geschäftsführern. Einer heißt Dr. Anita Plantikow.

»Frau Doktor Plantikow ist hier die Chefin«, stellt Prof. Dr. Jupp Kreutzmann ohne Umschweife klar. Und wischt ihren freundlichen Protest mit einer Handbewegung weg: »Sie hatte von Anfang an die Zügel in der Hand. Ohne sie hätten wir einpacken können.« Dabei stammt die Idee der Firmengründung von ihm. Schon zu DDR-Zeiten träumte der engagierte Lehrstuhlinhaber für ökologische Chemie an der Rostocker Universität von einem eigenen Institut: endlich in großen Labors mit modernen Meßgeräten arbeiten, heraus aus den engen Kellerräumen der Uni und eigene Vorstellungen verwirklichen. Die Wende kam ihm gerade recht. Er brauchte nur noch begeisterte Mitstreiter. Daß er Anita Plantikow fand, nennt er heute einen Glücksfall.

Die couragierte junge Frau saß damals im Hygiene-Institut, Rostock. Sie untersuchte im Zentrallabor Spuren von Fremd- und Schadstoffen in Lebensmitteln und im Wasser, arbeitete an der Einführung neuer Analyseverfahren, bestimmte die Zulassung tierischer Arzneimittel mit. Sie hätte auch nach dem Ende der DDR bleiben und ganz in Ruhe Beamtin werden können. Wenn nicht die Verlockung gesiegt hätte, aus eigener Kraft ein eigenes Unternehmen aufzuziehen. Obwohl Anita Plantikow ahnte, daß der Einsatz groß sein würde.

»Wenn ich etwas anfange, muß es gut werden. Da bin ich ehrgeizig. Mittelmaß reicht mir nicht«, sagt die Chemikerin. Und sich durchzusetzen, hat sie von klein auf gelernt. In Nienhagen bei Stralsund, wo sie mit drei Brüdern aufwuchs, die Eltern im Stall und auf den Feldern der LPG arbeiteten, brillierte sie vom ersten Schuljahr an in Mathematik. Später kamen Physik und Chemie hinzu. Nach dem Studium blieb die Diplom-Chemikerin an der Universität in Rostock und promovierte. Dann der Sprung ans Hygiene-Institut, in die Praxis: Anita Plantikow wurde gefragte Spezialistin für Spurenanalytik.

Genau die suchte Professor Kreutzmann 1990 für den Aufbau seines unabhängigen, privaten Instituts. Und während er am wissenschaftlichen Konzept des Unternehmens arbeitete, stand sie in den ersten Monaten an den Analysegeräten, untersuchte Boden- und Wasserproben, akquirierte Aufträge und war ihre eigene Sekretärin. »Nebenbei« erkundete sie, wie man ein Unternehmen denn eigentlich managt. »Ich marschierte kurzentschlossen los – zu zwei westdeutschen Unternehmern, die Umweltanalytiklabors leiteten, wie unseres eins werden sollte«, erinnert sie sich. Welcher Materialverbrauch ist normal? Welche Preise muß ich verlangen? Wie tragfähig ist das Unternehmenskonzept? Sie lernte in wenigen Wochen, wozu Westdeutsche Jahre Zeit hatten. Der Ehrgeiz trieb. Nach drei Monaten konnte sich Nordum die Einstellung neuer Mitarbeiter leisten. Und die aufregende Zeit des schnellen Wachstums begann, in der Anita Plantikow zur »Chefin« wurde. Sie suchte fähige Leute für die ständig zunehmenden Aufgaben im Labor, arbeitete sie ein, motivierte sie – nicht zuletzt durch ihr Beispiel – zu maximalem Einsatz. Mit Geräteherstellern verhandelte die Jungunternehmerin über die optimale Ausstattung ihrer Labors, und potentiellen Kunden bot sie fachkundig die Leistungen der Firma an.

Als 1993 die Arbeiten am 3-Millionen-Projekt des Neubaus begannen, stiefelte sie jede Woche auf die Baustelle und wurde respektierte Partnerin der Baufirmen: freundlich, aber konsequent, mit dem notwendigen Durchsetzungsvermögen. Wenn's nicht nach ihren Vorstellungen lief, konnte sie rigoros werden. Ein Jahr später ging die Einweihungsfeier, mit 150 Gästen, über die Bühne. Für Dr. Anita Plantikow die Erfüllung eines Traumes.

Seit April 1994 gilt Nordum nun als selbständiges, unabhängiges wissenschaftliches Institut, das neben Umwelt-Beratung, Umwelt-Gutachten und -Genehmigungsverfahren auch durch seine Forschungsprojekte Aufmerksamkeit weckt. Und die im November 1995 gegründete Nordum-Akademie, eine GbR, ist bei Unternehmen und Behörden vielgefragtes Weiterbildungsinstitut in Umweltfragen.

Das Geheimnis des Erfolges? Fachliche Kompetenz, ausgeprägter weitsichtiger Geschäftssinn und Fingerspitzengefühl beim Umgang mit Menschen werden Anita Plantikow nachgesagt. Und die gelegentliche Impulsivität wird verziehen: wenn sie ausrastet, weil die Laboranalysen nicht so laufen, wie sie es sich vorstellt. Dann gehe das südländische Temperament mit ihr durch, heißt es. Schlamperei kann sie nun mal nicht ausstehen. Wer bei ihr arbeiten will, muß sich ihren Ansprüchen stellen. Das hat sich herumgesprochen. Und längst weiß sie eine hochmotivierte Mitarbeiter-Truppe hinter sich, auf die sie bauen kann. Wie umgekehrt: diese auch auf ihre Chefin.

8.00 Uhr ist sie jeden Tag im Institut. Und verläßt abends erst gegen 19.00 Uhr wieder das Haus. In Stoßzeiten arbeitet sie bis tief in die Nacht, auch an den Wochenenden. Meistens ist die kühle Analytikerin die erste, die den Finger auf wunde Stellen legt, aber auch diejenige, die bei komplizierten Problemen schließlich doch noch eine Lösung findet – wenn sie im Büro über Konzeptionen brütet, Kosten-Nutzen-Analysen wälzt oder Gutachten verabschiedet. Die Untersuchungsprotokolle von Grundwasserqualität, Umweltverträglichkeitsstudien für geplante Fernverkehrsstraßen, Schadstoffmessungen und Altlastengutachten, Analysen für Abfallentsorger und Kläranlagen gehen über ihren Schreibtisch. Und sie genießt ihre Erfolge: wenn sie unangreifbare Fakten vorlegt, an denen Investoren und Behörden nicht vorbeikommen. Inzwischen ist die Nordum GmbH Marktführerin der Branche in Mecklenburg-Vorpommern und gefragte, ständige Partnerin großer norddeutscher Unternehmen bei der Inbetriebnahme neuer Produktions- und Recyclinganlagen.

Sich zufrieden im Sessel zurückzulehnen liegt Anita Plantikow allerdings ebensowenig wie ihren beiden Geschäftsführer-Kollegen, Professor Kreutzmann und Diplom-Chemiker Ralf Becker. Klar definierte Verantwortung, für jeden Berge von Arbeit und genügend Erfolgserlebnisse verhindern, daß sich die drei in die Quere kommen. In einem jedoch stimmen sie überein: Ruhe und Gleichlauf wären tödlich. »Wer sich nur auf das Tagesgeschäft konzentriert«, setzt Anita Plantikow hinzu, »der vergißt, nach vorn zu blicken, und kann nicht flexibel auf künftige Entwicklungen reagieren.« Immer wieder neue Ideen und immer wieder neue Kraftakte – nur so könne ihr Unternehmen florieren.

Dazu gehört auch, sofort zu reagieren, wenn sich langfristig neue Aufgabenbereiche abzeichnen. Wie zum Beispiel beim

Umweltmanagement für Unternehmen. Als im Zusammenhang damit Qualitätssicherung und Öko-Audit der EU langsam ins Gespräch kamen, klingelte es Anita Plantikow in den Ohren. Inzwischen sind die ersten Aufträge für Qualitätssicherung nach ISO 9000 vereinbart. 1997 betreut Nordum drei Firmenprojekte in Mecklenburg-Vorpommern. Und wenn sich die ersten für ein Öko-Audit entschließen, steht Nordum als kompetenter Partner schon auf der Matte.

Längst wird auch weit über die Landesgrenzen hinaus gedacht. Im Herbst '95 reiste Dr. Anita Plantikow zum ersten Mal durch Asien. Mit einer Wirtschaftsdelegation Mecklenburg-Vorpommerns besuchte sie Südkorea, Indonesien, Vietnam, China. Auf ihrem Plan stand, internationale Trends, die Umweltsituation im jeweiligen Land sowie Firmen kennenzulernen, mit denen gemeinsame Projekte möglich wären. Seitdem gehen vietnamesische Praktikanten und Experten aus China bei Nordum in Kessin aus und ein. Und als die Firmenchefin im Sommer '96 gemeinsam mit anderen Unternehmern im Gefolge von Außenminister Kinkel wieder – diesmal bereits zum dritten Mal – durch Asien tourte, war sie eingeweihte, kompetente Gesprächspartnerin in der Umweltbranche. Längst hat sie genaue Vorstellungen, was sich aus solchen Kontakten entwickeln könnte: Partnerschaften mit asiatischen Firmen bei der Einführung von Umwelttechnik, Aufbau von Umweltkontrollsystemen für Behörden – von der Einrichtung eines Labors bis zum Training der Mitarbeiter. Selbst Joint ventures liegen im Bereich des Möglichen.

Hinter dem Institut ist sogar – umsichtig vorausgedacht – noch Platz für weitere Gebäude. Solche Ideen aber reichen weit in die Zukunft. Zunächst einmal will Anita Plantikow, daß ihr Unternehmen auf sicheren Füßen steht und sich der wachsenden Konkurrenz zu erwehren weiß. Immerhin drückt ein Millionenkredit. Da konzentrieren sich alle Initiativen auf das Institut, so sehr sie das mitunter auch bedauert. Der 18jährige Sohn bekam in den vergangenen Jahren seine Mutter nur noch selten zu Gesicht. Und im Theater war sie auch schon lange nicht mehr.

Erfolgsrezept:
Neue Geschäftsfelder langfristig entwickeln

Als Notwendigkeit zum Überleben verfolgt die Nordum GmbH die Strategie, nicht allein die bisherigen Geschäftsfelder konsequent weiterzuverfolgen, sondern gleichzeitig neue Trends aufzuspüren, um rechtzeitig einsteigen zu können. Aktivitäten auf diesem Gebiet:

1. Ständige Marktanalyse betreiben
Auch über den eigenen Wirkungsbereich in Mecklenburg-Vorpommern hinaus verfolgt Dr. Anita Plantikow die Entwicklung der Branche. Dabei nutzt sie ihre Mitgliedschaft im Vorstand des Unternehmerinnenverbandes. Vor allem aber brachten drei Geschäftsreisen nach Asien wertvolle Informationen über die Entwicklung des zukunftsträchtigen Marktes in Fernost.

2. Trends in Forschung und Entwicklung verfolgen
Über Literaturstudien und -recherchen bringt die Geschäftsführung ihre Mitarbeiter ständig auf den neuesten Stand in Forschung und Entwicklung. Die Zusammenstellung von neuesten Veröffentlichungen und Forschungsberichten zu interessierenden Themen werden bei Bibliotheken und Umwelteinrichtungen in Auftrag gegeben. Im Bedarfsfall stehen die Unterlagen dann sofort zur Verfügung. Daraus erwächst eine besondere Qualität von Nordum: Anfragen von Kunden können kurzfristig und auf neuestem Erkenntnisstand beantwortet werden.

3. Zusammenarbeit mit Universitäten und Fachhochschulen entwickeln
Nordum stellt ständig Praktikumsplätze und Themen für Studenten zur Verfügung. Das kostet keine zusätzlichen Mittel, bringt aber neues Wissen und frische Ideen in die Firma. Auf diese Weise werden analytische Fragestellungen bearbeitet, aus denen sich in Zukunft auch Aufträge ergeben können. Zum Beispiel: die Untersuchung der Sedimentbelastung in den Flüssen Mecklenburg-Vorpommerns, die als Diplomarbeit vergeben wurde.

4. Große Forschungsprojekte gemeinsam mit Partnerfirmen planen
Für zukunftsträchtige Forschungsprojekte sucht sich Nordum Firmen, die das Institutsprofil ergänzen und somit wertvolle Partner bei der Übernahme von Großaufträgen sein können. Gemeinsam mit einer Partnerfirma arbeitet das Institut derzeit an der Entwicklung neuer Meßtechnik für den Einsatz bei der Abfallentsorgung.

4.5 Burkard Reimer, WEREC GmbH Berlin: »Wir packen was ganz Neues an«

Im Forschungszentrum des Narva-Kombinates leiteten sie früher Wertstoffforschung und neue Produktionslinien. Jetzt heimsen sie als Unternehmer Umweltpreise und weltweite Aufträge ein. Ihre Geschäftsidee: entsorgen statt herstellen.

Zur Person

Burkard Reimer · 56 Jahre · Ingenieurschule für Chemie, Berlin · 1964 Chemieingenieur beim Glühlampenwerk Narva · achtjähriges Elektrotechnik-Fernstudium an der TU Dresden · 1978 Leiter der Abteilung Wertstoffe im Narva-Forschungszentrum · Mitbegründer, Gesellschafter und Geschäftsführer der WEREC GmbH · verheiratet, drei erwachsene Kinder.

Joachim Kalisch · 55 Jahre · Chemiestudium an der Humboldt-Universität zu Berlin · Exmatrikulation · Chemiearbeiter im VEB Berlin-Chemie, später im Berliner Glühlampenwerk · Abendschule: Ausbildung zum Chemiefacharbeiter · fünfjähriges Chemie-Abendstudium an der Ingenieurschule für Chemie, Berlin · 1985 Abteilungsleiter im Forschungszentrum des Narva-Kombinates Berlin · 1989 Leiter des Recycling-Labors im Narva-Forschungszentrum · Mitbegründer, Gesellschafter und Geschäftsführer der WEREC GmbH · verheiratet, zwei erwachsene Kinder.

Zum Unternehmen

WEREC GmbH Berlin · Recycling von Leuchtstoff- und Hochdrucklampen, seit Januar 1995 auch von Elektronik-Schrott · gegründet im August 1990, seit Mai 1993 neue Betriebsstätte in Strausberg-Hohenstein · 1996 Niederlassungen in Sinsheim (Baden-Württemberg) und Wien · Gesamtinvestitionen: 5,3 Millionen Mark · 1993: 1,1 Millionen Mark Umsatz, 8 Mitarbeiter · 1995: über 2 Millionen Mark Umsatz, 17 Mitarbeiter.

Hinterm S-Bahnhof von Strausberg geht's in die Märkische Schweiz. Auf schnurgerader Chaussee zwischen Wiesen und Äkkern. Links aufgefädelte Linden, rechts die Hügel von Gladowshöhe und Spitzberg. Hinter Hohenstein, dem scheinbar von der

Welt vergessenen Dörfchen, am Straßenrand ein Schild: WEREC. Also abbiegen, schaukelnd vorbei an schwindsüchtigem LPG-Zaun, Traktor-Veteranen, bröckelndem Putz. Und dann, hinter steiler Rechtskurve, hab' ich ihn endlich gefunden, meinen Aufschwung Ost. Wie ein dicker Tropfen, direkt vom Himmel geplatscht: weißer Neubau, Entladehalle für Sattelschlepper, Sprechanlage am Tor.

Burkard Reimer und Joachim Kalisch, die beiden ungleichen Geschäftsführer, genießen die Verblüffung des Gastes. Die angereisten Experten von Mitsubishi und Toshiba müssen ähnlich gestaunt haben, als sie das erste Mal kamen. Und bei den Skandinaviern war es auch nicht viel anders. Wer vermutet schon ein prosperierendes Unternehmen inmitten ländlicher Idylle? Der Überraschungseffekt hat sein Gutes. Er prägt sich ein. Und außerdem: So übel nimmt sich die Firma zwischen märkischen Feldern, hinter Robinien und Ebereschen gar nicht aus. In ihrem Leitspruch kommt nämlich »lebende Zukunft« vor. Und zwar durch »Umweltverträgliches Verwerten«.

Das Metier von Reimer und Kalisch sind ausrangierte Lampen: stabförmige Leuchtstoffröhren und bauchige Hochdruckbirnen mit ihrem gefährlichen Quecksilber-Innenleben. Erfahrungen damit haben sie seit Jahrzehnten. Sie sind Narva-Urgestein.

Burkhard Reimer (56), mit Schlips und Kragen, ganz Gentleman, begann vor mehr als drei Jahrzehnten als Chemieingenieur beim BGW, dem Berliner Glühlampenwerk, wurde später im Fernstudium an der TU Dresden zum Diplom-Ingenieur für Elektrotechnik/Elektronik. Und vertiefte sich in die Wissenschaft. Mit großartigen Aufstiegschancen im Narva-Kombinat hatte er – christlich orientiert, in keiner Partei und mit Westbekanntschaft – ohnehin nicht zu rechnen. Immerhin brachte er es allein mit Sachkenntnis bis zum Abteilungsleiter, Vorgesetzter von 80 Mitarbeitern, im Forschungszentrum. Seine Entwicklungen in der Leuchtstoff- und Lumineszenzforschung, die Ergebnisse gemeinsamer Arbeit mit Universitäten und Akademie-Instituten konnten sich sehen lassen. Auch weltweit. Viele davon verschwanden freilich in Schreibtischkästen. Sie paßten nicht in den Plan. Das verschaffte dem Industrieforscher schlaflose Nächte und Magenkrämpfe, aber auch illusionslosen Durchblick in der DDR-Wirtschaft. »Irgendwann kracht es«, hat er damals gesagt. Am Morgen des 10. November '89, als plötzlich die Mauer offen war, wußte er: Jetzt ist es soweit.

Den burschikosen Joachim Kalisch, der sich (aus Prinzip) keinen Kulturstrick um den Hals würgt und nur selten mal beim Frisör reinschaut, kennt er schon lange. Schließlich ging der auch jahrzehntelang durch die Narva-Schule. Nachdem er damals, in seiner wilden Zeit, von der Humboldt-Uni geflogen war. »ML und Russisch interessieren mich nicht, ich will Chemiker werden«, hatte er gesagt und zog lieber mit seiner Trompete durch die Jazzkeller von Berlin. Zweimal Note 5. Mangelnde Studiendisziplin. Adieu, das war's. Ab in die Produktion. Im Berliner Glühlampenwerk blieb er hängen. Und wurde, weil er sich schließlich als ordentlicher Mensch auswies, zum Chemie-Abendstudium delegiert. Später baute er im BGW neue Fertigungsstrecken mit auf: Hochdrucklampe, Kondensatorlampe, Kompaktlampe. Wie schwierig das meistens auch war, Kalisch bekam es hin. Und die Frauen am Band mochten seine ehrliche, fordernde, handfeste Art. Bloß mit den »Oberfuzzis« gab's ständig Ärger. Kalisch paßte sich nicht an und redete keinem nach dem Munde. Wenn er die Planziele nicht erreichen konnte, mit dieser Technik, wo es nicht mal ordentliche Seitenschneider gab, dann sagte er es eben. Noch kurz vor dem Ende, im Herbst '89, da setzten sich die ersten aus der Truppe schon nach dem Westen ab, wurde Kalisch abgelöst und ins Recyclinglabor abkommandiert. Nun ja. Ein paar Wochen später standen im Narva-Forschungszentrum die ersten Kürzungen an.

Für Burkard Reimer stand inzwischen fest, daß sich Narva nicht würde halten können. Also: Gen Westen ziehen? Oder im Osten etwas Neues beginnen? Der Forscher und Tüftler, seit jeher mit Lust am Experimentieren, entschied sich für letzteres: etwas unternehmen. Was aber tun mit dem Expertenwissen über Leuchtstofflampen, angesichts der Konkurrenz von Osram und Philips? Da war es wie eine Erleuchtung: Nicht welche herstellen, sondern den umgekehrten Weg gehen, alte auseinandernehmen. Immerhin eröffnete das bald auch im Osten Deutschlands geltende Abfallgesetz mit seinen strengen Vorschriften für die Entsorgung von Quecksilberlampen und Leuchtstofferzeugnissen eine riesige Marktlücke. – Ungeahnte Chancen für Recycling-Firmen, von denen es damals kaum welche gab.

Und Joachim Kalisch, inzwischen Insider beim Lampen-Recycling, wurde kompetenter Mitstreiter. Wenn auch mit einigem Zögern: Gründe mal, ohne Geld in der Hinterhand, so mir nichts, dir nichts eine Firma! Das bißchen Angesparte reichte gerade fürs Stammkapital. Und einen Kredit über rund 250 000 Mark unterschreiben – also, ein bißchen verrückt muß man schon sein. Oder: Es gibt keine andere Chance. Eigentlich traf eher letzteres zu. Wer nimmt dich denn noch, wenn du über 50 bist?

So gründeten sie am 7. August 1990, noch zu DDR-Zeiten, in Reimers Wohnzimmer in Berlin-Altglienicke ihre GmbH: WEREC – Wertstoff-Recycling. Mit Gerhard Bernecker, der in Frankfurt/Main eine ähnliche Anlage betrieb, stieg noch ein Kenner der Marktwirtschaft mit ins Boot. Anschließend begann das Theater. Von der Suche nach einem Grundstück mitten in der chaotischen Wendezeit, über das Zusammentragen riesiger Aktenberge für die Plangenehmigung nach dem deutschen Abfallgesetz bis zum aufreibenden Hickhack um die Finanzierung der 5,3-Millionen-Investition. Heute können sie schon wieder drüber lachen. Es hatte ja auch sein Gutes: Reimer und Kalisch wurden zu unternehmerischen Durchhaltetypen, die eigentlich nichts mehr schrecken kann.

Ihre Stärke von Anfang an: Offenheit und absolutes Vertrauen zueinander. Manchmal fliegen bei ihnen die Fetzen. Zum Beispiel? Wenn Burkard Reimer wieder mal eine Idee ausheckt und sie am liebsten sofort umsetzen will. Dabei gerät ihm mitunter der »buchhalterische Krümelkram« – was heißt: Kosten und reale Finanzierungsmöglichkeiten – außer Kontrolle. Zum Glück gibt es dann den nüchternen Rechner Kalisch, der wie ein Luchs auf jeden Finanzposten späht und immer noch rechtzeitig die Notbremse zieht. Dann blaffen sie sich nach Herzenslust an und sind zehn Minuten später wieder dicke Freunde. Das macht ihnen im Westen keiner nach: »Die zerstreiten sich doch eher, wenn es schwierig wird, anstatt sich zusammenzuraufen.« Reimer und Kalisch indessen gingen schon zu Narva-Zeiten gemeinsam durch dick und dünn. Das haben sie einfach beibehalten. Was im übrigen auch für die Belegschaft gilt. »Wie sich die Leute für die Firma ins Zeug legen, ist unwahrscheinlich. Mit Arbeitskräften aus den alten Ländern hätten wir das nie hingekriegt«, ist sich Joachim Kalisch sicher. Und schwört dabei auf seine Frauen in der Produktion. Auch so eine DDR-Erfahrung, die er sich nicht nehmen läßt. Von den inzwischen 17 Mitarbeitern bei WEREC sind mehr als die Hälfte Frauen. Früher arbeiteten sie nebenan auf der LPG. Jetzt ist WEREC ihre einzige Chance. Und die entwickelt sich.

Damals, ganz am Anfang, als Reimer und Kalisch noch verbissen über ihrer Unternehmenskonzeption brüteten, beschlossen sie, ihr Trumpf gegenüber der Konkurrenz sollte höchster Standard beim Umweltschutz sein. Was bedeutete: keine gängige West-Anlage hinstellen, sondern eine eigene konstruieren, ein neues Verfahren finden, das alle anderen übertrifft. Als es im Mai 1993 – nach der Endabnahme durch das Landesumweltamt Brandenburg – endlich den Betrieb aufnahm, hatte sich das Trio Reimer/Kalisch/Bernecke als erfinderisches Team bewiesen. Ihr Projekt war ein Knüller geworden: 97,5 Prozent jeder Lampe führen sie in den Wirtschaftskreislauf zurück. An der drei Meter hohen Anlage in der hellen Produktionshalle sieht das ganz einfach aus: Röhren einlegen, Luft einblasen, Kappen abtrennen, Leuchtstoff auspusten, Quecksilber abscheiden, Glas schreddern. Ohne daß hochbelastete Abwässer und Abgase entstehen. Selbstverständlich automatisch, vom Computer überwacht und hocheffektiv – 2000 Röhren pro Stunde. Fünf Patente meldete Reimer an. »Unsere Anlage ist das Beste, was es derzeit auf diesem Gebiet in Deutschland gibt«, bemerkt er selbstbewußt.

Kurz nach Inbetriebnahme heimste WEREC den Berliner Umweltpreis 1993 ein. Bald darauf den Umweltschutzpreis für die Industrie 1993/94. BDI-Präsident Till Necker murmelte bei der Verleihung in Köln: »Wie Sie das machen? So'n kleiner Betrieb, im Osten. Toll, toll.« Das ging Reimer runter wie Butter. Während er im stillen den nächsten Clou plante: das Öko-Audit der EU. Reimer und Kalisch wollten zu den ersten gehören. Erneut wälzten sie ein halbes Jahr lang Aktenberge, suchten Partner, stellten Meßreihen zusammen, planten Aktionen. Und überzeugten die angerückten Experten.

Nun glänzen Umweltschutzpreise und Öko-Audit-Siegel auf allen Firmenprospekten und an jedem Messestand. Politiker kreuzen zu Protokollterminen auf. Die Nachfragen anderer Firmenchefs zur Öko-Audit-Erklärung reißen nicht mehr ab, sogar aus Österreich gehen Briefe ein. Und Burkard Reimer ist bei Tagungen von Recycling-Experten gefragter Referent geworden.

Wenn heute die Vertreter von Schering, BMW oder der BEWAG Berlin – im Aktenkoffer einen Recycling-Großauftrag und ihren Laptop mit Zertifizierungsfragen – in Strausberg-Hohenstein anrücken, schiebt Reimer erst mal gelassen das Öko-Audit-Protokoll über'n Tisch. Dann ist meistens die Sache überraschend schnell geritzt. Auch der erste Auslandsauftrag über mehrere hunderttausend Lampen ist unter Dach und Fach. Und mit Vertretern in Japan, den USA, aus Spanien, Portugal, Holland laufen Verkaufsgespräche über die rund 1,2 Millionen Mark teure Original-WEREC-Anlage.

Inzwischen liegen die Zeichnungen für eine automatische Anlage zum Zerlegen von Hochdrucklampen, das jetzt per Hand erfolgt, schon im Schreibtisch. Das Recycling von Elektronikschrott soll ausgebaut werden. Die Wiederverwertung von Leuchtstoffen, die heute noch auf Sonderdeponien landen, ist Forschungsthema mit Wissenschaftlern ...

Burkard Reimer und Joachim Kalisch sind mit ihrem Latein noch längst nicht am Ende.

Erfolgsrezept:
Umweltpolitik als Marketingstrategie

Mit der konsequenten Umsetzung ihrer Umweltpolitik überzeugt die WEREC GmbH Kunden und Experten. Ergebnis: Berliner Umweltpreis 1993, BDI-Umweltschutzpreis 1993/94 und 1995 Öko-Audit der EU als erstes Unternehmen in Brandenburg. Aus den Unterlagen der Firma ...

Die Unternehmensphilosophie	Die Umsetzung
1. Vordringliches Anliegen der produktiven Tätigkeit unseres Unternehmens ist die Sicherung der Lebensgrundlage der künftigen Generationen und der Erhalt unserer natürlichen Umwelt.	1. »Umweltverträgliches Verwerten ist lebende Zukunft« – so lautet das Motto der Firma. Dieser Leitspruch bestimmte von Anfang an Unternehmenskonzept und öffentliches Auftreten.
2. Alle Energien sollen sparsam und gezielt eingesetzt, alle technischen und organisatorischen Maßnahmen zur Energieeinsparung genutzt werden.	2. Die warme Prozeßluft für das Schwingfließbett der Anlage wird im Kreislauf geführt. Das erspart ständiges Erwärmen von Frischluft, was besonders im Winter sehr teuer würde.
3. Durch regelmäßige Registrierung und Bewertung der Emissionen, der Produkte und anderer Einwirkungen, die von unserem Unternehmen ausgehen, bemühen wir uns, die Umweltrelevanz unseres Unternehmens ständig zu verbessern.	3. Die Abluft wird ständig auf Quecksilber untersucht sowie der Quecksilbergehalt registriert. Bei einem Anstieg wird Alarm ausgelöst und die Anlage automatisch abgeschaltet.
4. Die Entsorgung von belasteten Abfällen und die weitgehende Rückgewinnung von darin enthaltenen Wertstoffen sowie deren Rückführung in den Stoffkreislauf ist unser Beitrag zur Ressourceneinsparung und zur Reduzierung des Abfall- und Sonderabfallaufkommens.	4. Für Leuchtstofflampen beträgt der Recyclinggrad bei uns bereits 97,5 Prozent. Das heißt: Glas, Aluminium, Nikkel-Kupfer-Legierungen und Quecksilber werden dem Wirtschaftskreislauf wieder zugeführt. Nur ein Minimum, der Leuchtstoff, kann noch nicht verwertet werden.
5. Ein Prioritätenplan für den Umweltschutz im Unternehmen, der regelmäßig fortgeschrieben werden soll, umfaßt Energie und Brennstoffe, Maschinen, Hilfs- und Betriebsstoffe, Abfall, Wertstoffe, Reststoffe, Emissionen.	5. Um die Energie noch effektiver zu nutzen, wird zum Beispiel geprüft, ob durch die Umrüstung eines elektrisch beheizten Durchlaufofens auf Erdgas zusätzliche Kosten gespart werden können.
6. Bei allen Maßnahmen des Umweltschutzes sind unsere Mitarbeiter die wichtigsten Partner. Sie werden dementsprechend informiert, geschult, ausgestattet.	6. Alle Mitarbeiter werden vierteljährlich in Umweltschutz geschult. In einem Umweltausschuß tagen die Vertreter aus allen Bereichen des Betriebes mit einem externen Umweltschutzingenieur. Dieser Ausschuß kontrolliert alle umweltrelevanten Bereiche und entwickelt Verbesserungsvorschläge.

7. Unsere Produktionsverfahren werden ständig weiterentwickelt und neue Verfahren zur Verwertung weiterer Produkte eingeführt. Dabei berücksichtigen wir während der Entwicklungs-, Planungs- und Realisierungsphase umweltrelevante Probleme und suchen nach umweltverträglichen Lösungen.	7. Gemeinsam mit externen Partnern laufen Forschungs- und Entwicklungsvorhaben, um Lösungen für Fraktionen zu finden, die noch nicht verwertet werden können, sondern auf eine Deponie müssen. Zum Beispiel werden gemeinsam mit dem Institut für Technologie und Umweltschutz e. V. in Berlin-Adlershof Verwertungsmöglichkeiten für die Leuchtstoffe aus Leuchtstofflampen gesucht.
8. Unseren Kooperationspartnern im Bereich der Sammlung, Anlieferung und Teilbearbeitung von aufzubereitenden Abfällen bieten wir Unterstützung beim umweltverträglichen Umgang und Lagern sowie der Zwischenlagerung.	8. Die Außendienstmitarbeiter und Kraftfahrer, die mit Kunden und Kooperationspartnern in Kontakt stehen oder dort Abfälle abholen, sind angehalten, Hinweise für ein umweltverträgliches Handling vor Ort zu geben.

4.6 Edgar B. Scheller, Landskron-Brauerei Görlitz GmbH: »Wer besser sein will als andere, der muß mehr leisten«

Edgar Scheller setzt auf besondere Leistung bei Qualität, Service und Kundennähe. Damit will er Landskron, das Bier der Oberlausitz, wieder zur Nummer 1 in der Region machen und die traditionsreiche Görlitzer Brauerei erfolgreich ins nächste Jahrtausend bringen.

Zur Person

Edgar B. Scheller · 70 Jahre · 1948 Studium an der Technischen Hochschule in Weihenstephan bei München · 1952 Diplom-Ingenieur für Brauereiwesen, anschließend Arbeit als Braumeister in Venezuela · Ab 1972 Vorstandsmitglied der Polar-Brauereien in Caracas · 1990 Rückkehr nach Görlitz · 1992 Miteigentümer des reprivatisierten Familienbetriebes und Geschäftsführender Gesellschafter · Verheiratet · 2 erwachsene Söhne.

Zum Unternehmen

Landskron Brauerei Görlitz GmbH · Produktion und Vertrieb der traditionsreichen Biermarke Landskron in den Sorten Pils, Hell, Dunkel, Maibock, Goldbock · 1869 gegründet als Görlitzer Aktien-Brauerei · 1903 Theodor Scheller übernimmt die Leitung · 1928 Fortführung des Unternehmens durch Sohn Walter Scheller · 1959 Umwandlung der Aktiengesellschaft in einen halbstaatlichen Betrieb, die Landskron Brauerei Scheller & Co. KG · 1972 Verstaatlichung · 1990 Herauslösung aus dem Getränkekombinat Dresden und Überführung in eine GmbH · 1992 Reprivatisierung des Familienbetriebes · Mitarbeiter 1990: 240, 1996: 140 · Umsatz 1996: 35 Millionen Mark · Investitionen: 40 Millionen Mark.

Edgar B. Scheller, in diesem Jahr 70, wäre wohl bis ans Lebensende in Venezuela geblieben. Als angesehenes Vorstandsmitglied der dortigen Polar-Brauereien. Wenn nicht die von ihm lang vorausgeahnte Wende über seine Heimatstadt Görlitz gekommen wäre. »Irgendwann bricht diese Wirtschaft zusammen«, hatte er stets prophezeit, wenn er alle zwei Jahre die Mutter in Görlitz besuchte, die noch bis 1982 im Haupthaus der Landskron Brauerei ihre Wohnung hatte. 1990 war es soweit. Da packten Senior Scheller und Frau in Caracas die Koffer, um nach Hause zurückzukehren. Im romantischen Schellergrund an der Neiße, im östlichsten Zipfel Deutschlands, wartete das einstige Familienunternehmen, die Landskron Brauerei, auf ihn. Wenn er damals geahnt hätte... Wahrscheinlich wäre er trotzdem gekommen.

Mut brauche man hier, sagt Edgar Scheller heute, einen langen Atem und »Frustrationstoleranz«. Eine ungeheure Menge »Frustrationstoleranz«. Mut besitzt er sei eh und je, gepaart mit einem kräftigen Schuß Abenteuerlust, die ihn im Laufe von viereinhalb Jahrzehnten über alle Kontinente trieb. Der lange Atem wuchs mit der Lebenserfahrung. Die Fähigkeit aber, sich vom bürokratischen Wust in deutschen Landen nicht erschüttern zu lassen, die mußte der erprobte Unternehmenschef – nach vierzig Jahren Südamerika – erst mühsam lernen. Noch heute packt ihn die blanke Wut, wenn er über die 136 Seiten seines Antrags zur »Entsorgung von fünf Ventilatoren« auf den Dächern der denkmalgeschützten Brauereigebäude wettert: »Ein ganzer Leitzordner voll! Siebenundzwanzigmal unterschreiben! Und dann das ganze Zeug zehnmal kopieren! Dieser Drang der Deutschen nach Perfektion – eine Katastrophe!« Womit Großunternehmen ganze Mitarbeiterstäbe beschäftigen, das bewältigte der energiegeladene Mittelständler zähneknirschend im Alleingang. Im Hinterkopf stets seine Durchhalteparole: »Der Betrieb muß überleben.« Daß ihn dieses Motiv Tag und Nacht treibt, hängt mit der besonderen Geschichte des Unternehmens zusammen, die auch eine Familiengeschichte ist.

Die Landskron Brauerei wurde im Jahre 1869 von 16 Görlitzer Honoratioren als Aktiengesellschaft gegründet und lieferte das neue Bier bald bis nach Breslau und Hamburg. 1903 stieg Theodor Scheller, Großvater des heutigen Geschäftsführers, als Technischer Direktor ein. Er steuerte das Unternehmen mit Zähigkeit, Mut und Einfallsreichtum durch gute und schlechte Zeiten, rettete es über den Ersten Weltkrieg und die Inflation hinweg. 1929 übergibt er die Leitung seinem Sohn Walter. Da war die Landskron Brauerei ein stabiler Wirtschaftsfaktor von Görlitz und angesehener Arbeitgeber mit 252 Beschäftigten geworden. Bis Anfang der 40er Jahre ging es wirtschaftlich weiter aufwärts. In den Kriegsjahren drohte fast die vollständige Stilllegung, weil die deutsche Rüstungsindustrie die bombensicheren Keller zu nutzen gedachte. Und als Anfang 1945 Görlitz zur Festung erklärt wurde, alle Zivilisten die Stadt verlassen mußten, blieb in den letzten Kriegstagen nur Walter Scheller in der Brauerei zurück. Bereits im September des Jahres gab die sowjetische Kommandantur den Betrieb wieder frei. Walter Scheller jedoch, der im Laufe der Jahre die Aktienmehrheit des Unternehmens erworben und das stilisierte L auf Blau und Gelb, den Farben der Lausitz, als markantes Landskron-Symbol bekanntgemacht hatte, starb einige Monate später. Sohn Edgar stieg in die Fußstapfen des Vaters, studierte Brauereiwesen an der Technischen Hochschule in Weihenstephan. Der elterliche Betrieb in der Kleinstadt an der Neiße aber reizte den jungen Mann wenig. Ihn trieb die Abenteuerlust nach Venezuela, wo er als Braumeister bei den Polar-Brauereien startete, die heute mit sagenhaften 16 Millionen Hektolitern Jahresleistung mitteleuropäische Dimensionen weit überschreiten. Die Görlitzer Brauerei-Aktiengesellschaft wurde indessen 1959 in einen halbstaatlichen Betrieb umgewandelt und 1972 schließlich verstaatlicht. Landskron gehörte weiterhin zu den bekannten Biermarken im Lande, und Görlitz blieb angesehener Brauereistandort. 1988 erreichte der Bierausstoß die Rekordhöhe von mehr als einer halben Million Hektoliter.

Im Herbst ’89 wehte wieder der Mantel der Geschichte. In der Folge mußte sich der Betrieb, aus dem Getränkekombinat Dresden herausgelöst und in eine GmbH umgewandelt, plötzlich gegen zahlreiche starke, vor allem westdeutsche Großkonkurrenten behaupten, Bier »verkaufen« anstatt zu »verteilen«. Prompt sank der Ausstoß um ein Drittel. Tendenz: fallend. Notwendige Investitionsmittel fehlten. Das Ende oder der Aufkauf schien programmiert. Wenn da nicht die vier Scheller-Söhne gewesen wären...

Den einstigen Familienbetrieb mit Bravour ins nächste Jahrtausend zu bringen, das, fanden sie, seien sie dem Großvater, Vater, ihrer Mutter und nicht zuletzt den Görlitzern schuldig. Wenn dieses Ziel angesichts des besetzten deutschen Marktes und der aggressiven Konkurrenz auch ungeheuer schwer zu erreichen sein würde. Eine Herausforderung nach Edgar Schellers Geschmack. Sie paßte zum lebenslang praktizierten Leitspruch des agilen Diplom-Brauerei-Ingenieurs: Wer besser sein will als andere, der muß mehr leisten.

Zwei nervenaufreibende Jahre vergingen, bis die Treuhandanstalt der Rückgabe des Unternehmens an die Familie Scheller endlich zustimmte. Erst 1992 war sie wieder im Besitz der Landskron Brauerei. Und seit September 1992 sitzt Edgar B. Scheller als Geschäftsführender Gesellschafter am großen eichenen Schreibtisch seines Vaters im ersten Stock des backsteinernen Verwaltungsgebäudes, in dem er vor 70 Jahren geboren wurde. Mit ihm stieg auch Sohn Randolf, die vierte Scheller-Generation, bei Landskron ein. Die Görlitzer aber tranken inzwischen Westbier. Verlorenes Terrain mußte zurückerobert werden.

Schellers Konzeption vom ersten Tag an: Landskron zur Spezialität der Oberlausitz machen. Er setzte dabei auf die Görlitzer Brautradition, die alten Original-Rezepturen und die Berufserfahrung der Braumeister, Ingenieure, Techniker und Brauer, die dem Betrieb zum Teil seit Jahrzehnten die Treue gehalten hatten. Mittel auf dem Weg zum ehrgeizigen Ziel: hohe Qualität des würzig-frischen Bieres, vielfältiges Angebot, schneller, flexibler Service und aktive Betreuung der Kunden.

Um dem hochgesteckten Qualitätsanspruch gerecht zu werden, braut Landskron nach dem Reinheitsgebot von 1516, setzt nur ausgesuchte, hochwertige Rohstoffe ein und achtet auf strenge Qualitätskontrollen im betriebseigenen Labor. In die Ausrüstung des Unternehmens mußte erst einmal kräftig investiert werden. Moderne Abfüllanlagen für Flaschenbier und 30- bzw. 50-Liter-Edelstahl-Transportfässer wurden angeschafft. Neue Filter- und Reinigungstechnik zog ein. Mercedes-Großlaster verstärkten die mobile »Landskronflotte«. Seit 1993 heizt das Kesselhaus mit Erdgas und Öl. Und das Regenwasser läuft längst nicht mehr in die Abwasseranlagen. So präsentiert sich die Brauerei heute nicht nur mit moderner Produktions- und Transporttechnik, auch umwelttechnisch gehört sie zu den Vorzeigebetrieben. 40 Millionen Mark wurden investiert.

Zweiter Punkt der Schellerschen Firmenphilosophie: schnell, kreativ, flexibel auf Kundenwünsche reagieren und der Konkurrenz diesbezüglich stets eine Nasenlänge voraus sein. Besonders bei der Betreuung der 600 Gaststätten, die Landskron außer dem Getränkefachgroßhandel beliefert, hat sich dieses Herangehen als unersetzlicher Vorteil erwiesen. Die Gastwirte zwischen Görlitz, Leipzig, Cottbus und Berlin haben die Außendienstmitarbeiter der Brauerei als engagierte Partner schätzengelernt, die nicht nur gutes Bier verkaufen, sondern auch das gastronomische Geschäft voranzubringen helfen. Zum Beispiel mit Schulungen über gepflegte Gastronomie, die Reinigung von Bierleitungen in den Gaststätten und kaufmännischen Seminaren für die Wirte. »Nur wenn die Abnehmer zufrieden sind, wird es auch uns gutgehen«, hat Unternehmenschef Scheller seiner Belegschaft immer wieder eingehämmert, »nicht ich bezahle euch, sondern die Kunden sind es.« Inzwischen weiß er eine hochmotivierte, einsatzbereite Mannschaft hinter sich, für die der knappe Satz »Der Kunde ist König« nicht lässig hingeworfene, leere Redensart ist, sondern ernstgemeinte Richtlinie.

Sicher hat zur Entwicklung solcher Einstellungen auch das Beispiel des Chefs beigetragen, der einfach vorlebt, was er von anderen verlangt. Montags bis freitags steckt er 12 Stunden täglich im operativen Geschäft, brütet an den Wochenenden über neuen Marketing-Ideen, Unternehmenskonzepten oder schlägt sich verbissen mit den gehaßten deutschen Paragraphen herum. In den vergangenen Jahren ist Freizeit für ihn zum kostbaren Luxusgut geworden, das er gemeinsam mit seiner Frau bei klassischer Musik, einem guten Buch und würzig-frischem Landskron genießt. Selten genug allerdings. Denn nicht nur die Firma verlangt seinen Einsatz. Couragiert vertritt Edgar Scheller zudem die neuen Bundesländer im Mittelstandsverband des Deutschen Braubundes, mischt im Präsidium des Sächsischen Braubundes mit, debattiert im Wirtschaftsrat der Stadt Görlitz oder setzt sich als Fördermitglied der Fachhochschule Zittau-Görlitz für die Ausbildung des Nachwuchses ein.

Gelegentlich eckt er in all diesen Gremien mit seiner direkten Art, die Dinge beim Namen zu nennen, gewaltig an. Dann zuckt Edgar Scheller die Schultern und verbucht als größten Erfolg: »Wenn ich damit etwas bewegen konnte.« Das freilich war in den vergangenen Jahren immer öfter der Fall. Der Bierausstoß stieg auf 250 000 Hektoliter 1996. Rechtzeitig zum 125jährigen Jubiläum 1994 erstrahlte Landskron in neuem Markenglanz. Ein modernes Outfit mit dem altbekannten blau-weißen Namenszug vor dem gekrönten goldenen L präsentiert seitdem dynamisch-frisch die traditionelle Marke. Dem feinen Pils und den würzig-starken Bieren Maibock und Goldbock folgte jüngst eine weitere Spezialität: Landskron Dunkel nach alter Original-Rezeptur. Sie wird nicht die letzte Neuheit gewesen sein.

Mit dem Engagement des Landskron-Chefs und seinen unternehmerischen Erfolgen stieg die Anerkennung in der Region. »Da kommt ein Exot aus Südamerika, der will das schnelle Geld machen und haut wieder ab«, meinten die Görlitzer anfangs. Heute kann davon nicht mehr die Rede sein. Hunderte Besucher strömen bei jedem Tag der offenen Tür durch die Produktionsräume, genießen bei jedem Stadtfest im Bierzelt »ihr« Landskron. Sponsoring für Sportclubs, Theater, Vereine und Volksfeste ist nicht nur clevere Werbeaktion, sondern bringt den Menschen in der gebeutelten Lausitz immer auch ein Stück neue Lebenslust. Als zum großen Rockkonzert auf dem Brauereihof aber gar 4200 Enthusiasten anrückten, wurde selbst Edgar Scheller etwas »mulmig« in der Magengegend. Görlitz und Landskron erlebten einen Höhepunkt, der nicht so schnell vergessen ist. Exemplarisch für Edgar Schellers eingängigen Slogan: »Görlitz, die Lausitz und Landskron gehören zusammen. Denn nicht nur Bier braucht Heimat, auch die Heimat braucht ihr Bier.« Trinken wir ein Landskron drauf!

Erfolgsrezept:
Die Potentiale der Region mobilisieren

Zum unternehmerischen Ziel von Edgar B. Scheller gehörte von Anfang an, Landskron zur führenden Biermarke der Lausitz zu machen. Sein Leitspruch: »Görlitz, die Lausitz und Landskron gehören zusammen. Denn nicht nur Bier braucht Heimat, auch die Heimat braucht ihr Bier.« Auf dem Weg dahin nutzt er die Möglichkeiten der Region:

Im Einkauf:
Alle Zulieferer kommen, soweit das möglich ist, aus der nahen Region bzw. Ostdeutschland. Das reicht vom Einkauf des Malzes in Thüringen bis zu Aufträgen für eine Werbeagentur in Dresden, die Druckerei in Görlitz und Baufirmen der nahen Umgebung. Die Landskron-Verkaufswagen kommen aus Zittau.

In der Produktion:
Auch heute wird nach traditionellen Verfahren (gepaart mit moderner Technik) gebraut. Erfahrene, langjährige und hochmotivierte Mitarbeiter aus Görlitz und Umgebung garantieren erstklassige Qualität. Darüber hinaus wird in die Ausbildung guter Nachwuchskräfte investiert. Praktikanten und Absolventen der Fachhochschule Zittau-Görlitz sowie Lehrlinge finden eine berufliche Perspektive.

Bei der Vermarktung:
Intensive Beziehungen bestehen zu Handel und Gastronomie der Region. Neben dem Getränkegroßhandel beliefert die Landskron Brauerei auch 600 Gaststätten im Umkreis bis nach Leipzig und Berlin. Die Gastwirte werden als Partner angesehen, intensiv mit technischem Service versorgt und auf Schulungen auch kaufmännisch qualifiziert. Mit dem Slogan »östlichste Brauerei der BRD« – als geographischer Begriff – präsentiert sich die Brauerei in regionalen Radiosendern und Zeitungen, auf Großflächenplakaten und mit publikumswirksamen Aktionen.

Durch Sponsoring:
Um den Bekanntheitsgrad und die Verbundenheit der Bevölkerung mit »ihrem« Landskron zu erhöhen, wird Sponsoring von Sport- und Kulturveranstaltungen genutzt. Ob Görlitzer Theater, Bundesgartenschau oder Dampflokomotiven-Club in Cottbus, die Handballer von Löbau, die Eishockeyspieler in Weißwasser oder das Schiebocker Rennen in Bischofswerda – die Landskron Brauerei ist Partner und partnerschaftlich mit den Menschen der Region verbunden. Bisheriger Höhepunkt: ein Rockkonzert auf dem Brauereihof mit 4200 Besuchern.

4.7 Claus Schierz, ASGLAWO GmbH Freiberg: »Mit Innovationen den Markt erobern«

Seit zweieinhalb Jahrzehnten befaßt sich der einstige VEB-Direktor mit der Entwicklung und Produktion von Dämm- und Verstärkungsstoffen aus Glasfasern. Als alter Hase seines Faches und dynamischer Jungunternehmer führt er heute seine Firma erfolgreich durch die Klippen der Marktwirtschaft.

Zur Person

Claus Schierz · 49 Jahre · gelernter Kunstblumenfacharbeiter · 1967: Volontär in einer Weberei · 1968–1971: Studium an der Textilfachschule Reichenbach · Abschluß als Ingenieur-Ökonom · 1971: Leiter für Beschaffung und Absatz bei VEB Asglawo · Freiberg · 1974: stellvertretender Betriebsdirektor · 1981: Betriebsdirektor · seit 1990: Geschäftsführer und Gesellschafter der Asglawo GmbH · verheiratet · ein erwachsener Sohn.

Das Unternehmen

Asglawo GmbH Freiberg · Hersteller von Stoffen zum Dämmen und Verstärken · gegründet im Juni 1946 als »Freiberger Asbest- und Glaswollspinnerei« – Asglawo · am 31. Oktober 1990 als MBO in Privatbesitz überführt · 1994: Einzug in das 6000 Quadratmeter große moderne Produktions- und Verwaltungsgebäude im Gewerbegebiet Freiberg-Ost · 10,5 Millionen Mark Investitionen für Bau und Ausrüstung · Mitarbeiter: 1991: 30 · 1996: 41 · Umsatz: 1991: 3,5 Millionen Mark · 1995: 8 Millionen Mark · 1996: 9,5 Millionen Mark · 1997 angestrebt: 12 Millionen Mark.

Mal angenommen, ein Produzent von Motorradschutzhelmen will ein neues Produkt kreieren. Leichter, fester, langlebiger soll es sein, der Konkurrenz eine gehörige Nasenlänge voraus. Ein neues Material wird gebraucht, ein ganz besonderes, das es auf dem Markt noch gar nicht gibt. Was also tun? Ganz einfach: Claus Schierz anrufen. Seine Asglawo GmbH kann den Werkstoff entwickeln und mit höchstem technischen Standard produzieren. Genau nach Kundenwunsch und in Spitzenzeiten. Der Schutzhelm für Motorradfahrer ist nur ein Beispiel von vielen. Verstärkungsstoffe aus Glas, Aramid, Carbon, Hybridgarnen und Naturfasern, die Asglawo zu neuartigen Geweben, Komplexen, Vliesen verarbeitet, befinden sich in Flugzeugen, Motorbooten, Windkraftanlagen, Snowboards, Autotüren, Surfbrettern. Asglawo-Dämmstoffe, die Temperaturen bis zu 1100° C widerstehen, stekken in Kraftwerksturbinen und Industrieöfen, Abgasanlagen und Katalysatoren, Elektroherden und Sicherheitskabeln.

Firmenchef Claus Schierz könnte die Aufzählung fortsetzen und zu jeder einzelnen Entwicklung ein stundenlanges Expertenreferat halten. Am Schluß würde jedesmal herauskommen: Das Produkt kann sich international sehen lassen. Der Freiberger Unternehmer lehnt sich zurück. Gelassene Ruhe strahlt er aus. Das allerdings täuscht. Denn eigentlich ist der 49jährige ein Dynamiker, immer in Bewegung, immer eine neue Idee im Kopf. Sein Arbeitstag beginnt morgens 7 Uhr. Zwei Stunden vor Mitternacht ist gewöhnlich Feierabend. Wenn er nicht gerade unterwegs ist – auf Messen oder zu Verkaufsgesprächen. Ganz Westeuropa, Indien, Lettland, Südafrika, Taiwan bereiste er auf diese Weise, immer das Geschäft im Kopf. Urlaub dagegen hatte Schierz seit sechs Jahren nicht mehr. Für Gesundheit und Familienleben kann das nicht gerade zuträglich sein. Bei solchen Einwürfen hebt der umtriebige Unternehmenschef die Schultern. Auf jeden Fall sei es notwendig gewesen, meint er schließlich lakonisch. Daß es die Firma heute überhaupt noch gibt und das international geschützte Warenzeichen »Asglawo« einen ausgezeichneten Ruf bei einem immer größer werdenden Kreis von Stammkunden genießt, hat vor allem mit der Person des Geschäftsführers zu tun.

Und der gehört nicht zufällig beinahe zum Betriebsinventar. 1971 kam der frischgebackene Ingenieur-Ökonom direkt vom Studium zum VEB Asglawo – »in ein tiefschwarzes, finsteres Loch in der Freiberger Altstadt, mit Maschinen von 1890«, erinnert er sich. »Hier fang ich an«, sagte der 24jährige Claus Schierz damals, »hier kann es nur besser werden.« Veränderungen mitbewirken – diese Aufgabe reizte ihn.

Zudem war die 1946 gegründete »Freiberger Asbest- und Glaswollspinnerei«, so vorsintflutlich manche Maschinen auch anmuteten, für ihre Produktinnovationen bekannt. Statt der Glasfasergarne der Nachkriegszeit, aus denen sächsische Frauen Topflappen häkelten, wurden längst – nicht weniger begehrte –

Isolationsmaterialien für die Industrie hergestellt. 1964 überraschte der VEB sogar mit einer Weltneuheit: Einsatz der Malimo-Nähwirktechnik für die Glasfaserverarbeitung. »Die auf diese Weise produzierten Dämmstoffe bedeuteten damals eine Revolution auf dem Gebiet der technischen Isolierung, vor allem für den Automobilbau, den Schiffs- und Waggonbau«, erinnert sich der Experte, »mit weniger Material und geringerem Aufwand war ein höherer Isolationseffekt möglich. Mehrere Millionen Mark wurden jährlich auf den Schiffswerften der DDR eingespart.«

Zehn Jahre später, da war Claus Schierz schon Produktionsleiter und stellvertretender Betriebsdirektor, entwickelte er diese Technik weiter. Und schließlich gelang dem Betrieb – als erstem in Europa – die Produktion von Nadelvliesstoffen, die zu 100 Prozent aus Glasfasern bestanden und Temperaturen bis zu 600 °C aushielten. 1974 trennte sich Schierz – einfach, weil die Maschinen schrottreif waren – von einer ganzen Produktionslinie: der Asbestverarbeitung. Was damals eher Zufall war, mutete später wie eine Eingebung Gottes an, denn mit Asbest war bald kein Blumentopf mehr zu gewinnen. Die Dämm- und Isolierstoffe von Asglawo hingegen wurden zu Exportprodukten, die der DDR wertvolle Devisen einbrachten. Claus Schierz allerdings, ab 1981 Betriebsdirektor, mußte um jede Mark Investition für den Betrieb nervenaufreibende Kämpfe durchstehen.

Im Herbst 1989, als Schierz abends zu den Freiberger Montags-Demos ging, grübelte er tagsüber, einigermaßen ratlos, was in Zukunft aus »seinem« Betrieb werden sollte. Weitermachen und abwarten? Aus dem Kombinat austreten und neue Partner finden? Oder einen eigenen Weg der Privatisierung versuchen? Die 55 Beschäftigten entschieden sich für letzteres und wählten Schierz, den alten Chef, zum neuen Chef. Eine aufregende Zeit begann.

Claus Schierz schrieb an Ministerpräsident Modrow und brachte damit den Kombinatsgeneral auf die Palme, wurde noch als VEB-Direktor erstes Ost-Mitglied im westdeutschen Unternehmerverband ASU, mischte mit beim Aufbau einer Industrie- und Handelskammer in Südwestsachsen, kämpfte um den Fortgang der Produktion und gegen das Abspringen seiner Westkunden. Lukrative Stellenangebote im Westen schlug er aus. »Wir müssen es hier schaffen«, sagte er sich verbissen. Und knallte schließlich der Treuhandanstalt, die Asglawo schon zur Liquidation freigegeben hatte, einen der ersten Anträge auf Privatisierung als MBO auf den Tisch. Am 31. Oktober 1990 unterschrieb der wagemutige Optimist den halsbrecherischen Vertrag – mit einer überhöhten Kaufsumme für Asglawo. Und 1,5 Millionen Mark sogenannte Altschulden kaufte er gleich mit. Die wurden nach zweieinhalbjährigen zähen Nachverhandlungen zwar wieder gestrichen, die Zinsen von einer viertel Million aber blieben. Die alte Produktionsstätte – zur Miete in der zweiten Etage eines verrotteten Industriebaus in der Freiberger Altstadt – bot auf Dauer keine Überlebenschance, das wußte der frischgebackene Unternehmer ziemlich genau. Eine Bank aber, die ihm zehn Millionen für einen Firmenneubau vorschießen sollte, fand er nicht. Erst als ein privater Geldgeber aus dem Westen stiller Teilhaber wurde und zusätzliches Kapital einbrachte, sah der MBOler wieder Land am Horizont. Und 1994 schließlich bezog die Asglawo GmbH – 41 Mitarbeiter und ihr findiger Chef – das neue, 6000 Quadratmeter große, modern eingerichtete Produktions- und Verwaltungsgebäude auf eigenem Grundstück im Gewerbegebiet Freiberg-Ost.

Von Anfang an bestand Schierz' Strategie in der einfachen Überlegung, die er schließlich schon zu DDR-Zeiten umsetzte: Marktnischen finden, die andere nicht entdecken oder nicht besetzen können. Er will seine Asglawo GmbH nicht zu einem Massenproduzenten machen, nicht den großen Konkurrenten in der Branche Paroli bieten, sondern exklusive Systemlösungen nach ganz speziellen Kundenwünschen entwickeln und realisieren. »Unsere Flexibilität und unsere Verbindungen zu hervorragenden Forschungsinstituten – das ist unsere Chance«, meint er selbstbewußt. Nicht umsonst ist er Mitbegründer und stellvertretender Vorstandsvorsitzender des Sächsischen Textilforschungsinstituts. Dort wie auch an den Technischen Universitäten Dresden und Chemnitz findet er kompetente Partner für seine Neuentwicklungen.

Inzwischen genießt der innovationsfreudige Betrieb Anerkennung bei einem immer größer werdenden Kundenstamm. Hat er doch vielen mit neuen Rohstoffen, neuen Technologien, neuen Produkten einen wertvollen Vorsprung von zwei bis drei Jahren vor der Konkurrenz verschafft. Schierz' Erfolgsrezept:

schnell sein, Verbindungen nutzen, Qualität liefern, Vertrauen entwickeln, Partnerschaften pflegen, immer wieder Neues austüfteln. Meistens will er alles auf einmal. Dann kommt er kaum noch zum Schlafen und verlangt von seinen Mitarbeitern den gleichen kräftezehrenden Einsatz. Das sei wohl sein größter Fehler, meint er nachdenklich. Alles auf einmal – das geht eben nicht.

Asglawo-Produkte sind indessen bereits in 13 Ländern im Einsatz. Nach Westeuropa, Südafrika, den USA, Japan, Südkorea und Taiwan wird geliefert. 43 Prozent beträgt die derzeitige Exportquote. 50 sind angestrebt. In Österreich, der Schweiz, Japan und England laufen Gespräche mit Interessenten, die demnächst direkt vor Ort als Technische Kundenberater und Vertreter des sächsischen Unternehmens agieren sollen. »Wir sind dabei, ganz neue Märkte mit enormen Wachstumsraten zu erschließen«, erklärt Claus Schierz. Zum Beispiel: Südostasien. Im September gründete er mit einem Kunden aus Taiwan, den er auf einer Messe kennenlernte, ein Joint-venture. Nun wollen sie gemeinsam von Taiwan aus ihre Möglichkeiten erproben. Die Chancen stehen nicht schlecht. Schließlich sind die von Asglawo entwickelten Isolationsmaterialien von höchster Bedeutung für die moderne Autoindustrie...

»Wenn das erst mal läuft, dann...«, überlegt Claus Schierz. Dann hat er vielleicht doch mal wieder Zeit für einen Skiurlaub. Wenn nicht vorher ein neues Projekt dazwischenkommt. Bisher nämlich war es immer so.

**Erfolgsgeheimnis:
Technische Kundenberater**

Innovationen sind die Stärke des Unternehmens. Für den Nachschub an neuen, kundennahen Ideen sorgt ein Asglawo-spezifischer Mitarbeiterstab: technische Kundenberater, die wie Scharniere zwischen Betrieb, Kunden und Forschungseinrichtungen agieren. Außer Schierz selbst gibt es bei Asglawo zur Zeit drei solche Spezialisten.

Was Claus Schierz von seinen Kundenberatern verlangt:
- Erarbeiten von Aufträgen für eine Asglawo-Neuentwicklung – gemeinsam mit den Kunden und nach deren speziellen Wünschen
- Abschluß von Forschungsvereinbarungen für Neuentwicklungen – zum Beispiel mit Vertretern des Sächsischen Textilforschungsinstituts Chemnitz oder anderen wissenschaftlichen Einrichtungen im In- und Ausland

- Projektbetreuung – von der Forschung bis zur Produktion – in Kooperation zwischen Betrieb, Forschungsinstitut, Kunde
- Führung von Verkaufsgesprächen bis zum Vertragsabschluß in einem bestimmten Absatzgebiet
- Technische Beratung und Betreuung der Kunden
- Anschieben neuer Aufträge bei potentiellen Kunden, die an neuen Ideen für ihre Produkte interessiert sein könnten
- Weiterbilden und Ideen entwickeln – durch wissenschaftliche Literaturstudien, Besuche von Messen, Tagungen, Beobachtung der Konkurrenz und des Marktes

Wie Claus Schierz seine Kundenberater findet:
- In Frage kommen Diplom-Ingenieure, die gleichzeitig über kaufmännische Grundkenntnisse verfügen, wie sie heute an Technischen Universitäten und Fachhochschulen ausgebildet werden
- Als Praktikanten, Diplomanden oder Doktoranden kommen sie zu Asglawo, können sich mit Entwicklungen im Unternehmen profilieren und ihre Eignung unter Beweis stellen
- Unter ihnen sucht sich Chef Schierz engagierte, kreative Fachleute aus, die sich mit dem Unternehmen identifizieren und die notwendige Kundenorientierung mitbringen

Wie Claus Schierz seine Kundenberater befähigt:
- Er selbst lebt jeden Tag vor, was ein Kundenberater können und bewältigen muß
- Im gegenseitigen Gedankenaustausch erhalten sie die notwendigen Informationen über die aktuelle wirtschaftliche Situation und die unternehmerischen Ziele der Firma
- Die Firma schickt ihre Leute auf Messen und Tagungen und ermöglicht ihnen umfangreiches Literaturstudium, um sich weiterzubilden
- Durch Übertragung genau umrissener Aufgabenfelder ermöglicht die Firma den Beratern selbständiges, verantwortungsvolles Arbeiten.

4.8 Rainer Thiele, KATHI Rainer Thiele GmbH: »Auf die richtige Mischung kommt es an«

Mit einer couragierten Markenpolitik überholte Rainer Thiele in Ostdeutschland die Konkurrenz. National erreicht Kathi Platz zwei. Inzwischen erobern Kathi-Backmischungen auch den hart umkämpften Weltmarkt.

Zur Person

Rainer Thiele · 53 Jahre · Diplom-Wirtschaftswissenschaftler · 1961 Einstieg ins elterliche Unternehmen »Kathi« · bis einschließlich 1976 Direktor des 1972 enteigneten Betriebes, danach tätig im VEB Süßwaren und Dauerbackwaren · Leiter der Markt-

und Bedarfsforschung im Kombinat Nahrungsmittel und Kaffee · seit Januar 1991 Geschäftsführender Gesellschafter der reprivatisierten Firma · verheiratet · 4 erwachsene Kinder.

Das Unternehmen
KATHI Rainer Thiele GmbH, Halle · Hersteller von Backmischungen · 1950 gegründet · 1972 verstaatlicht · 1991 reprivatisiert · Mitarbeiter: 1989: 137 · bei Reprivatisierung 1991: 36 · 1996: 44. Umsatz: 1992: 5 Millionen Mark · 1996: 16 Millionen Mark.

Mitten in der Tristesse an der Bahnlinie Halle-Ost, wo morsche Backsteinwände und verrußte Fassaden das Milieu bestimmen, fällt ein Neubau auf. Erst recht, weil er sich in hellem Gelb und knalligem Rot präsentiert – die Farben von Kathi. Durch die geräumige Empfangshalle und das helle Treppenhaus hinauf geht's zur Geschäftsführung. Hier erwartet den Besucher erst mal das Allerwichtigste: ein Teller voll Kuchen. Natürlich aus Kathi-Backmischungen. »Probieren geht über studieren«, meint Firmenchef Rainer Thiele und grinst aufmunternd. Wer einmal kostet, versteht anschließend besser, worum es eigentlich geht. Nämlich: die besondere Qualität von Kathi-Backmischungen. Und während sich der Gast noch Kuchen und Plätzchen auf der Zunge zergehen läßt, erklärt Geschäftsführer Thiele mit selbstbewußter Nonchalance, warum sie schmecken: einfache Natürlichkeit, keine künstlichen Verstärker, keine Farb- und Konservierungsstoffe. »Natürlich Kathi, einfach gut« ist Werbeslogan und Programm zugleich. 24 Backmischungen bietet Kathi derzeit, hinzu kommen 6 Backzutaten und ein Qualitätsweizenmehl.

Ostdeutschen Feinschmeckern braucht man Kathi nicht besonders ans Herz zu legen, sie kennen die Produkte seit langem. In den neuen Bundesländern besitzt Kathi heute bei Backmischungen einen Marktanteil von mehr als 40 Prozent. Damit ist das Unternehmen im Osten die Nummer 1. So gut wie alle Handelsketten – von Metro bis Kaiser's – führen hier Kathi-Produkte. 1994 boten die ersten Händler auch in den alten Bundesländern die Backmischungen aus Halle an der Saale an. Exporte gehen inzwischen nach Frankreich, Brasilien, Japan, Namibia, Österreich, Tschechien und Italien. Vielversprechende Kontakte gibt es in die USA, zu Spanien, Südafrika, der Türkei und den Vereinigten Arabischen Emiraten. Gegenüber 23 Wettbewerbern – unter ihnen Dr. Oetker, Kraft, Mondamin, Aurora – behauptet sich das Ost-Unternehmen – ohne finanzstarken westlichen Partner – auf dem außerordentlich angespannten Nahrungsmittelmarkt.

Der Weg dahin aber ist eine lange Geschichte, eine Story deutsch-ost, wie sie aufregender nicht zu erfinden wäre.

Sie begann vor beinahe fünf Jahrzehnten. Rainer Thiele war ein sechsjähriger Knirps, als seine Mutter, aus einer Konditorfamilie stammend, in der Garage des Mietshauses ihrer Großeltern in Halle an Backmischungen tüftelte, um die Familie nach dem Krieg über Wasser zu halten. Wenig später – 1950 – gründete Kaethe Thiele damit ein Unternehmen. Es trug die Anfangsbuchstaben ihres Vor- und Familiennamens: Kathi. Torten-, Kloß- und Knödelmehl und kochfertige Suppen waren die ersten Produkte. Ideenreich entwickelte sie immer neue, während ihr Mann die kaufmännischen Zügel des Familienbetriebes führte. So wuchs Rainer Thiele zwischen Kloßmehl und Backmischungen, Fertiggerichten und Bratensoßen auf. Hauptthema aller Gespräche am Familientisch: die Firma. Das Geschäft boomte. »Kochen und backen mit Kathi« wurde in den Küchen von Kap Arkona bis Sonneberg zum Begriff. Sogar heißbegehrte Devisen holte Kathi ins Land, mißliebig beäugt von den DDR-Wirtschaftsbehörden, die dem Privatunternehmen den Erfolg nicht gönnten und bei jeder passenden Gelegenheit Bremsklötze hinwarfen.

Bis zum einschneidenden Jahr 1972. Da arbeitete der knapp 30jährige clevere Junior-Chef schon als stellvertretender Geschäftsführer und Kaufmännischer Direktor an der Seite der Eltern, hatte ein sechsjähriges Fernstudium der Wirtschaftswissenschaften in Leipzig mit Bravour absolviert. Noch heute verändern sich schlagartig die sonst so gutgelaunten Gesichtszüge, wenn die Rede auf jenen Augenblick kommt: als die Staatsbeauftragten ins Büro des Vaters stürmten und der überzeugte Liberaldemokrat Thiele nicht begreifen konnte, was geschah. Innerhalb von fünf Minuten verlor er 82 Prozent des Firmen- und damit Familieneigentums. Wenig später erkrankte er schwer und mußte invalidisiert werden. Rainer Thiele leitete den VEB noch drei Jahre, bis er – nach der strikten Weigerung, in die SED einzutreten – hinausgeekelt wurde. Das Kapitel »Kathi« schien abgeschlossen.

Nicht für Rainer Thiele. Wenn es drauf ankommt, kann er stur sein. Und geduldig. »Abwarten«, hat er damals gesagt, »der Sozialismus erlebt das Jahr 2000 nicht.« Unbeirrt zahlte er fast zwei Jahrzehnte lang aus eigener Tasche die Schutzgebühr für das Kathi-Warenzeichen. Freunde und Kollegen zeigten ihm einen Vogel. Thiele aber erklärte verbissen: »Kathi soll als Begriff erhalten bleiben.« Während er im Kombinat Nahrungsmittel und Kaffee fleißig Markt- und Bedarfsanalysen erstellte, die prompt im Panzerschrank verschwanden, glaubte Rainer Thiele beharrlich, irgendwann wieder als Chef bei Kathi zu landen.

1990 war »irgendwann« plötzlich greifbar nahe. Im Februar, mitten in chaotischer Wendezeit, stellte der damals 47jährige Kathi-Erbe den Antrag auf Reprivatisierung des Unternehmens. Nervenaufreibende Überraschungen folgten: alte Bekannte von 1972 in zuständigen Kommissionen, mehrfach spurloses Verschwinden seiner Akten bei der Treuhand, monatelange bürokratische Zögerlichkeiten. Rainer Thiele drückte die Schulbank auf Managerkursen in Bayern, während die Situation immer vertrackter wurde. Der Betrieb gehörte noch zum sich auflösenden Kombinat, HO und Konsum als Handelsabnehmer brachen weg, die Bevölkerung stürzte sich auf Westprodukte. Trotzdem, Thiele entschied sich für das Risiko. Im Oktober '90 stieg er, zunächst als Prokurist, wieder bei Kathi ein, leistete sich schließlich wutentbrannt einen teuren West-Anwalt und lief bei der Treuhand Sturm. Im April 1991 hielt er endlich die Reprivatisierungsurkunde in der Hand. Rückwirkend, ab 1. Januar 1991, war er wieder Eigentümer des Familienbetriebes. Und schreibt vom Datum der Reprivatisierung an schwarze Zahlen.

Aus seiner Zeit im Kombinat Nahrungsmittel und Kaffee wußte Rainer Thiele sehr wohl um die Bedeutung von Marktforschung, Marketing und Verkaufsförderung. Also suchte er sich eine leistungsstarke Agentur in den alten Bundesländern und investierte in den ersten drei Jahren rund 12 Prozent des jährlichen Umsatzes in Trade und Konsumer Marketing. Ausgerüstet mit einem neuen Outfit für seine Produkte, umfangreichen Verkaufsprospekten, Displays und Trays sowie einem Packen Kundenbriefen, die nach Kathi-Produkten verlangten, klapperte er die großen Handelsketten ab. 50 000 Kilometer quer durch Deutschland brachten eine deprimierende Erfahrung mit der

Marktwirtschaft: Nicht allein Produktqualität und ausgezeichnetes Preis-Leistungs-Verhältnis öffnen den Weg in die Regale. Verbissene Beharrlichkeit war nötig, bis sich schließlich der erste Erfolg einstellte: Spar, Metro und Edeka listeten in den neuen Bundesländern einige Kathi-Backmischungen. Weitere Handelsketten folgten, allmählich auch im Westen Deutschlands. Seit dem Umzug 1994 in die neue Produktionsstätte, eine mehr als 13-Millionen-Mark-Investition, gehört Kathi weltweit zu den modernsten Herstellern von Backprodukten.

Rainer Thiele, Idealist und bedachtsam abwägender Rechner, Dynamiker und Schritt-für-Schritt-Stratege hat sein Ziel erreicht. »Mit vollem Einsatz rund um die Uhr«, meint er lakonisch, »ohne Freizeit, ohne Urlaub, nur die Firma zählte. Und die Familie zog mit.« Margret Thiele, bis 1991 Oberschwester in einer Hallenser Klinik, war anfangs nicht allzu begeistert von dem Plan, den Betrieb wieder zu übernehmen. Nachdem die vier Kinder groß waren, hätte sie gern endlich mal Zeit für sich gehabt. Der Unternehmergeist ihres Mannes aber steckte an. Und längst ist sie couragierte Personalchefin der Firma, präsentiert temperamentgeladen duftenden Kuchen aus Kathi-Backmischungen auf internationalen Messen und fachsimpelt mit Kennern über neueste Rezepte. Auch die beiden Söhne stiegen ins Unternehmen ein. Marco, 25, ist zuständig für Marketing und Vertrieb. Thomas, 29, betreut Produktion und Technik. So gibt es – wie einst bei Thieles Eltern – auch heute am Familientisch vor allem ein Thema: die Firma.

Immer neue Ideen werden dabei ausgetüftelt. Ob nun Teigmischungen für Weihnachtsplätzchen und Herrenkuchen, die mit einem ungewöhnlichen Kraftakt aller Mitarbeiter noch zur Weihnachtssaison ’93 in die Handelsregale gelangten, der kurz darauf folgende Osterknüller Kindergebäck oder ein Pizzateig für sommerliche Gartenfeten. Der kleine Familienbetrieb mit seinem gut ausgebildeten und hochmotivierten rund vierzigköpfigen Team ist in der Lage, höchst flexibel auf Marktbewegungen zu reagieren. Voraussetzung dafür, schwört Rainer Thiele, sind innerbetriebliche Strukturen mit flacher Hierarchie, kurzen Kommunikationswegen und geringen Reibungsverlusten sowie eine abteilungsübergreifende Arbeit. Nur so sei es möglich, sich neuen Anforderungen ohne Zeitverlust erfolgreich zu stellen.

Der bisher größte Clou gelang dem Hallenser Unternehmen auf diese Weise mit seinem Diabetiker-Sortiment. Bereits 1992 hatte Geschäftsführer Rainer Thiele bei einem der zahllosen Verkaufsgespräche den folgenreichen Satz aufgeschnappt: »Es gibt wenig gute Produkte für Diabetiker.« Seitdem spukte ihm die Idee durch den Kopf, genau diese Marktlücke für Kathi zu erschließen. Thieles Prämissen allerdings: Kathi-Diabetiker-Kuchenmehl darf sich im Geschmack nicht von herkömmlichen Backwaren unterscheiden und muß besser sein als die Produkte der Konkurrenz. Das hieß, ein geeigneter Zuckeraustauschstoff, kombiniert mit Süßstoff, mußte gefunden, das optimalste Mischungsverhältnis bestimmt und schließlich eine geeignete Technologie entwickelt werden. Ein außerordentlich schwieriges Vorhaben. Zwei Jahre lang wurde getüftelt, wieder verworfen, von Neuem begonnen, immer angetrieben vom Thieleschen Leitsatz »Geht nicht gibt's nicht!« Nach Abschluß eines gemeinsamen Forschungsprogrammes mit der Firma Hoechst und zahllosen Backversuchen im Hallenser Betrieb brachte Kathi schließlich 1995 ein Diabetiker-Sortiment auf den Markt, das seinesgleichen sucht – 7 Backmischungen, die im Geschmack »gezuckertem« Kuchen entsprechen und wie alle Kathi-Produkte frei von Konservierungsmitteln, Geschmacksverstärkern und Farbstoffen sind. Das attraktive Angebot wirkte wie ein Türöffner des westdeutschen und internationalen Marktes. Als im Sommer '96 die Probelistung nebst Verkaufsaktionen für alle Real-Märkte in Nordrhein-Westfalen vereinbart war, der erste Container mit Diabetiker-Backmischungen nach Brasilien beladen wurde, der erste LKW für die Türkei den Hof verließ und die Bestellung aus Spanien einging, war Rainer Thiele seinem Ziel, die Verkaufsregale der Altbundesländer und der Welt zu erobern, wieder ein Stück näher gekommen.

Und mit Innovationen wird das Unternehmen auch in Zukunft überraschen. Für 1997 sind wieder drei Neuheiten geplant. Der Kunde darf gespannt sein.

Erfolgsrezept:
Konsequente Markenpolitik mit langem Atem

Das Unternehmen setzt – in Auftritt und Design – auf seine strukturierte Kathi-Markenwelt. Diese Marketingstrategie brachte Firmenchef Rainer Thiele 1995 die Marketing-Auszeichnung Ostdeutschland ein. Der ausgeklügelte Marketing-Mix von Kathi umfaßt:

1. Produktpolitik:
Kathi bietet ein umfangreiches Sortiment, das ein breites Spektrum an Verbraucherbedürfnissen abdeckt und ständig mit Neuheiten aufwartet. Besondere Leistungen: Kathi-Produkte sind frei von Farb- und Konservierungsstoffen sowie Geschmacksverstärkern; kleine, umweltfreundliche Packungen, die wenig Abfall verursachen; keine Mogelpackungen – der Füllgrad liegt bei 90%; leichtes Handling aller Produkte – sie gelingen immer; Top-Qualität zu günstigen Preisen; Zertifizierung nach DIN EN ISO 9001; alle Backmischungen tragen das Qualitätszeichen der Centralen Marketing-Gesellschaft der deutschen Agrarwirtschaft (CMA), die Mehrzahl erhielt bereits die Goldmedaille der CMA.

2. Servicepolitik:
Der Dienst am Kunden ist Teil der Unternehmensphilosophie. Angeboten werden eine Info-Hotline und flexibler Kundendienst. Selbst Lieferungen an einzelne Haushalte sind möglich.

3. Preispolitik:
Klare preisliche Positionierung als Markenartikler – in diesem Bereich jedoch sehr günstig. Deutliche Abgrenzung zu den Billiganbietern der Branche.

4. Distributionspolitik:
Zunächst ausschließliche Ausrichtung auf den Lebensmitteleinzelhandel. Konzentration auf das Gebiet der neuen Bundesländer bis zur flächendeckenden Distribution mit möglichst großer Sortimentstiefe, danach Ausweitung in die alten Bundesländer und ins Ausland. Den Vertrieb organisieren Handelsagenturen.

5. Kommunikationspolitik:
Handel und Verbraucher werden unterschiedlich angesprochen. Gegenüber dem Handel: in den alten Bundesländern muß die Marke bekanntgemacht werden. Gegenüber den Verbrauchen: angesichts der Marktsituation wird zweigleisig gefahren – in den neuen Ländern muß die Markenbekanntheit erhalten und die Marktführerschaft gesichert werden; in den alten Bundesländern muß die Marke bekanntgemacht werden.

6. Umsetzung in ganzheitlichen Konzepten mit den Elementen:
- Klassische Werbung durch Anzeigen in Fachzeitschriften für die Händler und in Illustrierten für die Endverbraucher.
- »Point of Sale« – punktuelle Aktionen in Geschäften mit Verkostung, Verkauf und Kundenberatung.
- Gemeinsame Verkaufs- und Werbeaktionen mit dem Handel, z. B. Kuchenbäckerei auf Volksfesten, Kinderfesten, Märkten.
- Teilnahme an Fach- und Verbrauchermessen, vor allem an den beiden großen Fachmessen ANUGA und ISM in Köln und SIAL in Paris.
- Teilnahme an Handelsbörsen.

4.9 Annette Brück, Brück & Sohn, Meißen: »Mit Spürsinn für Marktlücken den Kunden etwas Einmaliges bieten«

Annette Brück baut auf die 200jährige Tradition ihrer Firma und tüftelt gleichzeitig an immer neuen, interessanten Angeboten. Das macht Brück & Sohn zu einer Besonderheit im tausendjährigen Meißen – Voraussetzung für den Geschäftserfolg.

Zur Person

Annette Brück · 41 Jahre · Berufsausbildung als Druckformenherstellerin · später Photographenlehre · Arbeit in der Firma des Vaters · seit 1. 1. 1987 Inhaberin der Firma Brück & Sohn · verheiratet · 2 Kinder.

Zum Unternehmen

Brück & Sohn · Meißen · Einzelhandelsfachgeschäft für Papier-, Büro- und Schreibwaren · Künstler- und Bastelbedarf; Kunstverlag für Kunstpostkarten · Ansichtskarten · Postkartenkalender · Briefpapier; Großhandelsvertrieb für Glückwunschkarten · Geschenkpapier und -band · Servietten sowie eigene Verlagsprodukte; gegründet 1793 · heute Einzelfirma in der 7. Brück-Generation · Inhaberin: Annette Brück · Geschäftsführer: Helmut Brück · 1996: 18 Angestellte · Umsatz seit 1994 jährlich konstant: 2,8 Millionen Mark.

Ein Schreibwarengeschäft, nun ja, was kann daran Besonderes sein? – denkt der Laie. Erinnert sich an den Krimskramsladen aus seiner Kinderzeit und hat heute das nüchterne Sammelsurium bei McPaper vor Augen. Wer allerdings einmal durchs historische Meißen spaziert und in der Burgstraße 1 bei Brück & Sohn hineinschaut, bemerkt spätestens da seinen Irrtum.

»Wer im Einzelhandel heutzutage bestehen will, muß etwas Individuelles bieten« – Inhaberin Annette Brück ist sich sicher. Und bringt mit ihrem Geschäft den Beweis dafür: im Erdgeschoß ein jeweils wechselndes besonderes Sortiment, an Themen und Jahreszeiten orientiert, immer auch mit Ausgefallenem gespickt, das sonst keiner zu bieten hat. Jetzt im Vorfrühling sind Osterwaren angesagt, Hasen und Nester aus Naturmaterial, Dekorationen in leuchtenden Frühlingsfarben. Die Treppe hinauf, in der ersten Etage, werden Büro- und Schreibwaren präsentiert, daneben die Fachabteilung für Künstlerbedarf, und in der 2. Etage schließlich: die »Bastelburg«, das Lieblingskind von Annette Brück, der kreatives Gestalten schon immer am Herzen lag.

Wer den Laden aus der Zeit vor 1991 kennt, kommt aus dem Staunen nicht mehr heraus. Damals drängte sich unten im Erdgeschoß die ganze Herrlichkeit auf 50 Quadratmetern zusammen. Urig gemütlich zwar, aber wie aus einer vergangenen Welt. Und so war es ja auch. Schon als Fünfjährige hat die heutige Firmenchefin hier hinterm Ladentisch gestanden und darauf gebrannt, beim Verkaufen helfen zu dürfen. Mit dem Vater war sie mitgezogen, wenn er Fotos für seine Ansichtskarten schoß. Und bei Geschäftsgesprächen spitzte sie hinter seinem Rücken neugierig die Ohren. So stand von klein auf fest, daß sie später die Brücksche Firma übernehmen würde. Die bewegte Geschichte ihrer unternehmerischen Vorfahren faszinierte die Urmeißnerin. Und über jede der sechs Geschäftsgenerationen vor ihr kann sie Geschichten erzählen. Von Carl Friedrich Brück zum Beispiel, dem Buchbindergesellen, der 1793 die Firma gründete und damals mit der Herausgabe von Kalendern, Bibeln und Predigtbüchern begann. Über Friedrich August Brück, der 1822 das jetzige Geschäftshaus in der damaligen Burggasse für 8500 Taler kaufte und nun als Ölgemälde in Annette Brücks Büro hängt. Der nächste, Julius Brück, zog 1849 mit der Meißner Kommunalgarde zur Revolution nach Dresden und ging als der Erzähler »Der alte Brück« in die Literatur ein. Oscar Brück machte 1893 den Schreibwarenladen auf und begann vier Jahre später mit der Herstellung von Ansichtskarten. Walter Brück, die 5. Generation, brachte die Firma über Inflation, Weltwirtschaftskrise und 2. Weltkrieg. Und wie clever Dietmar Brück, der heute 70jährige Vater, seit 1951 das Geschäft durch die DDR-Zeit steuerte, veranlaßt noch heute zu Heiterkeitsausbrüchen oder nachdenklichem Schmunzeln. Weißt du noch? Damals, als im ganzen Land Toilettenpapier knapp war? – Bei Brück & Sohn hing es aufgerollt im Schaufenster, für jeden Kunden soviel, wie er wollte, und die Leute standen Schlange. Erinnerst du dich? 1963 – der erste Auftritt mit Kunst- und Ansichtskarten des Verlages auf der Leipziger Messe? Als der Coup mit dem Englandgeschäft eingefädelt wurde? Ein Tablettthersteller aus Nordengland suchte preisgünstige Kunstdrucke zur Bebilderung seiner Tabletts. Und Brück & Sohn lieferte von da an 28 Jahre lang wundervolle Stilleben, von Meißner Porzellanmalern ausgeführt, in hoher Qualität gedruckt, nach Blackhill. Für die DDR ein einträgliches Devisengeschäft. Den Brücks brachte es zwar kein einziges Englisches Pfund ein, immerhin aber 1,3 Millionen Mark Umsatz jährlich (rund ein Viertel des Gesamtumsatzes, der in guten Jahren bis auf 5,4 Millionen stieg), Geschäftsreisen nach Großbritannien und eine gehörige Portion Narrenfreiheit im reglementierten Wirtschaftsalltag. Auch die Chance für Tochter Annette, 1987 die Firma als Inhaberin vom Vater zu übernehmen, was anderen Privatbetrieben in der DDR strikt verweigert wurde. Seitdem führt sie gemeinsam mit Ehemann Helmut Donath, der als pfiffiger Berliner genau ins Unternehmen paßte und 1993 gemeinsam mit der Familie das traditionsreiche »Brück« annahm, die Zügel. Und Senior Brück wirbelte im Hintergrund weiter.

»In schlechten Zeiten geht's uns am besten«, prägte Vater Brück damals ein geflügeltes Familienwort, »weil wir immer eine Lücke finden.« Allerdings muß man dafür auch gewitzt genug sein, auf ausgefallene Ideen kommen und sie mit Brückschem Engagement in die Tat umsetzen. Zu Millionären, wie die Gerüchteküche von Meißen neidvoll zischelt, wurde die Familie dabei nicht. Fürs Überleben indessen hat es immer gereicht. Das sei schließlich auch schon viel wert, findet Annette Brück. Vor allem in der wilden Zeit ab 1990, die alles durcheinanderbrachte.

Von einem Tag auf den anderen lag der Kunstverlag am Boden, weil die Engländer aus dem Geschäft ausstiegen und die wichtigsten Verlagsprodukte – Glückwunsch- und Ansichtskarten – keinen Absatz mehr fanden. Die Konkurrenz aus dem Westen schnippste mit den Hosenträgern und glaubte, die kleine Ostfirma einfach wegpusten zu können. Der eingespielte Großhandelsvertrieb, das zweite Standbein von Brück & Sohn, war mit der Fülle des neuen Warenangebots schlicht überfordert. Und der winzige Schreibwarenladen im Erdgeschoß platzte aus den Nähten. Ein neues Firmenkonzept mußte her.

Wochen- und monatelang grübelten die Eheleute, rechneten Varianten durch, probierten dies und jenes. Bis ihr Entschluß feststand: Das Haus in der Burgstraße 1 wird auf den Kopf gestellt. Der Einzelhandel versprach damals aussichtsreiche Entwicklungen. Aus dem kleinen Laden sollte ein anspruchsvolles Fachgeschäft für Büro-, Hobby- und Künstlerbedarf werden. Im September 1991 begann der Umbau. Wer schon jemals an der Rekonstruktion und Sanierung eines jahrhundertealten Hauses mitwirkte, kann ermessen, welche Kraftakte folgten. Mit Dreck, Staub und jedem Tag einer neuen Überraschung angesichts durchgefaulter Balken und morscher Wände. Ein reichliches Jahr später, im November '92, konnte endlich wieder eröffnet werden.

Hinter der historischen Fassade wird seitdem auf 250 Quadratmetern verkauft, übersichtlich in Abteilungen geordnet, mit durchdachtem, hochwertigem wie auch preisgünstigem Angebot und fachkundiger Beratung, mit Vorführungen und Kursen als besonderem Service. Auf den großen Messen in Frankfurt/Main und Nürnberg holt sich Annette Brück ihre Anregungen über die neuesten Trends. Zu den Lieferanten hat sie enge Partnerschaftsbeziehungen entwickelt. Und die Mitgliedschaft in einer internationalen Einkaufsgenossenschaft, die günstige Zahlungsbedingungen, Service und Beratung bietet, macht sich bezahlt. Weit schwieriger als alle kaufmännischen Fragen erwies sich indessen die Führungsarbeit gegenüber den Mitarbeitern. Manch einer Verkäuferin mußte der richtige Umgang mit Kunden erst beigebracht werden. Denn nicht mehr Mangelwaren galt es zu verteilen wie in DDR-Zeiten, sondern Kundenwünsche zu ergründen und zu erfüllen. Statt mit schrägem Hals aus Angst vor unbequemen Fragen Gespräche abzublocken, sollten sie selbstsicher auf die Leute zugehen, sie in freundlichen Meinungsaustausch verwickeln und dabei auch noch kompetent beraten. Das lernt man nicht von heute auf morgen. Wie aber lernt man es überhaupt?

Annette Brück besuchte Führungsseminare: Wie motiviere ich Mitarbeiter? Wie qualifiziere ich sie? Wie schaffe ich eine freundliche Atmosphäre? Wann ist Großzügigkeit, wann Auseinandersetzung angesagt? Die anschließende »Mitarbeiterschulung« an einem Sonnabendnachmittag in einem schicken Hotelrestaurant wirkte beinahe Wunder. Sie war ein Aha-Erlebnis auf dem Weg, die Angestellten für die Unternehmensphilosophie aufzuschließen, ihnen Forderungen zu erklären, Tips zu geben. Natürlich ist damit nicht jedes Problem aus dem Weg geschafft.

Personalführung bleibt eine permanente Aufgabe und zerrt manchmal gewaltig an den Nerven. Da geht es Annette Brück wie Butter runter, wenn Lieferanten bei einem Besuch erstaunt bemerken: »Diese familiäre Atmosphäre bei Ihnen, diese gelöste Freundlichkeit und das sachkundige Wissen um die Dinge – ist das angenehm!« Spätestens dann weiß die Chefin wieder mal, wieviel sie gemeinsam geschafft haben. Trotzdem bekommt ihr Einzelhandelsgeschäft – wie alle anderen in der Innenstadt – zunehmend die sinkende Kaufkraft der Leute und die starke Konkurrenz der Großmärkte am Stadtrand zu spüren. Selbst die Gründung einer Werbegemeinschaft, die aktionsreichen Auftritte beim Altstadtfest oder Helmut Brücks halsbrecherische Fahrradtouren auf seinem historischen Brück & Sohn-Drahtesel quer durch die Stadt helfen da nur bedingt.

In dieser Situation ist es wieder mal Glück, daß die Firma mehrere Standbeine hat und ein Bereich dem anderen über Durststrecken helfen kann. Momentan ist es der kleine Kunstverlag, der erstaunliche Gewinne macht. Dafür focht Brück Senior ein Jahr lang einen Kampf der besonderen neudeutschen Art aus: gegen einen Verlag aus den alten Bundesländern, um die Herstellungsrechte von Kunstpostkarten in Sachsen. Brück pochte auf die bessere Qualität, die er bot, und drang bis zum sächsischen Regierungspräsidium vor. Nach nervenaufreibendem Hickhack hatte er schließlich den Vertrag in der Tasche. Im Dresdner Zwinger und im Albertinum kaufen die Touristen nun nach dem Besuch der Galerien die Kunstpostkarten von Brück & Sohn.

Inzwischen arbeiten die Brücks schon an der nächsten Aktion, für die Generationen vor ihnen den Grundstein legten. In unzähligen Archivkästen warten mehr als 30 000 historische Ansichtskarten, fotografiert und herausgegeben seit 1897 von Brück & Sohn, in alten Kassenbüchern sorgsam aufgelistet und seit kurzem im Computer gespeichert, auf erneute Verwertung. Hier ist Helmut Brück in seinem Element. Stundenlang kramt er mit Besuchern in den Kästen, freut sich mit ihnen über eine alte Dorfansicht und preist seine Highlights an – Panoramakarten von Los Angeles und San Diego. Unterm Dach, wo jetzt noch Rumpelkammer ist, wird er demnächst seinen Traum vollenden: ein kleines Museum zur Geschichte der Firma, mit den historischen Kassen, der alten Schneidmaschine, historischen Fotolaborgeräten und vielen Verlagsartikeln aus alten Zeiten. Er weiß auch schon, wie jede Führung beginnen wird: »Möchte jemand Kaffee?« Dann drehen die Besucher an der rasselnden Kurbel der Kaffeemühle, ein Duft von frisch Gemahlenem breitet sich aus, ein Täßchen voll wird geschlürft, und schon geht's die Stiege hinauf ... Bei Brück & und Sohn ist wieder mal etwas Besonderes los.

Erfolgsrezept:
Individualität in Angebot, Personalführung und Kundenservice

Die wichtigsten Erfolgsfaktoren der 41jährigen Firmeninhaberin Annette Brück, der 7. Unternehmergeneration von Brück & Sohn in Meißen:

1. Das Konzept: Realisierbare Visionen und klare Ziele
Für Annette Brück steht fest: Die Tradition von Brück & Sohn soll bewahrt werden. Gleichzeitig nutzt sie Schritt für Schritt die Chance zur Neuprofilierung. Ihre Vision: Brück & Sohn zu einem Anziehungspunkt in der Altstadt von Meißen machen. Eckpunkte auf diesem Weg sind:
- 1991–1992 totaler Umbau des Hauses.
- Ein modernes Geschäft mit 250 m^2 Verkaufsfläche auf drei Etagen entstand. Neu eingeführt wurden Abteilungen für Künstler- und Bastelbedarf. Nächste geplante Neuerung: Computerzubehör.
- Durchdachte Reduzierung des Großhandelsvertriebs auf ein beschränktes Sortiment. Auslagerung aus der engen Altstadt.
- 1993: 200jähriges Firmenjubiläum.
- Aufarbeitung des Archivs des Kunstverlages mit mehr als 30 000 Ansichtskarten. 1997 Jubiläum: 100 Jahre Ansichtskarten von Brück & Sohn. Die Verwertung dieses Schatzes soll ein zukünftiger Knüller werden.
- Nächste geplante Attraktion: Unterm Dach entsteht ein öffentliches Museum zur Geschichte des Kunstverlages.

2. Die Führung: Individuelle, partnerschaftliche Führung der Mitarbeiter
Die Arbeit soll für die Angestellten nicht nur Erwerbszweck, sondern auch Lebenserfüllung sein, Spaß und Erfolg bringen. Nur dann engagiert sich jeder auch maximal für die Firma. Zur Umsetzung dieses Zieles gehört für Annette Brück:
- Täglich Vorbild in fachlicher Kompetenz, phantasiereicher Gestaltung und beim Auftreten gegenüber Kunden sein, gleichzeitig auch Fürsorge für die Angestellten walten lassen. Zur eigenen Qualifizierung nahm Annette Brück an mehreren Führungsseminaren teil.
- Die Mitarbeiter fachlich qualifizieren und eine menschliche Atmosphäre schaffen, in der sie sich wohlfühlen. Motto: »Mit saurer Miene kann man keine Geschäfte machen« (Dietmar Brück). Zufriedene Mitarbeiter dagegen besitzen die notwendige Ausstrahlung für ein gutes Geschäft.
- Die Mitarbeiter zu kundenorientiertem Handeln motivieren und bei ihnen Sinn für die Wünsche der Kunden entwickeln. Das heißt: Mitarbeiter fördern und fordern.

- Zur Umsetzung werden Mitarbeiterschulungen und Motivationsmeetings durchgeführt. Annette Brück würdigt die Meinungen und Vorschläge der Angestellten, hält mit Kritik nicht hinterm Berg. Für Personalgespräche hat sie ein 6-Punkte-Programm mit ihren Erwartungen aufgestellt. Betriebsausflüge und gemeinsame Feiern fördern die Verbundenheit mit der Firma.

3. Der Kunde: Auf den Kunden zugehen und ihn individuell betreuen
Eine enge Bindung der Kunden an die Firma ist für Annette Brück ein Schlüssel zum Erfolg. Besonderen Wert legt sie auf spezifische Angebote für bestimmte Kundenkreise und eine individuelle Betreuung. Zu Erfolgsfaktoren wurden:
- Das Wollen und Können der Mitarbeiter. Die Verkäuferinnen sollen sich mit ihrem Fachgeschäft identifizieren und die Kunden mit Engagement fachgerecht beraten und betreuen.
- Herstellung von Kundenkontakten. Durch besondere Aktivitäten werden Beziehungen zu potentiellen Kunden entwickelt. Dazu dienen Vorführungen im künstlerischen Bereich, Bastelkurse für Kinder und Erwachsene sowie Workshops jeweils im Frühjahr (für Ostern) und Herbst (für Weihnachten).
- Kundenbindung durch Kundenzufriedenheit. Der Kunde wird als Partner betrachtet. Gemeinsam mit ihm können seine Probleme zur Zufriedenheit gelöst werden. Auch Reklamationen sind dabei als besondere Chance zu nutzen.
- Besonderer Kundenservice schafft Wettbewerbsvorteile. Brück & Sohn bietet zum Beispiel an: Kopieren, Heften, Lochen, Binden, Stempelherstellung, Gravieren von Schreibgeräten, Bestellservice für besondere Artikel, Kundenkarten mit Rabattgewährung.

4.10 Dr. Holger Schultheiß, HALCOM Hallesche Computertechnik GmbH: »Erfolg muß jeden Tag neu erkämpft werden«

1993 von Dr. Holger Schultheiß gegründet, wuchs die Firma Halcom in denkbar kurzer Zeit zum wohl größten ostdeutschen PC-Produzenten. Starchip-Profiline-Systeme aus Halle-Queis haben sich auf dem Markt etabliert. Ihren Erfolg bestimmen: gute Qualität, guter Preis, gute Leute im Marketing.

Zur Person

Dr. Holger Schultheiß · 31 Jahre · Berufsausbildung und Tätigkeit als Elektromonteur · Abitur · Studium an der Martin-Luther-Universität Halle-Wittenberg · 1990 Abschluß als Diplomlehrer für Technik/Informatik · 1993 Promotion · 1990 Geschäftsführer der Software Hardware Lindemeyer GmbH · Halle · 1994 Abschluß eines Zusatzfernstudiums als Betriebswirt · 1993 Geschäftsführender Gesellschafter der HALCOM Hallesche Computertechnik GmbH · Halle · außerdem Gesellschafter verschiedener anderer Firmen · verheiratet · 2 Kinder.

Zum Unternehmen
HALCOM Hallesche Computertechnik GmbH · Queis bei Halle · Entwicklung · Produktion und Vertrieb von Computersystemen (Starchip-Profiline) sowie Distribution von zahlreichen namhaften Finalprodukten der EDV-Branche · gegründet 1993 · Fertigung von 30 000 PC-Systemen jährlich · Mitarbeiter: 1993: 7 · 1996: 46 · Umsatz: 1993: 3 Millionen Mark · 1996: 50 Millionen Mark · Investitionen: 3 Millionen Mark.

Kann schon sein, daß an dem heute 31jährigen Firmenchef der Halcom GmbH ein zukünftiger Universitätsprofessor verlorenging. Na, wenn schon. Holger Schultheiß winkt ab. Seine Wissenschaftlerlaufbahn hat er an den Nagel gehängt. 1990 allerdings, als er vorfristig und mit Auszeichnung sein Studium als Diplomlehrer für Technik/Informatik – nach Sonderstudienplan mit spezieller Förderung – an der Martin-Luther-Universität Halle-Wittenberg beendete, eröffnete sich dem Super-Absolventen die Chance, in die Wissenschaft einzusteigen. Noch während der Studienzeit hatte er bereits mit seiner Dissertation begonnen – im zukunftsträchtigen Fachbereich Künstliche Intelligenz/Informatik/Psychologie an der Philosophischen Fakultät. Der besessene Nachwuchswissenschaftler sollte und wollte an der Universität bleiben. Wahrscheinlich wäre aus ihm, begabt und ehrgeizig, wie er nun mal ist, eine Koryphäe geworden...

Die Nachwendezeit aber wirbelte auch die Hallenser Uni durcheinander. Umstrukturierung und Abbruch von Forschungsvorhaben, Neubesetzung von Stellen, Austausch von Ost- gegen Westwissenschaftler waren angesagt. Wer garantierte da, daß man nicht zwischen den Mahlsteinen zerrieben wird? Holger Schultheiß zog es vor, dieser Mühle den Rücken zu kehren. Selbstbestimmte Aktivität lag ihm von jeher mehr als zeitvergeudendes Abwarten. An Ideen und unternehmerischer Energie mangelte es nicht. – Also stieg er in die Wirtschaft um.

1990, noch mitten in der Arbeit an seiner Dissertation, übernahm Schultheiß, 24 Jahre alt, als Geschäftsführer die Handelsniederlassung der Software Hardware Lindemeyer GmbH in

Halle. Eine aktionsreiche Zeit, angefüllt mit neuen Anforderungen, begann. – Der Informatiker versuchte sich als Verkäufer. Seine Handels-GmbH besetzte damals eine Marktlücke in Halle, der Vertrieb von Computern und Software florierte. Im Getriebe des Alltags entdeckte der junge GmbH-Chef sein kaufmännisches Talent wie auch den Spaß an der Unternehmensführung. Wenig später holte er mit einem Zusatzstudium der Betriebswirtschaft fehlendes Wissen auf.

Und langsam wuchs der Wunsch nach einer eigenen Firma, die nicht nur die Produkte anderer vertreibt, sondern selbst produziert. So begann im November 1993 ein neues Abenteuer: Halcom, die Hallesche Computertechnik GmbH. Aus nur 7 Leuten, die bereits in der Lindemeyer GmbH zusammengearbeitet und sich gegenseitig schätzen gelernt hatten, bestand die engagierte Gründungsbelegschaft der Firma. Sie mietete sich in einen engen Altbau in Halle ein. Mehrere Monate lang kämpfte Holger Schultheiß verbissen um einen Bankkredit. Bis er endlich Glück hatte. »Trotzdem, Kapital ist nur eine Voraussetzung. Es kommt darauf an, was man draus macht«, meint der Jungunternehmer. Erste Aktion: Schultheiß kaufte zu guten Preisen Rechnerbausteine auf dem nationalen wie auch internationalen Markt auf, die hochqualifizierten ostdeutschen Ingenieure kombinierten und entwickelten pfiffig hinzu. Eine 6-Tage-Woche, 14-Stunden-Arbeitstage und aufreibende Nachtschichten waren damals keine Seltenheit. Heraus kamen individuell auf den Kunden zugeschnittene, hochwertige und dazu noch preisgünstige PC. Eine Marktlücke, wie Holger Schultheiß und seiner Mitstreiter wußten.

Heute, dreieinhalb Jahre später, ist Dr. Holger Schultheiß Chef eines der größten Marken-PC-Herstellers in der Bundesrepublik und *der* Rechnerproduzent in den neuen Bundesländern. Besondere Stärken seiner Starchip-Profiline-Systeme: individuell nach Kundenwunsch gefertigt, mit ausgewählten, qualitativ hochwertigen Komponenten namhafter Hersteller und zu einem hervorragenden Preis-Leistungs-Verhältnis. Dazu kommen ein hohes Qualitätsmanagement, u. a. mit 24-Stunden-Dauertest, Zertifizierung und 4jähriger Garantie, sowie Service in kürzester Reaktionszeit über 80 Servicestützpunkte. So ist Halcom in der Lage, die ganzheitliche Einrichtung neuer, komplexer EDV-

Lösungen aus einer Hand – von der Planung bis zur laufenden Betreuung – anzubieten.

Im Jahr nach der Firmengründung verließ das wachsende Unternehmen die enge Altstadt und zog ins Gewerbegebiet Queis vor den Toren von Halle. Im Frühjahr '95 schließlich begann der Bau eines eigenen neuen Gebäudes. Seit einem halben Jahr wird hier nun auf 1300 Quadratmetern produziert. 46 Mitarbeiter hat die Firma inzwischen, und die jährliche Herstellung von 30 000 Systemeinheiten ist vorgesehen. Der Jahresumsatz kletterte 1996 auf 50 Millionen Mark. – Eine schwindelerregende Erfolgsbilanz. Dr. Holger Schultheiß allerdings neigt nicht zum Abheben. Eher im Gegenteil. »Wir sind längst nicht über den Berg«, bemerkt er äußerst nüchtern und zieht die Stirn ein wenig in Falten, »jeder Tag ist Kampf um neue Aufträge.« Soll keiner sagen, daß der Aufstieg des jungen ostdeutschen Unternehmens ein Zuckerlekken gewesen wäre.

Allerdings war Dr. Holger Schultheiß von Anfang an auch klug genug, Binsenweisheiten der Marktwirtschaft zu beachten, die andere ostdeutsche Unternehmen allzuoft unterschätzten. Zum Beispiel: Wer als Produzent Erfolg haben will, muß verkaufen können. Vom ersten Tag an legte der Halcom-Chef besonderen Wert auf versierte Verkäufer, die verhandeln können und auch bei Rückschlägen nicht aufgeben. Die Vertriebsabteilung, mit 12 Mitarbeitern für ein solch kleines Unternehmen stark besetzt, gehört zu den Triebkräften der Firma. Und in Stefan Hahne, einem aus dem Westen Deutschlands zugereisten Mitstreiter, fand Holger Schultheiß zudem einen agilen Marketing-Direktor, der sein Geschäft versteht. Sein Motto: »Man muß trommeln, wenn man etwas verkaufen will. Hühnereier werden doch auch nur gegessen, weil die Hennen laut gackern.« Bei seinen Werbeaktionen setzt er sogar auf Prominente. Genscher und Lafontaine waren schon in der jungen Firma, was werbeträchtige Presseberichte und Fernsehauftritte einbrachte.

Inzwischen stiegen neben den 1500 Fachhändlern, die über ganz Deutschland verteilt sind, auch Großmärkte wie Metro, Saturn, Otto-Selgros ins Geschäft ein. Behörden und Banken lassen sich im Direktvertrieb mit Starchip-PC-Systemen ausstatten. Rund 80 Prozent des Umsatzes kommt aus dem Westen Deutschlands.

Befragt nach seinen Erfolgsfaktoren, kommt Dr. Holger Schultheiß allerdings ins Grübeln. Drei, vier oder auch fünf Rezepte zu nennen, die in jeder Situation stimmen, sei eigentlich gar nicht möglich. Das Unternehmerleben ist halt viel komplizierter und wandelt mitunter auf einem schmalen Grat zwischen Absturz und Aufstieg, wo einfach auch mal Glück nötig ist. Dennoch hat Dr. Holger Schultheiß so seine Prinzipien, von denen er nicht abweicht. Eines davon heißt: absolute Sparsamkeit. Gelegentlich grenze sie an Geiz, wird ihm nachgesagt. »Ich kann die Mark erst ausgeben, wenn ich sie erwirtschaftet habe«, setzt er dagegen. »Andere leisten sich drei Autos, werfen mit den Millionen um sich und sind anschließend pleite.« Der Halcom-Chef dagegen dreht jede Mark zweimal um, bevor er sie ausgibt. Und Gewinne werden in den Betrieb investiert, anstatt für Luxus verschleudert. Daß er sich dabei weder Stellvertreter noch Sekretärin leistet und Geschäftsbriefe selbst in den Computer schreibt, gehört für ihn einfach dazu. Momentan sei es eben noch nötig.

Grundsatz Nummer 2: Mitarbeitermotivation. Holger Schultheiß will, daß seine Leute maximale Leistung bringen. Also bemüht er sich um jeden einzelnen Mitarbeiter, setzt auf persönliche Anerkennung und Kritik, informiert über Firmenstrategie und Erfolge, hat für Probleme immer ein Ohr. Und ist sich nicht zu fein, von anderen auch zu lernen. Manchmal wirkt ein offenes Wort beinahe Wunder. Bezahlt wird nach Leistung. Wer sich den hohen Forderungen nicht stellen will, muß gehen. Der Chef sei ein »harter Hund«, heißt es, aber Pferde stehlen könne man mit ihm. Und die Betriebsfeten sind noch immer ein Erlebnis gewesen.

Im schmalen Management setzt Schultheiß auf Team-Arbeit. Strategische Entscheidungen trifft er gemeinsam mit den Leitern von Vertrieb, Marketing, Forschung/Schulung und Produktion, die er als Spitzenleute auf dem jeweiligen Gebiet schätzt. Kein Wunder, daß jeder von ihnen die Firma als »sein« Unternehmen betrachtet. Vielleicht liegt gerade in diesem gemeinsamen Engagement eines der Erfolgsgeheimnisse von Halcom. Denn was wäre wohlorganisierter Vertrieb und cleveres Marketing ohne die Produktion und die Forschung? Was Produktion ohne Mitarbeiterschulung? Und was alle zusammen ohne die Anstöße, das betriebswirtschaftliche Denken und die Marktkenntnis des Chefs?

Auf erstaunliche Weise ist sich in diesem 46-Mann-Unternehmen jeder bewußt, wie sehr sein Erfolg vom anderen abhängt. Da ist jeder auf jeden eingespielt. Das, wünscht sich Holger Schultheiß, soll auch in Zukunft so sein.
Halcom wird ein mittelständisches Unternehmen bleiben, eine Innovationsschmiede – klein, aber fein. Mit durchorganisierter Produktion und spezialisiertem Vertrieb. Forschungsprojekte wie die Markteinführung einer neuen Gemeinschaftsspeicherarchitektur, die dem Unternehmen 1995 immerhin den Innovationspreis des Landes Sachsen-Anhalt einbrachte, werden I-Punkte setzen. Und der Aufbau eines Entsorgungs- und Wiederverwertungssystems für alle PC-Komponenten, Monitore und Verpackungen soll sich zu einem zusätzlichen Standbein entwikkeln. Der Ehrgeiz allerdings, irgendwann gegen Größen wie IBM oder Siemens anzutreten, liegt Dr. Holger Schultheiß fern. Wenn Mitte 1998 das geplante neue Logistikzentrum steht, sei erst mal Schluß mit dem Investieren und Wachsen. Dann komme die Konservierungsphase. Und für den Unternehmenschef endlich auch mal wieder Zeit für Frau und Kinder, ein erbauliches Schach- oder Volleyballspiel. Momentan heißt es freilich noch: ranklotzen, manchmal bis an die Grenzen der Kraft.

Erfolgsrezept:
Gute Leute für Marketing und Vertrieb

Halcom verdankt seinen Erfolg neben der ausgezeichneten Qualität und dem guten Preis seiner Produkte vor allem: einem agilen, auf das branchenspezifische Tempo ausgerichteten Vertrieb. Firmenchef Dr. Holger Schultheiß schickt versierte Verkäufer in die Spur und mißt der 12 Mitarbeiter starken Vertriebsabteilung besondere Bedeutung zu.

Was Dr. Holger Schultheiß von seinen Verkäufern verlangt:
1. die Firma als »ihr« Unternehmen zu betrachten und bereit zu sein, mehr zu leisten, als allgemein üblich ist
2. in der Lage zu sein, auf potentielle Kunden zuzugehen und sie mit Sachkenntnis und Überzeugungskraft zu gewinnen
3. selbstbewußt und flexibel verhandeln zu können
4. bei Rückschlägen niemals aufzustecken, sondern immer aufs Neue motiviert die Aufgabe anzugehen

Wie Dr. Holger Schultheiß seine Vertriebsmitarbeiter fit macht:
1. Sie bekommen ausreichend Hintergrundinformationen über Firmenstrategie und Marktbewegungen und besitzen Mitspracherecht bei wichtigen Entscheidungen
2. Der Firmenchef motiviert durch persönlichen Einsatz und eigene Fähigkeiten
3. In der betriebseigenen Bildungsakademie werden die Verkäufer entsprechend den Anforderungen der Firma aus- und weitergebildet

4. Die Aufteilung in 4 Arbeitsgruppen ermöglicht eine Spezialisierung der Vertriebsmitarbeiter: auf Großkunden, Handelsketten, Fachhandel und Vor-Ort-Händler
5. Die Verkäufer erhalten ein vom Umsatz abhängiges Gehalt, das nach strengen Abrechnungsmechanismen festgelegt wird

Über welche Vertriebsschienen Halcom erfolgreich verkauft:

1. Mit Telefon-Marketing: Dabei wurden Partnerschaften zu 1500 Fachhändlern aufgebaut. Sie sitzen vor allem in den alten Bundesländern, von Flensburg bis zum Bodensee.
2. Über den »retail«-Kanal: Über diesen zentralisierten Einkauf für die Elektronikfachmärkte gelangt Halcom in Warenhäuser und Märkte von Hertie, Metro, Saturn, Otto-Selgros.
3. Im Direktvertrieb: Dabei rüstet Halcom Behörden, Institutionen, Großunternehmen wie die Dresdner Bank, die Stadt Frankfurt am Main oder Energieversorger mit genau auf ihre Wünsche zugeschnittenen Starchip-PC-Systemen aus. Ab einer bestimmten Bedarfsgröße wird zu Herstellerdirektabnahmekonditionen beliefert.

5 Vom Umstieg zum Aufstieg – Zwischenbilanz eines ostdeutschen Unternehmensberaters

Franz Rudolph

Die Aufsteiger Ost sind vor allem Umsteiger und Umdenker. Als Unternehmer haben sie jedoch nicht nur umgedacht, sondern auch tatkräftig gehandelt. Über 2000 Management-by-outs, mehr als 5000 Reprivatisierungen und eine Vielzahl von Neugründungen bilden heute den Grundstock eines neuen bzw. wiederbelebten ostdeutschen Unternehmertums. Die meisten dieser Unternehmen befinden sich heute immer noch in der Phase des Aufbaus bzw. der Konsolidierung. Nur ein kleiner – noch zu kleiner! – Teil gehört zu den wachsenden, sich Schritt für Schritt etablierenden Unternehmen. Diese Aufsteiger Ost, von denen in diesem Buch einige vorgestellt werden, stehen ganz zwangsläufig einer erheblichen Zahl von Absteigern Ost gegenüber. Die Turbulenzen der letzten Jahre haben – gewissermaßen historisch bedingt – oft auch über die Zugehörigkeit zu der einen oder anderen Gruppe entschieden.

Nach einem Zeitraum von über sieben Jahren lassen sich die für diesen einmaligen Prozeß typischen Management-Fehler relativ klar benennen. Dies geschieht aus der Sicht einer ostdeutschen Unternehmensberatung, die sich bereits Anfang 1990 gründete. Im Normalfall besitzen Unternehmensberater die notwendige Praxis- und Problemnähe. Zugleich müssen sie immer wieder vergleichen und damit auch abstrahieren. Als ostdeutsche Gesellschaft haben wir zudem den Umstrukturierungsprozeß mit all seinen Höhen und Tiefen selbst durchlebt.

Wie die Porträts der Aufsteiger Ost zeigen, legten diese den Grundstein für ihren Erfolg gleich in den ersten Jahren nach der Wende. Die Bedeutung spezifisch ostdeutscher Erfolgsfaktoren sinkt natürlich mit der fortschreitenden Angleichung der wirtschaftlichen Rahmenbedingungen zwischen Ost und West. In ihrer grundsätzlichen Methodik sind diese Faktoren allerdings unvermindert gültig. Durch die Turbulenzen der Crash-Jahre 1990 bis etwa 1994 (weitgehender Abschluß der Privatisierun-

Checkliste zur Unternehmensbewertung		
1. **Routine**	Dominanz der operativen Tätigkeit, fehlendes strategisches Denken	❍
2. **Verzettelung**	Beschäftigung mit zu vielen und zumeist unwesentlichen Aktivitäten, Konzeptionslosigkeit	❍
3. **Statisches Denken**	Ungenügende Berücksichtigung der dynamischen Veränderungen im Umfeld	❍
4. **Ziellosigkeit**	Fehlende bzw. ungenaue Bestimmung des Unternehmenszwecks/der Unternehmensphilosophie und der davon abgeleiteten Ziele	❍
5. **Kompetenz-Lücke**	Unkenntnis der eigenen Stärken und Schwächen	❍
6. **Marktferne**	Mangelnde Orientierung am Markt bzw. Kunden, Marketingdefizite	❍
7. **»Unentschlossene Einzelkämpfer«**	Unzureichende Wahrnehmung des Führungsauftrages, Uneinigkeit im Team, mangelnde Kooperationsfähigkeit	❍
8. **Informationsvakuum**	Demotivation und Gerüchtebildung durch Uninformiertheit der Mitarbeiter, fehlende Integration der Mitarbeiter	❍
9. **Verkrustung**	Starre und kopflastige Strukturen behindern flexible Anpassung, zu starre markt-, mitarbeiter- und unternehmensorientierte Unternehmenskultur	❍
10. **Controlling-Defizit**	Riskante Steuerung des Unternehmenskurses durch nicht vorhandene betriebswirtschaftliche Transparenz	❍

Abbildung 15 Typische und vermeidbare Managementfehler in Unternehmen der neuen Bundesländer

gen) fallen bestimmte Verhaltensweisen ganz besonders ins Gewicht.

Erfolgs- und Mißmanagement in den Gründerjahren

Führungsverantwortung

In turbulenten Zeiten sind Führungspersönlichkeiten gefragter denn je. Die Crash-Jahre der wirtschaftlichen Umstrukturierungen führten bei vielen Menschen zu einer hohen Unsicherheit, zum Verlust lang vertrauter zwischenmenschlicher Beziehungen, zur Erosion moralischer Werte, zur Entwertung von Qualifikationen und anderem mehr. In den Unternehmen erwarteten die Beschäftigten von den Führungskräften Halt und Orientierung. Zugleich war zumindest im Jahr 1990 die Legitimation der Unternehmensführung in vielen Fällen noch völlig offen. Nur wenige Führungskräfte, wie der Geschäftsführer der Asglawo GmbH, stellten sich offensiv der Verantwortung und nutzten entschlossen die unternehmerischen Chancen. Viele warteten dagegen einfach nur ab oder taktierten so lange zwischen den Fronten, bis nichts mehr ging. Nicht selten war die Führungsmannschaft zerstritten, und jeder verfolgte einen anderen Kurs. Darunter gab es auch Unternehmen mit überdurchschnittlichen Voraussetzungen für eine wirtschaftliche Zukunft. Allein das Fehlen eines klaren Führungswillens und eines daraus folgenden Unternehmenskonzeptes führten letztlich zur Abwicklung.

Dynamisches Denken

In Zeiten tiefer Einschnitte und Umbrüche kann nur bestehen, wer sich des Tempos und des Ausmaßes der Veränderungen bewußt ist. Oft genügte schon die Fähigkeit, die Verhältnisse in der Bewegung zu betrachten. Dynamisches und statisches Denken bilden hier die Gegensätze. Das in seiner Auswirkung schlagendste Beispiel ist sicherlich die Einschätzung des osteuropäischen Marktes. Spätestens zu Beginn des Jahres 1990 war klar, daß das Wirtschaftssystem des RGW, das letztlich einen in sich geschlossenen Markt darstellte, rasch auseinanderbrechen würde. Damit war die bis dahin gültige Basis der Außenhandelsbeziehungen nicht mehr vorhanden. Dennoch investierten Unternehmen noch bis zum Jahre 1993 in die Fertigung von Produkten für den osteuropäischen Markt. Man setzte auf den riesigen Bedarf, ohne die Frage nach der Zahlungsfähigkeit zu stellen.

Statisches Denken führte selbst in Bereichen mit sehr geringen investiven Aufwendungen, wie bei Bildungsfirmen, zu enormen Problemen, in vielen Fällen sogar zur Liquidation der Firma. 1990/91 gründeten sich massenhaft Weiterbildungsgesellschaften, um den immensen Umschulungsbedarf zu decken. Als knappste Ressource erwies sich damals das Angebot an Schulungsräumen. Wem es gelang, leerstehende Räume ausfindig zu machen, war häufig nicht nur bereit, eine lange Mietbindung einzugehen, sondern forderte dies sogar. Zwei Jahre später gab es diese Räume im Überfluß, zugleich sank die Zahl der Schulungsteilnehmer erheblich.

Realitätsnähe

Mit der Entscheidung über die Wiedervereinigung, also spätestens im Frühjahr 1990, war klar, daß die ostdeutschen Unternehmen Teile des Systems der sozialen Marktwirtschaft werden. Die einfachste und praktikabelste Methode für eine erste unternehmerische Orientierung bestand darin, sich rasch und zielgerichtet vor Ort in den alten Bundesländern umzusehen. Wer wollte, fand offene Türen und Informationen in Hülle und Fülle. Sehr viele, die diesen Weg gingen, fanden schnell zu einem realistischen Konzept.

Für die meisten Unternehmen lautete in diesem Zusammenhang die wichtigste Aufgabe, die Arbeitsweise und die Strukturen vergleichbarer Unternehmen der alten Bundesländer kennenzulernen. So stellten wir z. B. in Strategieseminaren mit den Außenhandelsbetrieben der DDR diese Frage des direkten Vergleichs. Natürlich gab es in der BRD keine mit diesen Außenhandelsunternehmen vergleichbaren Betriebe. Den betroffenen Führungskräften und Mitarbeitern fiel es verständlicherweise sehr schwer einzusehen, daß es dann letztlich ihr Unternehmen auch nicht mehr geben wird. Das Verdrängen dieser Tatsache führte in der Regel zu einer Reihe von Fehlentscheidungen und zu erheblichen Verzögerungen bei der beruflichen Neuorientierung.

Ein anderes treffendes Beispiel von Wunschdenken lieferte ein Unternehmen, das in großen Stückzahlen gußeiserne Badewannen herstellte. Um den Verkauf anzukurbeln, wurden Vertriebsmitarbeiter eingestellt und teure Hochglanzprospekte gedruckt. Als wir gebeten wurden, das Unternehmen zu beraten, stellten wir fest, daß zu dem Massenprodukt »Gußeiserne Badewannen« keinerlei Marktinformationen vorlagen. Wir setzten uns kurzerhand in die S-Bahn nach Berlin (West). Nach einem etwa halbstündigen Gespräch mit dem Geschäftsführer eines Sanitärfachgeschäftes stand für uns fest, daß die Massenproduktion gußeiserner Badewannen vollständig an die Verhältnisse der sozialistischen Planwirtschaft gebunden war. Unsere Empfehlung konnte nur auf eine Betriebsschließung hinauslaufen. Nach einem etwa zweijährigen langwierigen Prozeß des Klammerns an einen imaginären Hoffnungsschimmer ist dann die Fertigungsanlage demontiert worden.

Leider ist diese Art des Wunschdenkens auch heute noch anzutreffen. So gibt es immer noch kleine Bekleidungsbetriebe, die mit der Serienfertigung von Kitteln, Schürzen, Sporthosen und ähnlichem einen ebenso heldenhaften wie hoffnungslosen Überlebenskampf führen. Auch hier fehlt es nicht an Informationen über die Branchen- und Marktsituation, sondern an der Bereitschaft, die Realitäten ungeschminkt zur Kenntnis zu nehmen.

Ganz anders verhielt sich Frau Dr. Plantikow von der in diesem Buch beschriebenen Nordum GmbH. Eine ihrer ersten Handlungen bestand darin, kurz entschlossen zwei ähnliche westdeutsche Untenehmen aufzusuchen. Sie lernte dabei – wie sie selbst sagte – »in wenigen Wochen, wozu Westdeutsche Jahre Zeit hatten«.

Ähnlich handelte die Erler Fashion GmbH. Bereits fünf Wochen nach Unternehmensgründung präsentierte Frau Erler ihre erste Kollektion auf der größten Weltmesse für Damenoberbekleidung in Düsseldorf. Sie stellte sich der Konkurrenz gewissermaßen in der »Höhle des Löwen«. Im Ergebnis erwarb auch sie Kenntnisse und Erfahrungen in einer extrem kurzen Zeit.

Kursbestimmung

Albert Einstein soll einmal gesagt haben: »Holzhacken ist deshalb so beliebt, weil man sofort das Ergebnis seiner Tätigkeit sieht.« Auch Führungskräfte neigen immer wieder dazu, ihre Zeit mit »Holzhacken« zu verbringen. Ihre erstrangige Aufgabe besteht darin, das Unternehmen zu führen. Führungskräfte führen, indem sie Strategien entwickeln, Ziele setzen, Entscheidungen treffen und Mitarbeiter motivieren. Dies sind natürlich alles Tätigkeiten, deren Ergebnisse erst nach längerer Zeit sichtbar werden. Dennoch hängt der Unternehmenserfolg zu 90 Prozent von der richtigen Strategie und ihrer konsequenten Umsetzung ab. Die restlichen zehn Prozent sind nichts anderes als bloßer Zufall.

Eine gute Unternehmensstrategie beginnt immer mit der Analyse der Chancen und Risiken des Marktes sowie der Stärken und Schwächen des eigenen Unternehmens. Danach kommt es darauf an, die Stärken des Unternehmens geschickt mit den

Marktchancen zu kombinieren. Alle funktionierenden Unternehmensstrategien wurden und werden nach diesem Grundmuster entwickelt. Besonders kleine Unternehmen können sich mit geringem Aufwand eine griffige Strategie erarbeiten. Doch wie viele dieser Unternehmen verfügen tatsächlich über aussagefähige Marktinformationen? Zahlreiche Unternehmen zählen Kundennähe zu ihren Geschäftsgrundsätzen; ihre Zielgruppe können sie jedoch nicht beschreiben. Andere sprechen von einer Nischenstrategie, ohne die Nische näher kennzeichnen zu können. Weiterhin mangelt es in vielen Fällen an einer realistischen Einschätzung der eigenen Stärken und Schwächen.

Fragt man nach den Ursachen dieses Zustands, dann wird häufig der Zeitmangel ins Feld geführt. Wegen der vielen und dringenden operativen Aufgaben müssen die strategischen Überlegungen auf später verschoben werden. Das könnte zu spät sein. Führungskräfte müssen sich deshalb immer wieder auf ihre eigentlichen Aufgaben besinnen. »Wenn der Kapitän hinten Kohlen schaufelt«, so ein Sprichwort, »kann er nicht gleichzeitig vorn den Kurs bestimmen.«

Mitarbeitermotivation

Die wichtigsten unternehmerischen Erfolgsfaktoren können zweifellos mit den Stichworten Innovation, Kundennähe und Flexibilität umrissen werden. Für die offensive Nutzung dieser Faktoren besitzen gerade kleine und mittlere Unternehmen besonders günstige Voraussetzungen und Chancen. Überschaubare Strukturen, kurze Informationswege, unmittelbarer Kundenkontakt und anderes befördern ein schnelles Reagieren auf Veränderungen im Markt. All dies ist wiederum von den Verhaltensweisen und Fähigkeiten der Mitarbeiter abhängig.

Der langjährige Chef des Weltunternehmens IBM, Thomas J. Watson jun., hat einmal gesagt, daß sich »der wahre Unterschied zwischen Erfolg und Mißerfolg eines Unternehmens oft auf die Frage zurückführen läßt, wie gut es dem Unternehmer gelingt, die großen Energien und Talente seiner Angestellten zu Tage treten zu lassen«. Diese Erkenntnis gilt natürlich auch für den Anpassungsprozeß der ostdeutschen Wirtschaft. Eine hohe Motivation der Mitarbeiter für die Ziele und Aufgaben des Unternehmens setzt zwangsläufig ein hohes Maß an Informationen voraus. Informationsdefizite gehören allerdings zu den chronischen Mißständen in den Unternehmen. In Zeiten der Neuorientierung und des intensiven Lernens, wie dies für den Transformationsprozeß in den neuen Bundesländern typisch war und ist, entfaltet dieser Mangel eine geradezu zerstörerische Wirkung.

Stichproben über die Informationspolitik der Unternehmensführung führten in der Regel immer zu dem gleichen Ergebnis: Fragte man die Mitarbeiter zu bestimmten, wichtigen Orientierungen, so war in der Regel zu hören: »Davon weiß ich nichts«, »das hat mir keiner gesagt«, »bei uns ist das nicht angekommen« usw. Fragte man die Geschäftsführung, so hieß es in der Regel: »Wir haben klar und umfassend informiert«, »das wissen alle Mitarbeiter«, »ich kann mich schon nicht mehr hören, so oft habe ich das gesagt«. Fragte man sich nun als neutraler Betrachter, welche der beiden konträren Aussagen denn nun wirklich stimme, so mußte man in der Regel ernüchtert feststellen: *beide!*

Die Hauptursache für diesen Widerspruch besteht in einer unsystematischen Informationspolitik. Das Kriterium für eine funktionierende Kommunikation besteht nicht darin, daß etwas bekanntgegeben wird, sondern daß es beim Adressaten ankommt. Deshalb muß der Absender seine Botschaften mehrmals, d. h. immer wieder, und in verschiedener Form verkünden. Diese notwendige, endlose Kommunikation wird fast überall unterschätzt. Informationsdefizite haben aber auch noch eine andere Ursache. Immer noch gibt es Führungskräfte, die ihre Funktion mit einem Informationsvorsprung, ja, mit einem gewissen Informationsmonopol verbinden. Hier wird schlicht Führung mit Machtausübung verwechselt.

Eines der Parkinsonschen Gesetze lautet: »Ein Informationsvakuum füllt sich nach einiger Zeit immer automatisch mit Gift – mit Lügen, Intrigen, Verdächtigungen und ähnlichem.« Das Entstehen von Gerüchten läßt sich letztlich immer auf ein solches Vakuum zurückverfolgen. In großen Unternehmen mit vielen hierarchischen Ebenen ist es ungleich schwieriger als in kleinen, überschaubaren Einheiten, offensiv, d. h. motivationswirksam zu informieren. Viel zu viele mittelständische Unternehmen vernachlässigen diesen Faktor leider fast völlig. Letztlich verschenken sie einen nahezu kostenlosen Wettbewerbsvorteil.

Marktorientierung

Die Zeitschrift »Wirtschaftswoche« führte 1991 eine Umfrage unter ostdeutschen Führungskräften über die Wettbewerbsfähigkeit ihrer Unternehmen durch. Danach beurteilten 86% der Befragten die Chancen ihrer Betriebe als gut bis sehr gut. Sie glaubten gute Marktchancen für ihre Produkte zu haben, sie verließen sich auf eine optimistische Einschätzung der bisher bedienten Märkte in Ostdeutschland (73%) und Westdeutschland (36%) sowie im RGW-Bereich (56%). Zugleich konnten nur 14% der befragten Manager bestätigen, daß ihr Unternehmen bereits über ein neues Firmenkonzept verfügt. An dieser Bestandsannahme wurden schlagartig die riesigen Defizite im marktorientierten Denken und Handeln deutlich. Dagegen bestätigen die »Aufsteiger Ost« nachdrücklich, wie ein konsequentes, kundenorientiertes Vorgehen zum unternehmerischen Erfolg führt. Das betrifft einmal die Ausrichtung auf klare Wachstumsmärkte wie die Umweltanalytik oder die Rückgewinnung von Wertstoffen.

Die Analyse von Wachstumsbereichen setzt andererseits die Segmentierung der Märkte voraus. In der DDR-Wirtschaft wurde, wenn überhaupt, der Markt immer nur sehr undifferenziert betrachtet. Eine Marktanalyse nach großen Zweigen oder Industriebereichen wie Metallverarbeitende Industrie, Leichtindustrie, Chemische Industrie usw. ist jedoch im Grunde nutzlos. Erforderlich ist dagegen eine präzise Zielgruppenbestimmung und eine damit verbundene klare Marktsegmentierung. Die systematische Unterteilung des Marktes ist eines der entscheidenden Mittel, die auch kleinere Unternehmen im Konkurrenzkampf mit den Goliaths bestehen läßt. Umgekehrt kämpfen immer wieder viele Unternehmen auf den falschen Märkten und mit den falschen Produkten um Marktanteile. Hier gilt im Grunde die Regel, daß kleinere und mittlere Unternehmen sich nie das Ziel setzen sollten, einen geringen Teil eines gewaltigen Marktes zu erobern. Statt dessen sollten sie in einem kleinen und gut geschützten Marktsegment einen hohen Anteil anstreben. Diese Regel wird von einer Reihe der »Aufsteiger Ost«, wie der Kathi GmbH, der Glashütter Uhrenbetriebe, der Asglawo GmbH und anderer nachdrücklich bestätigt.

Erfolgsfaktoren der Unternehmensführung in den neuen Bundesländern

1. Objektiven Branchenvergleich durchführen (Benchmarking)
2. Unternehmerische Vision formulieren und vermitteln
3. Wachstumstrends im Markt erkennen
4. Turbulenzen im Umfeld beachten
5. Kernkompetenzen bestimmen
6. Markt segmentieren und Produkte/Leistungen positionieren
7. Unternehmensstrategie und Konkurrenzvorteil fixieren
8. Führungsfunktion konsequent wahrnehmen
9. Vertrieb qualitativ und quantitativ stärken
10. Kundennähe und Reaktionsfähigkeit erhöhen
11. Einfache und überschaubare Organisationsstrukturen schaffen
12. Betriebswirtschaftliche Transparenz sichern

Abbildung 16 Ostdeutsche Erfolgsfaktoren aus Beratersicht

Formel für den Erfolg

Lassen sich nun die verschiedenen unternehmerischen Erfolgsfaktoren in einer einzigen gemeinsamen Formel zusammenfassen? Ein leider unbekannter Autor hat dies wie folgt versucht: »Die Lerngeschwindigkeit des Unternehmens muß größer sein als das Änderungstempo der Märkte und der Konkurrenten.« In diesem Satz sind die letztlich entscheidenden Faktoren für eine dauerhaft erfolgreiche Unternehmensentwicklung präzise zusammengefaßt. Wie zahlreiche Analysen beweisen, liegen die Hauptursachen für Unternehmenskrisen und -zusammenbrüche darin, daß die Lerngeschwindigkeit dieser Unternehmen längere Zeit hinter dem Änderungstempo des Umfeldes zurückblieb. Markttrends wurden verschlafen, neue Bedürfnisse nicht erkannt, die Wettbewerber unterschätzt usw.

Mathematisch ausgedrückt, läßt sich aus dieser Formel in erster Näherung folgendes ableiten: Es geht nicht nur um hohe Anpassungsfähigkeit an die Kundenwünsche oder an technologische Innovationen. Höhere Lerngeschwindigkeit heißt, der Marktdynamik offensiv zu begegnen, die Bedarfstrends frühzeitig zu erfassen und schneller als die Konkurrenz in Angebote umzusetzen.

Wer soll dieses »Agieren statt Reagieren« im Unternehmen sichern? In erster Linie natürlich das Management. Folgerichtig kann man diese Formel wie folgt präzisieren: Die Lerngeschwindigkeit des Managements des eigenen Unternehmens muß größer sein als die des Managements in den konkurrierenden Unternehmen. Die Erfolgsformel reduziert sich damit im Kern auf die Eigenschaften und Fähigkeiten der Führungskräfte.

Unzweifelhaft haben nun ostdeutsche Unternehmer und Führungskräfte in den vergangenen sieben Jahren ein dramatisch hohes Änderungstempo des Umfeldes erlebt. Von denjenigen, die sich dabei behauptet haben bzw. heute auf dem Wege sind, kann man ganz sicher sagen, daß ihre Lerngeschwindigkeit enorm hoch war. Natürlich ist ein solcher Lernprozeß mit immensen Belastungen verbunden. Viele sehnen sich deshalb nach ruhigeren Zeiten. So verständlich diese Hoffnung ist, so trügerisch ist sie. Der Wandel wird anhalten. Das bessere Konzept besteht darin, aus der Not eine Tugend zu machen. Die Fähigkeit, unter turbulenten Bedingungen unternehmerisch zu agieren, gehört eindeutig auf die Haben-Seite. Ostdeutsche Unternehmer und Führungskräfte sollten sich dieser Stärke vielmehr bewußt werden und sie offensiv einsetzen.

Ein neuer Manager-Schlag?

Die Zukunft der ostdeutschen Wirtschaft wird in hohem Maße von der Anzahl und dem Wachstum mittelständischer Unternehmen bestimmt. Gegenüber der weitgehend anonymen großen Kapitalgesellschaft liegt die besondere Stärke eines mittelständischen Unternehmens in der Person des Inhabers. Um die Zahl von kleineren und mittleren Unternehmen zu erhöhen, muß sich zuerst die Schar motivierter und kompetenter Unternehmerpersönlichkeiten erweitern. Dazu sind neben einer gezielten Förderung des mittelständischen Unternehmers als Person spürbare Bewußtseinsänderungen in der Gesellschaft erforderlich. In der Zeit, wo die in diesem Buch beschriebenen »Aufsteiger Ost« ihr Unternehmen aufbauten, erschien das vielbeachtete Buch mit dem Titel »Nieten in Nadelstreifen« von Günther Ogger, das sich lange Zeit an der Spitze der Bestsellerlisten behauptete. Wie der Untertitel verkündet, stehen Deutschlands Manager im Zwielicht. Genauer gesagt, geht es um die Führungskräfte westdeutscher Großunternehmen und ihr Versagen im internationalen Wettbewerb. Als Hauptschwächen wirft Ogger diesen Managern vor: »Wohlstandsverwahrlosung, Opportunismus, Filzokratie, Bürokratismus, Duckmäusertum« und vieles andere mehr.

Oggers Streitschrift muß man sicher nicht dogmatisch ernst nehmen, aber das breite und anhaltende Leserinteresse läßt doch einen gewissen Wahrheitsgehalt vermuten. Trifft nun diese Mängelliste auch die ostdeutschen Manager? Die Verneinung fällt leicht, da allein durch die historisch kurze Dauer marktwirtschaftlicher Zustände die meisten dieser Schwächen noch gar nicht hervortreten konnten. Nach wie vor herrscht in den neuen Bundesländern Gründerzeit – und Krisenzeit. Ostdeutsche Unternehmer und Führungskräfte waren und sind primär damit beschäftigt, zu lernen, sich zu orientieren und durchzusetzen. Dabei zeigt sich, daß bestimmte, in planwirtschaftlichen Zeiten trainierte Fähigkeiten heute durchaus auf der Haben-Seite stehen. Gründer- und Krisenzeiten sind turbulent, da braucht es Improvisationsgeschick, Durchhaltekraft, Belastbarkeit, Motivation und Leistungswillen, aber auch Offenheit und soziales Verantwortungsgefühl. Alle diese Faktoren werden in seriösen Analysen als spezifische Stärken ostdeutscher Führungskräfte herausgestellt. Natürlich gab es (und gibt es noch?) das Klischee von den »reinen Befehlsempfängern«. Nicht wenige »Sachverständige« sprachen ostdeutschen Führungskräften die Tauglichkeit für die Marktwirtschaft pauschal ab.

Doch allein die Zahl der Unternehmensgründungen und der MBOs durch Ostdeutsche spricht für sich. Viele der Führungsqualitäten, die Günther Ogger in seinem Buch resümierend fordert, finden sich zunehmend hier in den neuen Bundesländern. Entsteht hier sogar – wie ein anderer Autor meinte – ein »neuer Manager-Schlag«? Wenn ja, dann hoffen wir, daß es wirklich ein neuer Typ Unternehmer bzw. Manager ist. Einer, der tatsächlich führt und etwas unternimmt. Und den eine funktionierende Marktwirtschaft daran hindert, sich in Wohlstandsverwahrlosung und Filzokratie zu verfangen.

Literaturhinweise

Neben den geschilderten Praxisfällen sind die zusammengefaßten Darstellungen aus den Kapiteln 1–3 wissenschaftlich gestützte Erfahrungen aus über 15 Jahren praktischer Tätigkeit in Projekt- und Führungsverantwortung in Banken, Industrie und Handel sowie in zahlreichen Beratungs-, Seminar- und Vortragstätigkeiten. Darunter waren Entwicklungen und Umsetzungen von ganzheitlichen Konzepten für Unternehmen über Jahre hinweg genauso wie detaillierte Marketingkonzepte, Vertriebskonzepte, Finanzierungs- und Controllingprojekte, wie auch komplette Unternehmensneugestaltungen oder Wiederbelebungen. Die Bandbreite durchmißt alle Branchen und Unternehmensgrößen von 250 000 DM Umsatz bis zu Umsatzmilliardären. So hat sich immer wieder gezeigt, daß das Verständnis der grundlegenden ökonomischen Zusammenhänge in den meisten Fällen reicht und daß die russische Philosophin Ayn Rand recht hat, wenn sie behauptet, daß es im Leben eines Menschen nur zwei Sünden gibt: Die eine Sünde ist, etwas zu wünschen, ohne zu handeln, das heißt, zu der Erfüllung der Wünsche selbst beizutragen. Die zweite Sünde ist, zu handeln und aktionistisch aktiv zu werden, ohne klares Ziel und systematische Vorgehensweise.

Mit größerer praktischer Erfahrung wird offensichtlich, wie verwirrend und wenig hilfreich für die Praxis die Flut betriebswirtschaftlicher Literatur wird.

Tiefe und weitgehende Erfahrungen auch durch die qualifizierten Teilnehmer aus Großindustrie, Banken und Mittelstand haben die transaktionsanalytischen Seminare, Supervisionen und Coachings zur Transformation und Entwicklung von Unternehmen und Persönlichkeit im Management von 1989 bis 1994 bei Bernhard Schibalski, Manager bei der IBM Deutschland und Managementtrainer, Sindelfingen, vermittelt.

Verwendetete bzw. weiterführende Literatur

Ahlert, D.:
Distributionspolitik, 2. Aufl., Düsseldorf 1991.

Ansoff, H. I.:
Management-Strategie, München 1966

Beck, Ulrich:
Risikogesellschaft, Frankfurt a. M. 1986.

Becker, Jochen:
Marketing-Konzeption, 2. Aufl., München 1988.

Capra, Fritjof:
Wendezeit, 15. Aufl., Bern 1987.

Doerner, Dietrich:
Die Logik des Mißlingens. Strategisches Denken in komplexen Situationen, Hamburg 1993.

Hamer, Eberhard:
Die Unternehmerlücke, Stuttgart 1984.

Irrgang, Wolfgang:
Strategien im vertikalen Marketing, München 1989
Kotler, Philip:
Marketing-Management. Analysis, Planning, Implementation and Control, 9. Edition, New Jersey 1997.
Kroschel, Evelyn:
Die Weisheit des Erfolgs, München 1996.
Laszlo, Erwin:
Wege zum globalen Überleben, München 1992.
Meffert, Heribert:
Marketing-Management, Wiesbaden 1994.
Nefiodow, Leo. A.:
Der sechste Kondratieff – Wege zur Produktivität und Vollbeschäftigung im Zeitalter der Information, 1996.
Porter, Michael E.:
Wettbewerbsstrategie, 7. Aufl., Frankfurt 1992.
Reichheld, Frederick:
The Loyalty Effect. The Hidden Force Behind Growth, Profits and Lasting Value, Boston 1996.
Reichheld, Frederick F./Sasser W. Earl:
Zero Defections. Quality comes to service, in: Harvard Business Review, Sept./Okt. 1990.
Renker, Clemens:
Corporate Identity und Unternehmenskultur, Stuttgart 1990.
Renker, Clemens:
Marketing im Mittelstand, Stuttgart 1991.
Renker, Clemens:
Firmenkundenmarketing. Erfolg im Bankmarketing gegenüber Unternehmen und Selbständigen, Stuttgart 1993.
Renker, Clemens:
Formulierung einer Unternehmensphilosophie und deren Umsetzung im Rahmen von Corporate-Identity-Maßnahmen nach Innen, in: Ansätze für ein Corporate-Identity-Konzept der Sparkassen »nach innen«, Deutscher Sparkassen- und Giroverband (Hrsg.), Bonn 1989, S. 32–46.
Renker, Clemens:
Die Firmenkundenkonzeption im Rahmen des gesamten Unternehmenskonzeptes, in: Leitlinien zum Firmenkundengeschäft 1990, Deutscher Sparkassen- und Giroverband (Hrsg.), Bonn 1989, S. 77–79.
Renker, Clemens:
Zur externen Analyse der bankbetrieblichen Erfolgsstruktur, in: Zeitschrift für betriebswirtschaftliche Forschung (zfbf), Heft 10/1983, S. 917–927.
Renker, Clemens:
Aufwandsportfolio – Instrument für ein kontrolliertes Wachstum? (zusammen mit Karl Zoebl), in: Die Bank, Heft 2/1982, S. 61–64.
Renker, Clemens:
Bankbetriebliches Leitbild – ein modischer Luxus?, in: bank und markt, Heft 2/1982, S. 30–32.

Renker, Clemens:
Steuerung des Zinsänderungsrisikos, in: Kreditpraxis Heft 6/1986, S. 29–34.
Renker, Clemens:
Personalanzeige als Marketinginstrument, in: Sparkassenwerbedienst, Heft 12/1986, S. 279–280.
Renker, Clemens:
Unternehmensphilosophie und -identität innerhalb eines bankbetrieblichen Unternehmenskonzeptes (zusammen mit E. Rödel, J. Plahl), in: Sparkasse, 8/1987, S. 337–342.
Renker, Clemens:
Integration – Marketing: Handeln nach Konzept und mit Kultur, in: Gablers Magazin. Betriebswirtschaft für Manager, Nr. 6/1989, S. 37–41.
Renker, Clemens:
Operatives Eigenanlagen-Management, in: Betriebswirtschaftliche Blätter, 12/1989, S. 544–548.
Renker, Clemens:
Idee auf Seide. Konzept einer Mittelstandsmarke, in: Ideen für strategische Vorteile, absatzwirtschaft. Zeitschrift für Marketing. Sonder-Nr. Okt. 1992, S. 24–31.
Renker, Clemens:
5 Schritte zum Erfolg im Firmenkundengeschäft, in: ṡMarkt. Das Praxismagazin für Verkauf und Marktkommunikation, Nr. 2, 1993,
Renker, Clemens:
Marketing-Konzept für das Firmenkundengeschäft, in: Kredit-Praxis, Nr. 5, 1993, S. 21–24.
Renker, Clemens:
Kultursponsoring, in: Ludwig Richter in Franken, Forchheim 1993, S. 8–9
Renker, Clemens:
Turnaround im Mittelbetrieb. Mit Marketing, Menschen und Macht, in: Aufschwung aus engeren Märkten, absatzwirtschaft. Zeitschrift für Marketing, Sonder-Nr. Okt. 1993, S. 122–132.
Renker, Clemens:
Erfolgsblockaden im Firmenkundengeschäft, in: Beratungs-Marketing für die Bankpraxis (Dingeldein/Kaeppel, Hrsg.), Stadtbergen 1995, S. 41–48.
Renker, Clemens:
Erwartungen der Unternehmen und Selbständigen an den Fimenkundenberater, in: Beratungs-Marketing für die Bankpraxis 1995, S. 49–55, a. a. O.
Renker, Clemens:
Die Erfolgsfaktoren im Firmenkundengeschäft, in: Beratungs-Marketing für die Bankpraxis 1995, S. 57–64, a. a. O.
Renker, Clemens:
Integratives Beziehungs-Marketing. Ziehen oder Zuwenden?, in: Relationship Marketing, absatzwirtschaft. Zeitschrift für Marketing, Sonder-Nr. Okt 1996, S. 54–60.
Schließmann, Christoph:
Strategisches Marketing, Wiesbaden 1995.
Schorlemmer, Friedrich:
Einschärfungen zum Menschsein heute, Freiburg 1996.

Schulze, Gerhard:
Die Erlebnisgesellschaft. Kultursoziologie der Gegenwart, Frankfurt a. M 1993.
Steiner, Claude:
The Other Side of Power, New York 1991.
Thies, G.:
Vertikales Marketing, Berlin 1976.
Viorst, Judith:
Mut zur Trennung. Menschliche Verluste, die das Leben sinnvoll machen, Hamburg 1988.
Weissmann, Arnold:
Marketing-Strategie, Landsberg 1990.

Prof. Dipl.-Vw. Clemens Renker

Geboren 1955 in Bamberg in Bayern

1976 Humanistisches Abitur in Forchheim

1976–1980 Studium der Volks- und Betriebswirtschaft, Philosophie und Psychologie an der Universität Würzburg

Praktika in Bankbetrieb, Industrieunternehmen und Bauunternehmen

1980–1985 Trainee, Vorstandsstab und Regionalleiter Industriekredite der Bayerischen Landesbank München/Nürnberg

1985–1990 Direktor und Stv. Vorstand der Sparkasse Schweinfurt

seit 1991 Geschäftsführer der international tätigen C. Kreul Künstler.Farben.Fabrik. Hallerndorf

seit 1994 Professor für Marketing, Handel- und Bankbetriebslehre an der Hochschule für Technik, Wirtschaft und Sozialwesen Zittau/Görlitz, vorher seit 1983 Lehraufträge an den Universitäten Würzburg und Bamberg sowie an der FH Würzburg, an der Bauakademie von 1986–1991

Aufsichtsratsmitglied der internationalen Spielwarenmesse Nürnberg, Vorsitzender der Fördergemeinschaft Deutscher Künstler- und Graphikmaterialhersteller, verantwortlich in mehreren Wirtschaftsgremien tätig

seit 1981 Entwicklung und Umsetzung zahlreicher Unternehmens- und Marketingkonzepte in Banken, Industrieunternehmen, Handel und Kommunen

Seminar- und Vortragstätigkeit bei Inhabern, Führungs- und Fachkräften

Publikationen: drei Fachbücher und zahlreiche Fachaufsätze (s. Literaturverzeichnis)

Prof. Dr. Franz Rudolph

Geboren 1943 in Glauchau in Sachsen

Berufsausbildung als Schlosser und Technologe

Mehrere Jahre in einem kleinen »halbstaatlichen« Maschinenbauunternehmen in verschiedenen Aufgabengebieten

1966 Studium der Wirtschaftswissenschaften an der Universität Leipzig

1972 Promotion

1984 Habilitation

Seit Mitte der 70er Jahre als Dozent und Trainer in der Weiterbildung von Führungskräften der DDR-Wirtschaft

1990 Mitgründung einer Gesellschaft für Unternehmensberatung sowie später von weiteren speziellen Consultingfirmen

Hauptprojekte
- Erarbeitung von 15 Unternehmenskonzepten
- Betreuung des Privatisierungs- und Sanierungsprozesses von 11 Unternehmen im Auftrag des Sächsischen Wirtschaftsministeriums
- Koordinierung einer strategischen Allianz mittelständischer Unternehmen in Sachsen

Publikationen
- Moderne Unternehmensorganisation, Berlin 1990
- Chefsache, Wiesbaden 1993
- Klassiker des Managements, Wiesbaden 1995

Die Reihe Recht, Wirtschaft, Finanzen
Abteilung Management

Ulrike Reisach
Bankunternehmensleitbilder und Führungsgrundsätze – Anspruch und Wirklichkeit
ISBN 3-09-305 825-2, Artikel-Nr. 305 825 000

Ines Turbanisch (Hrsg.)
Effizienz in der Personalentwicklung
ISBN 3-09-305 837-6, Artikel-Nr. 305 837 000

Heitmüller/Linneweh/Pächnatz
Führungskultur ganzheitlich entwickeln
2. Aufl. 1996, ISBN 3-09-305 855-4, Artikel-Nr. 305 845 000

Benölken/Winkelmann (Hrsg.)
Fusionsmanagement in der Kreditwirtschaft
ISBN 3-09-305 826-0, Artikel-Nr. 305 826 000

Jens-Martin Jacobi
Kontinuierlich verbessern
2. Aufl. 1997, ISBN 3-09-301 097-7, Artikel-Nr. 305 848 000

Matthias Krause
Ordnung ohne Plan: Die informale Organisation in der Bank
ISBN 3-09-305 844-9, Artikel-Nr. 305 844 000

Ralph Teuchert
Personalentwicklung und Beratung
ISBN 3-09-305 852-X, Artikel-Nr. 305 852 000

Klaus Rempe
Positives Mental-Training im Führungsalltag
ISBN 3-09-305 815-5, Artikel-Nr. 305 815 000

Klaus Rempe
Neue Wege der Selbstmotivation
3. Aufl. 1996, ISBN 3-09-305 810-4, Artikel-Nr. 305 804 000

Günter Wiswede
Psychologie im Wirtschaftsleben. Geld, Kunden und Mitarbeiter aus psychologischer Sicht
2. Aufl. 1997, ISBN 3-09-305 872-4, Artikel-Nr. 305 819 000

Müller/Guigas
Total Quality Banking
Artikel-Nr. 305 839 000 (Sonderausgabe für die Sparkassen-Finanzgruppe)

Körner, Schmidt et al.
Unternehmensentwicklung durch Informationstechnologie
ISBN 3-09-305 843-0, Artikel-Nr. 305 843 000

Diedrich, Vogt et al.
Handbuch Qualitätsmanagement für Sparkassen und Banken
ISBN 3-09-305 850-3, Artikel-Nr. 305 850 000

Jens-Martin Jacobi
Qualität im Wandel. Qualitätsmanagement als Führungs- und CI-Konzept
2. Aufl. 1996, ISBN 3-09-305 914-7, Artikel-Nr. 305 813 000

Klaus Linneweh
Streßmanagement. Der erfolgreiche Umgang mit sich selbst
ISBN 3-09-305 865-1, Artikel-Nr. 305 865 000

Heinz Mölder (Hrsg.)
Innovationen umsetzen. Erfolg durch Projektmanagement
ISBN 3-09-305 866-X, Artikel-Nr. 305 866 000

Herd/Bärtele
Markt und Mitarbeiter. Teamorientierte Personalentwicklung
ISBN 3-09-305 867-8, Artikel-Nr. 305 867 000

Theo Waigel (Hrsg.)
Unsere Zukunft heißt Europa. Der Weg zur Wirtschafts- und Währungsunion
Artikel-Nr. 305 875 000 (Sonderausgabe für die Sparkassen-Finanzgruppe)

Renker/Rudolph
Aufsteiger Ost. Mit ganzheitlichem Marketing zum Erfolg
ISBN 3-09-305 876-7, Artikel-Nr. 305 874 000

Martin Körner (Hrsg.)
Die neuen Vertriebswege. Strukturwandel und Perspektiven
Artikel-Nr. 305 873 000 (nur für Mitarbeiter der Sparkassen-Finanzgruppe)